KB111454

리얼리티 트랜서핑

REALITY TRANSURFING

2

Трансерфинг Реальности : Ступень 2
«Шелест утренних звезд»

by Вадим Зеланд

Original Copyright © Вадим Зеланд, 2004
Korean Translation Copyright © Inner World Publishing Co., 2009
This Korean edition was arranged by Вадим Зеланд
with OAO Издательская группа «Весь» through Amo Agency, Korea.
All right reserved.

이 책의 한국어판 저작권은 아모 에이전시를 통한
원저작권자와의 독점계약으로 정신세계사가 소유합니다.
저작권법에 의하여 한국 내에서 보호를 받는 저작물이므로
무단전재와 무단복제를 금합니다.

리얼리티 트랜서핑

REALITY TRANSURFING

바딤 젤란드 지음
박인수 옮김

성공의 물결로 갈아타는 선택의 비밀

2

정신세계사

리얼리티 트랜서핑 2
ⓒ 바딤 젤란드, 2004

바딤 젤란드 짓고, 박인수 옮긴 것을 정신세계사 정주득이 2009년 3월 31일 처음 펴내다. 편집주간 이균형, 김우종이 다듬고, 김윤선이 꾸미고, 경운출력에서 출력을, 한서지업사에 서 종이를, 영신사에서 인쇄와 제본을, 기획 및 영업부장 김영수, 하지혜가 책의 관리를 맡 다. 정신세계사의 등록일자는 1978년 4월 25일(제1-100호), 주소는 03965 서울시 마포구 성산로4길 6 2층, 전화는 02-733-3134, 팩스는 02-733-3144, 홈페이지는 www.mind book.co.kr, 인터넷 카페는 cafe.naver.com/mindbooky이다.

2024년 10월 21일 펴낸 책(초판 제26쇄)

ISBN 978-89-357-0311-1 04320
    978-89-357-0309-8 (세트)

읽는 이들에게

우리는 모두가 이런저런 식으로 환경의 지배를 받고 있다. 욕망은 충족되지 않고 꿈도 이루어지지 않지만 우리가 가장 두려워하는 불행은 현실로 나타난다. 그 반대로는 정말 될 수 없는 것일까? — 다행히도 가능한 것으로 보인다. 당신은 그것이 어떻게 가능한지를 깨닫게 될 것이다.

이 책은 일상적 현실이 낯설게 느껴지게 만드는 매우 기이한 세계를 당신 앞에 열어놓을 것이다. 우리는 여러 가지 근본적인 의문들을 전혀 뜻밖의 시각에서 검토해볼 것이다. 하지만 가장 놀라운 것은 이 새로운 현실의 낯설음보다는 당신이 이 현실을 주무를 수 있다는 사실에 있다.

트랜서핑은 현실을 제어하는 하나의 기법인데, 그것은 좀 별난 것이기도 하다. 트랜서핑에서는 목표란 도달해야 할 대상이 아니라 거의 스스로 실현되는 무엇이다. 이것은 일상적 세계관의 틀에서 바라볼 때만 믿기지 않을 뿐이다. 우리는 기존의 고정관념과 그릇된 한계의 벽을 허물어뜨려야만 한다.

사실 현실을 당신의 의지에 복종시킨다는 것은 좀 어려운 묘기다. 일반적인 관념과 룰을 따르자면 높고 큰 소망과 야무진 꿈을 이루기란 실로 힘겹다. 자신이나 주변세계를 변화시키려는 시도가 얼마나 무모하고 때로는 우스운 짓인지는 누구나 잘 알고 있다.

트랜서핑은 당신이 원하는 것을 얻을 수 있게 하는 근본적으로 다른 사고방식과 행동방식을 제공한다. 그것은 억지로 밀어붙이는 것이 아니라 원하는 것을 실제로 얻게 하는 방식이다. 자신을 변화시키는 것이 아니라 자신으로 돌아가게 하는 방식이다.

트랜서핑의 주요 개념은 일어날 수 있는 모든 사건의 시나리오가 저장되어 있는 가능태 공간이라는 것이 존재한다는 가정에 근거해 있다. 좌표계 위에 존재할 수 있는 점의 위치 수가 무한한 것과 마찬가지로 가능태의 수도 무한하다. 과거에 있었고 현재 있고 미래에 있을 모든 것이 가능태 공간 속에 기록되어 있다. 사람의 사념 에너지는 특정 조건에서 가능태 공간 속의 특정 섹터를 물질적으로 현실화시킬 수 있다.

가능태 거울 속의 상처럼 잠재되어 있던 가능성이 물질적 현실로 실현된다. 인간은 누구나 자신의 현실을 만들어낼 수 있다. 하지만 그러려면 일정한 규칙을 따라야만 한다. 인간의 마음은 그 거울속의 상을 바꿔보려고 헛된 애를 쓰지만 바꿔야 할 것은 실제의 피사체다.

그것은 무엇일까? 그것을 어떻게 바꿀 수 있을까? 이 이상한 거울을 어떻게 다뤄야 할까? 트랜서핑은 이 모든 의문에 답을 준다. 단 한 가지 의문만이 풀리지 않고 남아 있다. ― 그 거울 뒤에는 무엇이 숨어 있을까?

이 책이 제시하는 개념들은 마치 환상과도 같아서 얼른 다가오지 않지만 그것은 이미 실질성이 확인되었다. 트랜서핑을 실천해본 사람들은 황홀에 가까운 경이를 체험했다. 트랜서퍼들의 주변세계는 그들의 눈앞에서 놀랍게 변해가고 있다. 이제 그것은 더이상 가상세계의 신비주의가 아니라 제어할 수 있는 현실이다.

차례

제1장 의도

꿈은 어디서 오는 것일까? 그것은 한갓 상상의 산물일 뿐일까? 이집트의 피라미드, 그리고 다른 유사한 건축물들을 건설했던 고대 마법사들의 비밀을 가리고 있던 장막이 걷혀지고 있다.

꿈속에서 깨어 있기

이 장에서 우리는 보호구역 감시원의 수수께끼에 대한 답에 좀더 다가 갈 것이다. 그 수수께끼란, 우리가 원하는 것은 무엇이든 선택할 수 있 는 이유는 무엇이며, 어떻게 하면 그렇게 될 수 있느냐는 것이었다. 이 수수께끼의 힌트 중 하나가 꿈이라는 현상 속에 감추어져 있다. 사람은 인생의 삼분의 일을 잠과 꿈으로 보낸다. 이 경계지대에서 일어나는 모 든 일은 아직도 비밀의 장막에 가려져 있다. 유감스럽게도 이 분야에 대한 과학연구는 거의 아무것도 밝혀내지 못했다. 철학적 해석도 극과 극을 달리고 있다. 어떤 이는 꿈이 순전히 환상이라고 하고 또 어떤 이 는 우리의 삶 자체가 다름 아닌 꿈이라고 주장한다. 누가 옳은가? 트랜 서핑 모델의 틀 안에서 보면 그 어느 쪽도 옳지 않다. 하지만 너무 앞질 러가지는 말기로 하자.

성인이라면 꿈을 기억해낼 때, 실제로 일어난 일은 아무것도 없다는 사실을 안다. 그들의 마음은 꿈을, '휴식을 취할 때 일어나는 모종의 메커니즘에 의한 환영'으로 인식한다. 인간의 마음은 이 설명에 만족한다. 네 살 전까지의 아이들이 꿈과 깨어 있는 현실 간의 차이를 구별하지 못한다는 것은 잘 알려진 사실이다. 그들은 꿈도 삶 속의 다른 일들이 일어나는 곳과 동일한 세계에서 일어난다고 믿는다. 이 나이에는, 악몽을 꾸고 겁에 질린 채 깨어난 아이는 괴물이 아직도 방 안에 있다고 믿는다. 그것이 단지 꿈일 뿐이라고 부모가 아무리 설명을 해줘도 소용이 없다. 하지만 철이 들어가면서 아이들의 마음은 꿈은 현실이 아니라는 생각에 점차 익숙해진다.

우리의 마음은 입력되는 모든 새로운 정보에 추상적인 이름표를 붙임으로써 그것을 범주화하고 정리한다는 이야기를 한 적이 있다. 우리는 이것을 의식적으로, 그리고 매우 신속하게 해낸다. 하지만 이것을 생각해보라. — 꿈이 현실이 아니라는 것을 마음에 확신시키는 데는 4년이라는 세월이 소요된다는 사실 말이다. 이것이야말로 마음이 받아들이기 힘든 유일한 생각이다. 우리는 네 살 이전의 일을 아무것도 기억하지 못한다. 그러니 꿈에서 깨었을 때 마음이 겪었을 당혹스러운 경험의 기억도 없다.

하지만 지금도 날마다, 의식의 연결이 끊길 때마다 우리의 마음은 단순하게도 똑같은 함정에 빠져들곤 한다. 잠들어 있는 동안에는 꿈속에서 일어나는 일을 비판적인 눈으로 살펴보려는 생각이 일어나지 않는 것이다. 잠에서 깨어나서도 우리는 꿈이 너무나 생생한 현실처럼 보였다는 사실에 놀란다. 꿈이라는 가상현실은 놀라울 정도로 감쪽같이 꾸며진다. 꿈속에서는 별 희한한 일들이 다 일어난다는 사실에도 불구하고 우리는 그것을 그저 예사롭게 받아들인다. 이것은 어떤 일에도 설명을 찾아내는 습관적인 마음의 능력에서 비롯된 것이다. 우리는 기이

13

한 것을 발견하거나 경험할 때마다 그것을 얼마든지 합리화할 준비가 되어 있다. 의식이 깨어 있을 때마저도 우리는 일어나고 있는 일이 정말 실제 현실인지를 따져보는 일에 익숙하지 않다. 그래서 우리는 꿈속에서도 자동적으로, 모든 것을 당연하게 받아들인다. 우리의 마음은 늘 상황을 통제하려고 한다. 하지만 그 통제의 손아귀를 미꾸라지처럼 항상 빠져나가버리는 하나의 의문이 있다. 그것은 '이것이 실제로 일어나고 있는 것일까?' 하는 의문이다. 이것이 바로 마음이 꿈의 함정에 빠져드는 이유이다.

하지만 때로 운이 좋을 때는 기적이 일어나서, 잠자는 중에도 자신이 잠을 자고 있음을 알아차리는 일이 있다. 이것은 대개 정말 믿기 힘든 것을 꿈꾸거나 너무 괴로운 악몽에 시달릴 때 일어난다. 그러면 마음은 통제력을 되찾아 대응할 방법을 생각한다. 이럴 때 무의식적인 꿈은 의식적인 꿈으로, 소위 자각몽으로 바뀐다. 자각몽 속에서는 꿈꾸는 사람은 그 가상현실에 참여하지만 동시에 그것이 모두 꿈에 지나지 않는다는 사실을 안다. 당신이 이런 일을 경험한 적도 없고 이런 이야기를 들어보는 것도 처음이라면, 의심하지 말라. 이것은 상상으로 지어낸 것이 아니다.

당신도 해보고 싶지 않은가? 의도적으로 자각몽을 꾸는 것은 가능하다. 하지만 그러려면 마음에게 다음의 질문을 던지는 습관을 들여야 한다. ─ "이것은 정말 실제로 일어나고 있는 일일까?" 자각몽 꿔보기를 진심으로 원하기만 한다면 이것은 어려운 일이 아니다. 마음을 훈련시키는 방법은 간단하다. 하지만 그것은 목표지향적인 관심과 주의를 요한다. 낮 시간 동안에 위의 질문을 자신에게 최소한 열 번은 던져야 한다. 내면의 지켜보는 자가 이 일을 도와줄 수 있다. 그로 하여금 다음

질문으로 당신을 끊임없이 괴롭히게 하라. — '너 지금 자고 있니, 깨어
있니?' 당신은 이 질문에 최대한 깨어 있는 의식으로써 대답해야 한다.
그러면 그것이 건성으로 하는 의례적인 짓이 아니라 진짜 의도적으로
하는 일이 된다. 자신을 깨워서 주변을 살펴보고 상황을 판단하게 하
라. — 모든 것이 정상인가, 아니면 뭔가 미심쩍은 일이 일어나고 있는
가? 결심만 굳건하다면 당신은 곧 꿈속에서도 깨어 있게 될 것이다.

곧 깨닫게 되겠지만, 하루에 최소한 열 번 이 질문을 자신에게 던진
다는 것도 만만한 일은 아니다. 당신은 그냥 까먹고 지나가버릴 것이
다. 의미 있는 결과를 얻으려면 자각몽을 꾸고야 말겠다는 강한 욕구가
있어야만 한다. 의욕이 얼마나 강한가에 따라 자각몽은 며칠 안에 찾아
오거나, 아니면 몇 달 후에나 찾아올 것이다.

괘종시계가 있다면 아주 유용하다. 낮 시간 동안, 종소리가 울릴 때
마다 당신은 지켜보는 자에게 주의를 돌릴 수 있다. 그러면 그는 당신
에게 잠자고 있는지, 깨어 있는지를 물어본다. 시계소리를 당신의 의식
을 수시로 일깨워주는 경고음으로 바꿔놓는 것이다. 그러다가 꿈을 꾸
는 중에 시계소리가 들리면 당신은 습관적으로 지켜보는 자를 찔러 깨
우고, 그는 또 당신의 마음을 깨워놓을 것이다. 이것 말고, 잠 속에서도
들을 수 있는 다른 경고음을 찾아낼 수도 있다. 잠잘 때 들을 수 없는
신호음에다 질문을 매어놓지는 말라. 예컨대, 질문을 전화벨 소리에 연
결시켜 놓는다면 꿈속에서 전화벨이 울리지 않는 한 질문을 떠올릴 수
가 없을 것이다.

요는, 당신 주변에서 일어나고 있는 일들이 진짜냐 아니냐는 것을
스스로 끊임없이 물어보는 습관을 들이는 것이다. 그 질문에 자동적으
로 대답하지 말고 의식적으로 대답하라. 대부분의 경우, 꿈속의 비정상

적인 현상이나 모순되고 기이한 일들을 알아차리는 것이 의식을 깨워주는 열쇠가 된다. 꿈꾸는 사람은 이런 것들을 대부분 알아차리지 못하고 지나쳐버리거나 정상적인 것으로 간주한다. 모든 상황을 비판적인 눈으로 살피고 질문에 성실하게 답해야만 하는 것은 바로 이 때문이다.

왜 이런 짓을 해야 한단 말인가? 그것은 무엇보다도, 그리고 아주 최소한, 꿈이 그저 '일어나도록' 놔두지 않고 당신이 적극적이고 의식적으로 그 가상현실 속의 한 역할을 맡게 되면 그것은 아주 흥미진진한 게임이 되기 때문이다. 하지만 이것은 한갓 공상과학소설에 나오는 가상현실 같은 것이 아니다. 자각몽 속에서 할 수 있는 일은 컴퓨터 게임과는 비교할 수가 없다. 당신은 원하는 것을 무엇이든지 할 수 있게 된다.

꿈속에서 원치 않는 상황이 일어나면 당신은 약간의 의지력을 발휘해서 그것을 쉽게 바꿔놓을 수 있다. 예컨대 당신은 악몽을 꾸고 있다. ― 누군가가 당신을 쫓아오고 있는데 그를 떨쳐버릴 수가 없다. 꿈속에서 일어나고 있는 일이 실제라고 믿는다면 그 스토커를 떼놓는 일은 골칫거리가 될 것이다. 하지만 그것이 단지 꿈일 뿐이라는 것을 안다면 십중팔구 당신은 깨어나려고 할 것이고, 약간 어렵긴 하겠지만 대부분의 경우 성공할 것이다. 그런데 불쾌한 꿈을 상대하는, 이보다 훨씬 더 효과적이고 흥미로운 방법이 있다. 즉, 지금 경험하고 있는 것이 꿈일 뿐임을 안다면 그 스토커를 노려보고 '꺼져버려!' 하는 염念을 품는 것만으로도 충분하다는 것이다. 스토커는 그 자리에서 사라져버릴 것이다. 심지어 당신은 그저 생각만으로 그를 공중에 띄워놓고 공중제비를 시킬 수도 있다.

16　두 가지 조건만 만족시킨다면 우리는 꿈속에서 모든 것을 완전히 통

제할 수 있다. 첫째, 그것이 꿈일 뿐이라는 사실을 깨달아야 한다. 둘째, '거기서는' 원하는 것은 무엇이든 할 수 있다는 것을 알아야 한다. 예컨대, 꿈속에서 의식이 깨어서 공중을 날고 싶어졌다고 하자. 이것은 너무나 쉬운 일이다. 날고자 하는 의도만 떠올리면 된다. 여기서 욕망과 의도의 차이가 분명해진다. 몸을 공중에 띄우기를 원하기만 하는 것으로는 아무 일도 일어나게 하지 못한다. 이것은 깨어 있을 때나 꿈에서나 다 마찬가지이다. 팔을 들어 올리려는 욕망을 예로 들어보자. 당신은 자신에게 팔을 올리고 싶다고 말하고 있다. 하지만 아직 그것을 하고 있지는 않다. 이제는 그냥 팔을 들어 올려보라. 당신의 희망은 행동으로 옮겨졌다. 당신은 팔을 어떻게 들어 올릴지를 생각하고 있는 것이 아니라 그저 그렇게 하고 있다. 꿈에서도 이것은 마찬가지다. 순수한 의도를 사용하여 그냥 자신을 공중에 띄우라. 그리고 어디든지 원하는 곳으로 날아가라.

이제 스토커가 따라오는 악몽으로 다시 돌아가 보자. 이쯤이면 당신도 그가 사라지기를 바라는 것만으로는 아무것도 할 수 없다는 것을 이해했을 것이다. 겁에 질려 있을 때, 생각은 사건이 전개될 수 있는 모든 가능성을 재빨리 짚어보게 되는데, 이런 생각들은 즉석에서 현실화된다. 당신은 당신이 아닌 다른 누구, 혹은 다른 무엇에 의해 룰이 정해지는 게임에 말려든 것이다. 그것이 모두 꿈에 지나지 않는다는 것을 깨달았다고 하더라도 당신이 지배권을 되찾기 전에는 아무것도 할 수가 없다. 수동적 희생자의 배역을 연기하고 있는 한 당신은 게임 속에 갇힌 것이다. 그 게임이 당신의 상상에 의해 만들어진 것이라는 사실도 여기서는 소용없다. 지금 당신은 자기 상상의 노예가 되어 있는 것이다. 당신이 그 역할을 연기하기로 했으므로, 겁을 먹고 도망가려고 애

17

쓰고 있는 것이다. 하지만 거기서 멈추고 스토커와 역할을 바꾸겠노라고 결정하면 그는 기꺼이 거기에 응하여 당신을 피해서 달아나기 시작할 것이다. 그것이 얼마나 웃기는 일인지, 당신은 상상할 수 있겠는가?

"꿈속에서 …할 수 있을까?" 하는 모든 질문에 대한 답은 "그렇다"이다. 그 어떤 사람도(산 자든 죽은 자든) 만날 수 있고 꿈속의 다른 연기자들이나 무대소품들을 가지고 무엇이든 원하는 대로 할 수 있고 다른 별로 날아갈 수도 있으며, 문제를 해결할 수도 있고 음악을 지어내고 리허설을 하고 여행을 다닐 수도 있다. 이에 비한다면 환각제는 어린아이 장난감에 지나지 않는다. 게다가 이것은 건강에 위협도 없다. 꿈으로부터 어떤 정보도 가져올 수 있다. 하지만 단 한 가지 불가능한 것이 있다. ― 꿈속의 물체를 현실 속으로 가져오는 것 말이다. 아무튼 나는 그런 현상에 대해서는 개인적으로 아는 바가 없다.

어떤 꿈을 꿨는지를 기억해낼 수가 없다면 잠잘 때 눕는 방향을 바꿔보라. 가장 좋은 것은 머리가 북쪽을 향하게 누워서 자는 것이다. 서쪽을 향하고 자는 것은 건강에 좋지 않다. 그 이유는 설명할 수 없지만 지구 자기장과 어떤 관련이 있는 것 같다. 머리를 북쪽으로 두고 자면 꿈이 더 흥미롭고 다채로워지는 것을 곧 발견하게 될 것이다.

자각몽이 잘 되지 않거나 그런 것에 관심이 없더라도 상관없다. 트랜서핑 훈련에서 자각몽은 특정한 역할을 하지만 그것 없이도 얼마든지 해낼 수 있다. 게다가 자각몽에는 감추어진 위험이 있다. 당신은 이렇게 말하리라. "오, 그래! 사람의 관심을 끌어놓고서 이젠 또 겁을 주겠다는 건가?" 하지만 나로서는 어쩔 수가 없다. 자각몽은 미지로 향한 비밀의 문인 것을. 그 문 뒤에 도사리고 있는 위험을 경고하지 않는다면 무책임한 짓이 될 것이다. 이 위험이 실제로 어떤 것인지는 당신도 곧 알게 될 것이다.

꿈의 공간

보호구역 감시원의 수수께끼를 풀기 위해서는 다음 두 가지 질문에 대
답해야 한다. — 자각몽 속에서는 왜 무엇이든지 가능한가? 그리고 꿈
은 왜 마치 현실처럼 그토록 생생하게 보이는가?

무의식적인 꿈에서나 자각몽에서나, 우리는 모든 광경을 아주 세세
한 부분까지 매우 선명하게 볼 수 있다. 때로는 꿈속의 광경이 현실보
다도 더 다채롭고 생생한 색깔과 선명도를 지니기도 한다. 이 심상들은
우리의 뇌가 만들어내는 것이고, 잠이 들면 뇌가 이 꿈속의 이미지들을
마치 깨어서 보는 것처럼 인식하는 것이라는 가설이 있다. 이것이 실제
로 일어나는 일인지는 아직까지 아무도 입증하지 못했다. 트랜서핑 모
델은 꿈이라는 현상을 이와는 사뭇 다르게 해석한다. **잠재의식은 저 혼
자서 무엇을 상상해내는 것이 아니라 단지 모든 정보를 담고 있는 가능
태 공간에 직접 연결되는 것이다.**

임의의 대상을 자세히 살펴본 다음 눈을 감고 같은 모습을 상상 속
에 떠올려보라. 아무리 뛰어난 심상화 능력을 지니고 있다고 할지라도
눈을 감고서는 눈을 뜨고 직접 보는 것만큼 상세하게 그 모습을 '볼'
수는 없을 것이다. 뇌가 만들어낸 심상이란 화질이 형편없는 사진 정도
에 지나지 않는다. 뇌가 이 사진을 모종의 신경활동으로서 저장한다고
가정해보자. 우리 뇌가 가지고 있는 엄청난 신경세포의 숫자에도 불구
하고 머릿속에 저장된 모든 사진의 기억을 떠올리기에는 신경세포의

19

수가 턱없이 부족하다.

우리의 기억과 꿈이 신경세포 속에 '적혀 있는' 것의 재생물에 지나지 않는다면 우리의 머릿속에는 이런 세포가 얼마나 많이 들어 있단 말인가? 트랜서핑의 틀에서는 신경세포를 컴퓨터의 기억장치와 같은 정보저장장치로 보지 않는다. **뇌는 실제 정보를 담고 있는 것이 아니라 가능태 공간의 정보의 주소와 비슷한 무엇을 담고 있다.**

아무리 해도 우리의 뇌는 한정된 양의 데이터만을 저장할 수 있다. 뇌가 완벽한 생물학적 시스템이라는 사실에도 불구하고 우리가 떠올리고자 하는 모든 기억을 뇌 자체가 저장하고 있기란 불가능하다. 게다가 뇌는 꿈과 같은 완벽한 가상현실을 만들어낼 능력이 없다. 꿈에서 보는 것과 같이 자연스럽고 생생한 심상을 눈을 감고 만들어내는 것이 쉬운가? 뇌가 '꺼져' 있을 때, 뇌에게 스스로 만들어내는 심상을 더 선명하게 보는 능력이 생긴다는 설득력 없는 주장에 스스로 속아 넘어가지 말라.

말했듯이, 마음은 근본적으로 새로운 것은 만들어낼 수가 없다. 단지 낡은 벽돌로써 새로운 형태의 집을 지을 수 있을 뿐이다. 마음은 이 벽돌과, 그것을 어떻게 짜 맞추어 집을 짓는지에 관한 원시적 수준의 지식을 가지고 있을 뿐이다. 마음은 그 이상의 자세한 것은 종이에 적어두거나, 다른 저장매체에다 간수한다. 그 밖의 다른 정보는 모두 가능태 공간으로부터 영혼을 통해서 마음으로 전해진다.

이처럼 트랜서핑 모델에서 마음이란 뭔가 좀 원시적인 시스템으로서 그 작용을 기술적으로 시뮬레이션할 수 있는 것으로 보이고, 그것이 오늘날 과학자들이 노력을 기울이고 있는 일이다. 인공지능을 만들어내려는 노력은 아직 성공하지 못했다. 마음은 어떻게든 자신을 이해할 수는 있지만 영혼의 본질은 아직 이해하지 못한다. 생명체의 지능에 감추어진 비밀은, 생명체의 마음과 영혼의 일치 그리고 그 상호작용에 있다. 지금까지 인공두뇌학을 연구하는 과학자들의 노력은 실제 인간의 마음속에서 일어나고 있는 인식작용의 모델을 만들어내는 데에 초점이 맞추어져 왔다. 하지만 언젠가는 누군가가, 영혼이 하는 것처럼 가능태 공간에 동조하여 거기서 정보를 꺼내어 오는 기계를 만드는 생각을 하게 될지도 모른다.

어떻게 해서인지는 몰라도 마음은 가능태 공간의 원하는 섹터의 주소를 기억해내는 능력이 있다. 어떤 것을 기억해내고자 하면 마음은 영혼을 향하고, 영혼은 다시 해당 섹터의 주파수에 동조한다. 그러나 우리의 영혼은 동조에 서툴거나, 아니면 마음이 주소를 잘 기억해내지 못하거나, 아니면 마음과 영혼이 일에 의기투합하지 못한다. 어느 쪽이든 간에 변하지 않는 것은, 우리는 한계를 가지고 있다는 것이다. ― 우리의 기억은 완벽하지 않다.

아무튼, 우리의 영혼은 가능태 공간의 현실화되지 않은 섹터에 무작위로 동조될 수 있고, 그것이 우리가 꿈속에서 보는 심상들이다. 그리고 이것이 바로 이 경계 밖의 공간이 마치 현실처럼 그토록 생생한 이유인 것이다. **꿈은 흔히 생각하는 것과 같은 '환영'이 아니다. 마음은 꿈을 상상해내는 것이 아니라 실제로 그것을 보고 있다.**

이 세상의 것이 아닌 것과도 같은 광경을 꿈속에서 볼 수 있다는 것은 알려진 사실이다. 예컨대, 어떤 사람이 어떤 건축물의 모습을 구석구석 세밀히 볼 수 있었는데, 그가 그런 것을 실제로 본 적은 없다는 사실이 너무나 명백한 경우처럼 말이다. 만일 꿈이 우리의 뇌가 만들어내는 현실의 모조품에 지나지 않는다면 생전 본 적이 없는 이런 광경들은

21

대체 어디서 나온단 말인가?

　기억하시겠지만, 가능태 공간의 섹터들은 저마다 다른 시나리오와 무대장치를 담고 있다. 무대장치는 무생물과 생물로 구성되어 있다. 꿈속에서 친척과 친구들을 만난다면 당신은 그들이 실제 삶에서와는 뭔가 다른 모습인 것을 틀림없이 발견할 것이다. 헤어스타일이나 옷차림이 다를 수도 있고 성격까지 다를 수도 있다. 꿈의 공간 속의 가상인물들은 평소보다는 뭔가 기이하고 색다른 행동을 보일 수 있다. 당신은 꿈속에서 친구의 얼굴을 알아보고 그것이 친구임을 알지만 동시에 뭔가 이상한 낌새를 느낀다. 이것이 가능태 공간의 속성인 다양성이 표현되는 방식이다. 섹터마다 무대장치가 다르다. 우리가 현실에서 보는 사건들은 현실화된 가능태다. 꿈속에서 우리는 (아직) 현실화되지 않은 섹터들을 더러 보게 된다.

　꿈속에서 거울 속에 비친 자신의 모습을 보게 된다면 당신은 아마도 불쾌감에 놀라거나 겁에 질릴 것이다. 거울 속 당신의 모습은 현실의 거울 속 얼굴과 같지 않을 것이기 때문이다. 당신은 그것이 자신이라는 것을 즉시 알아차리지만 얼굴은 변해 있다! 사실은 당신이 가 있는 섹터에 따라 비치는 모습도 바뀐다. 현재의 섹터(현실화되어서 당신의 현실이 되어 있는 섹터)로부터 꿈에 보이는 가상 섹터가 얼마나 멀리 떨어져 있느냐에 따라 얼굴의 모습이 변해 보이는 정도도 달라질 것이다.

　가상 섹터와 현실화된 섹터 사이의 거리에 따라 주변 광경도 그만큼 변할 것이다. 당신은 당신이 사는 마을을 보고 있지만 어딘가가 이상하다. 똑같은 거리와 집들이 어딘가 이상해 보인다. 당신은 마치 환상을 보고 있는 듯 고개를 갸우뚱거린다. 당신의 영혼이 꿈속에서 현실의 섹터로부터 너무 먼 곳으로 가게 되면 당신은 자신이 전혀 낯선 환경 속에 서 있는 것을 깨달을 것이다. 현실의 삶에는 존재하지 않는 풍경과 사람들이 보인다. 그 섹터에서는 모든 것이 자신만의 가상의 삶을 살고 있다. 그렇다면 거기서 당신의 역할은 무엇이란 말인가? 거기서 일어나는 것은 모두가 비물질적이다. 당신의 역할은 당신이 대면하고 있는 가상현실이 그런 만큼이나 가상적인 역할이다. 하지만 동시에 그것은 환상이 아니다.

여기에는 두 가지 경우가 있다. 당신이라는 인물의 가능태가 그 섹터에 존재하는 경우와 존재하지 않는 경우가 그것이다. 당신이라는 인물이 그 섹터에 존재한다면 당신은 또다른 당신을 만날 수 있을까? 이것은 나로서는 아직 답할 수 없는 매우 어려운 질문이다. 당신의 영혼은 그 섹터의 시나리오에 적혀 있는 역할을 맡게 될 가능성이 가장 크다. 꿈꾸는 사람의 눈에 거울 속의 자신의 얼굴이 남의 것처럼 보인다는 사실은 이 가정을 뒷받침해준다.

우리에게 아주 흥미로운 의문이 하나 더 있다. 가능태 공간 속의 정보가 선반에 놓여 있는 영화필름과도 같이 정적靜的인 상태로 저장되어 있는 것이라면 왜 우리는 꿈속에서 움직이는 영상을 보고, 그 가상의 게임에 끼어들게 되는 것일까? 정보장 속에는 모든 정보가 동시에 저장되어 존재한다. 과거에 일어났던 일과 장차 일어날 모든 일이 정보장 속에 이미 존재하고 있다. 그렇다면 가능태 공간을 날아다니는 영혼의 눈에는 왜 정지된 광경이 보이지 않고 움직이는 삶의 광경이 보이는 것일까? 어쩌면 우리의 인식기능은 영화필름의 움직이는 장면만을 인식할 수 있도록 되어 있는 것인지도 모른다. 아니면 그것이 가능태 공간의 본성이어서 가능태의 흐름으로서만 우리의 눈에 보이는 것인지도 모른다. 아무튼 영혼은 가능태 공간의 섹터를 따라 날면서 움직이는 광경들을 바라본다. 그렇다면 꿈속에서 영혼은 어디로 가는 것일까? 과거, 현재, 미래 중 어느 시간 속으로 여행해가는 것일까?

꿈의 공간에 관련된 모든 것은 대답보다는 의문을 더 많이 품고 있다. 내가 확실히 말할 수 있는 것이 한 가지 있다. — 꿈은 환영이 아니라는 것이다. 어쩐지 좀 겁이 나지 않는가? 우리는 모두가 밤마다 가능태 공간 속으로 여행을 한다. 그리고 거기서 가상의 삶을 산다. 이 가상의 삶은 손에 만져지는, 그런 물질적 기반을 가지고 있지 않다. 그럼에도, 그것은 실제다.

꿈의 해석과 그 의미에 대해서는 뭐라고 말할 수 있을까? 그 대답은 당신에게 좀 놀라울 것이다. 당신은 아마, 이 책이 주장하는 바에 비춰본다면 당연히 꿈은 미래의 사건의 전조라고 생각할 것이다. 하지만 정확히 지금까지 말한 바에 비춰보면, 트랜서핑에서 꿈의 내용은 1권에서 말한 것과 같은 종류의 신호로 볼 수가 없다.

꿈은 과거나 미래의 '가능한' 사건을 보여준다. 과거는 우리도 알고 있다. 가능태 공간의 미래는 너무나 다양하므로, 꿈이 장차 현실화될 섹터를 보여주는 것이라고 장담할 수는 없는 일이다. 이웃한 섹터들은 서로 유사한 시나리오와 무대장치를 가지고 있지만 당신이 꿈속에서 본 그 섹터가 실제로 당신의 현재 인생트랙과 가까운 것인지는 아무도 장담할 수가 없다.

영혼은 다가오는 사건을 감지하는 능력을 실제로 지니고 있다. 가장 신뢰할 수 있는 신호는 영혼이 감정적으로 얼마나 편안한 기분을 느끼는가 하는 것이다. 깨어 있을 때 영혼은 현재의 인생트랙, 혹은 다가오고 있는 가능태 흐름의 물굽이와 관련하여 자신이 느끼는 기분 상태를 보여준다. 다른 신호들 역시 '현실화된' 현재의 섹터와 그 인접 섹터에 관련된 것들이다. 하지만 꿈을 꾸고 있을 때 영혼이 어디를 날아다니고 있는지는 아무도 알 수 없다. 영혼은 어디에든 있을 수 있으므로 그런 영혼이 가져오는 정보는 신뢰할 수가 없는 것이다.

다음 의문은 이것이다. — 꿈이 상상의 산물이 아니라면 꿈의 시나리오는 누가 정하는 것일까? 시나리오는 가능태 공간의 각 섹터 안에 있다. 마음이 잠자고 있을 때, 영혼은 가능태 공간을 마음대로 여행할 수 있다. 때로는 마음이 너무 깊이 잠들어서 꿈을 기억하지 못한다. 마음이 잠자고 있을 때 영혼에게 어떤 일이 일어나는지는 아무도 모른다. 현실의 삶에서는 사람의 행동은 마음의 지배를 받는다. 그래서 마음이 꿈을 지켜보고 있을 때는 그는 수동적 관찰자의 역할을 한다. 그는 상황을 통제하지 않고 단지 모든 것이 평소와 같다고 생각한다.

일어나는 모든 일은 특정 섹터에 있는 시나리오에 따라 일어난다. 영혼이 그 섹터에 발을 들여놓는 순간, 그 섹터의 사건들은 당신의 영혼과 마음이 실제 삶에서 쌓아온 기대와 두려움과 생각에 따라 전개되기 시작한다. 기대와 두려움은 즉시 현실화된다. 예를 들어, 당신이 말썽을 피울 소지가 있다고 생각하는 사람이 등장하면 말썽에 휘말리는 시나리오가 현실화된다. 뭔가가 당신을 뒤따라오고 있다는 생각이 마음속에 얼핏 스쳐가기만 해도 꿈속에서는 당장 괴물이 당신을 쫓아오기 시작할 것이다.

이것은, 가능태가 마음속을 스쳐갈 때마다 영혼이 즉시 그에 동조하기 때문이다. **영혼은 당신의 생각과 기대에 어울리는 가능태 시나리오를 선택한다.** 가능태 공간 속에서 영혼은 생각과 기대가 뇌리를 스침과 동시에 움직인다. 사실 생각과 기대야말로 영화필름이 돌아가게 하는

25

구동력이다. 뇌의 작용을 멈출 수 있다면 보이는 심상도 그 자리에서 얼어붙어버릴 것이다. 하지만 생각은 머릿속에서 쉬지 않고 끊임없이 돌아간다.

꿈속에서 일어나는 사건들은 평소의 생각과 모순될 수도 있다. 이것은 꿈속에서는 마음의 통제력이 약해지기 때문이다. 꿈속에서는 온갖 희한하고 말도 안 되는 일들이 일어난다. 믿을 수 없는 장면들이 눈앞에 펼쳐지고 물리학의 법칙이 더이상 작용하지 않는다. 자각몽에서도 기상천외한 일들이 일어난다. 결국 마음은 그것이 단지 판타지일 뿐이어서 터무니없는 일도 일어날 수 있다는 것을 이해하게 된다.

이제 당신은 꿈속에서는 왜 모든 것이 가능한지를 알게 됐다. **꿈이란 영혼이 가능태 공간 속을 여행하는 것이다. 가능태 공간 속에는 온갖 시나리오가 다 있다.** 자각몽 속에서 꿈의 시나리오를 마음대로 바꿀 수 있는 이유도 이것이다. 시나리오 자체가 실제로 고쳐지는 것은 아니다. 당신이 수시로 시나리오를 마음대로 골라잡는 것이다. 당신이 스토커와 역할을 뒤집기로 마음먹는 즉시, 영혼은 역할이 바뀐 시나리오가 있는 섹터로 옮겨간다.

일어나는 일을 마음대로 주무를 수 있다는 사실을 깨달으면 마음은 욕망을, 예컨대 날고 싶다는 욕망을 만들어내기 시작할 것이다. 이 생각이 마음속을 스치면 그것은 영혼의 의도로 바뀐다. 의도는 꿈꾸는 사람으로 하여금 해당 시나리오가 있는 섹터로 옮겨가게 하는 힘이다.

영혼이 가능태 공간 속을 여행할 때는 물질의 불활성이 움직임을 방해하지 않는다. 꿈의 유연한 성질은 바로 이 때문이어서, 정반대의 시나리오도 즉시 실현된다. 그러면 실제 삶에서는 어떤 일이 일어날까? 기본적으로는 같다. 유일한 차이는 시나리오가 현실로 나타나는 속도

뿐이다. 현실 속의 사건도 꿈속의 사건과 동일한 법칙을 따라 일어난다. 하지만 그것은 번개처럼 빨리 일어나지는 않는다. 왜냐하면 가능태가 물질차원에 실현되는 데에는 불활성이 작용하기 때문이다. 이 점에서는 인생도 하나의 꿈이라는 주장은 옳지 않다. 하지만 동시에 그 주장은 논리적 타당성을 지니고 있다. 생각이 삶의 사건들을 형성시키는 이치는 이미 설명했다. 지금 마음속에 품고 있는 그것을 당신은 조만간에 얻게 될 것이다.

생각은 어떤 특정한 인생트랙의 주파수로 방사되고 있는 에너지다. 현실에서는 다양한 물질적 요인들로 인해서 이 인생트랙으로 옮겨가는 것이 지체된다. 현실화되지 않은 섹터를 물에 비유하자면 현실화된 가능태 공간의 섹터는 타르처럼 끈적끈적하다. 잠재된 가능태가 물질적으로 현실화되는 데는 시간이 걸린다. 그러나 꿈에서는 불활성이라는 장애물이 없으므로 섹터를 옮겨 다니는 것이 즉석에서 실현된다.

이쯤이면 당신도 내가 왜 꿈에 대해 이야기를 꺼냈는지를 알았을 것이다. 자기 운명의 주인이 되려면 생각이 우리를 한 섹터로부터 다른 섹터로 데려다놓는 이치와, 욕망이 반드시 실현되지 않는 이유를 이해하는 것이 필수적이다. 하지만 이 의문을 파헤치기 위해 자각몽을 반드시 공부해야 하는 것은 아니다. 우리의 목표는 깨어 있는 상태에서 시나리오를 골라잡을 수 있는 능력이다. **꿈속에서 깨어 있기보다는 현실 속에서 깨어 있기를 터득하는 것이 훨씬 더 중요하다.** 게다가, 말했듯이 자각몽 훈련에는 약간의 위험이 도사리고 있다.

자각몽을 하는 사람들은 거기에 위험이 없다고 말할지도 모른다. 하지만 아마도 그들은 자신이 면도날 위를 걷고 있다는 사실을 모르고 있는 것일 게다. 자각몽으로부터 반드시 돌아올 수 있는지는 아무도 장담할 수 없다. 영혼이 현실화되지 않은 섹터를 날아다니고 있을 때는 아무런 위험이 없다. 하지만 만일 현실화된 섹터에 우연히 들어서게 된다면 어떤 일이 일어나리라고 생각하는가? 한 가지 가설은, 당신이 그 섹터에서 물질화될 수도 있다는 것이다. 우리는 판타지는 사람에게 해를 끼칠 수가 없다는 생각에 젖어 있다. 하지만 보시다시피, 이 가정에는 함정이 있다. 만약에 판타지도 현실이라면 어쩌겠는가?

아실지 모르지만, 꿈의 기술을 완전히 터득한 고대의 마법사들은 의도적으로 다른 세계로 가서는 돌아오지 않았다. 그들의 육신 역시 이 세계로부터 사라져버렸다. 그 고대의 마법사들은 자신이 하는 짓의 의미를 정확히 알고 있었거나, 아니면 너무 무모했다. 오늘날에도 해마다 수만 명의 사람들이 흔적도 없이 사라진다. 그들은 그저 없어진다. 외계인이 납치해간다는 주장도 있다. 더이상은 나도 확실히 설명할 수 없지만 그들은 꿈에서 돌아오지 않은 것일 가능성이 있다. 사실 영혼은 무의식 상태에서도 현실화된 다른 섹터로 날아갈 수가 있다.

그런 면에서는 자각몽은 더욱 위험하다. 마음이 경계심을 잃고 아무도 모르는 곳으로 날아갈 수 있기 때문이다. 그 영혼이 돌아올 수 있을지는 아무도 장담하지 못한다. 육신을 남겨두고 갈 수도 있다. 그럴 경우 사람들은 당신이 그저 잠자는 중에 죽었다고 할 것이다. 여러분을 겁주려고 이러는 것이 아니다. 다만 꿈은 환영이 아니라는 점만 명심하라. 자각몽을 꿀 때, 이리저리 돌아다녀보고 싶은 마음이 생길 수 있다. 사실 당신은 다른 사람들에게 피해를 입히지 않으면서도 원하는 것은 뭐든지 할 수 있다. 아니면 그저 다른 세계를 이리저리 날아다니면서 탐사할 수도 있다. 현실화되지 않은 가상의 섹터를 날아다니는 한은 모든 것이 허용된다. 위험한 것은 이것이다. ― 당신의 영혼이 이미 현실화되어 있는 섹터에 발을 들여놓지 않으리라는 보장은 없다는 것이다. 마음은 가상의 현실이 물질현실로 바뀌었다는 사실을 금방 알아차리지도 못할 것이다. 우리의 눈에 보이는 이 세계가 우주 속의 유일한 세계라고 생각하는 무지에는 빠지지 말라. 가능태 공간은 무한하고, 물론 거기에는 온갖 다양한 생명체가 살고 있는, 현실화되어 있는 섹터가 얼마든지 있다.

당신이 가게 된 세계는 우리 세계에 비하면 낙원과 같은 곳일 수도 있지만 또 살아서 가는 지옥과 같은 곳일 수도 있다. 그곳의 위치도 알 수 없다. 그것은 지구에서 수백만 광년 떨어진 곳일지도 모르고 당신이 마시던 커피 속일지도 모른다. 그 세계는 매우 먼 곳일 수도 있고, 아주 가깝지만 다른 차원의 곳일 수도 있다. 1권의 1장에서 말했듯이, 당신의 눈앞에는 무한공간이 사방으로 끝없이 펼쳐져 있다. 그 병존우주가 먼 곳에 있든 가까운 곳에 있든 그것은 상관없다. 그 속에서는 길을 잃고 헤매기가 십상이라서, 돌아온다는 것은 지극히 어려운 일이기 때문이다.

아스트럴체*로 물질계를 여행하는 문제는 여기서 논하지 않을 것이다. 여기에는 다른 메커니즘이 작용하며, 트랜서핑과는 전혀 관계가 없다. 게다가 그것은 위험한 일이다. 전반적으로 말해서, 꿈은 트랜서핑과 간접적으로만 관계된다. 우리가 할 일은 냉혹한 현실로부터 꿈의 세계로 도망가는 것이 아니라 우리의 실질적 현실을 더 편안하고 즐거운 것으로 만드는 것이다.

---

* 감정과 욕망으로 이루어진 미묘한 신체(靈體). 육신을 남겨두고 이 신체만 가지고 물질계를 마음대로 여행하는 능력을 가진 이들이 있다고 함. 역주.

꿈을 두려워할 필요는 없다. 하지만 그것을 가볍게 생각해서도 안 된다. **자각몽에 대해 이야기할 때 당신의 영혼이 불편한 기분을 느낀다면 자각몽을 시도해서는 안 된다.** 육감은 당신에게 위험을 경고해준다. 마음보다 영혼이 문제가 다가오는 것을 더 잘 알아차린다. 이 때문에 마음이 끼어들지 않는 상태에서 꾸는 꿈이 훨씬 더 안전하다. 하지만 어쨌든 자각몽을 해보기로 했다면 주의를 게을리하지 말라. 무리한 짓을 하지 말고 일어나는 일들을 최대한 깨어서 인식하고 있어야 한다. 현실의 삶에서와 마찬가지로, 집에 온 것처럼 편안히 머물되 자신이 단지 손님일 뿐이라는 사실을 잊지 말라.

의도의 마법적인 힘

그러니 생각과 욕망이 가능태 공간 속에서 우리의 움직임을 조종한다는 사실이 분명해졌다. 꿈에서는 이 움직임이 물질의 불활성으로 인해 지연되지 않는다. 작은 생각이 얼핏 스쳐가기만 해도 그것이 즉시 우리를 다른 섹터로 옮겨다 놓는다. 현실화되어 있는 섹터에서는 물질의 무거운 불활성 때문에 일이 얼른 일어나지 않는다. 하지만 현실에도 동일한 원리가 작용한다. 즉, 생각은 삶 속의 사건들의 전개에 직접적인 영향을 미친다.

"오, 그래요?" 하고 비아냥거리는 목소리로 반문하는 독자도 있을 것이다. 아직 이 해괴한 트랜서핑 모델이 일으킨 기적 앞에서 완전히 멍해져 보지 않은 독자들 말이다. "난 내 삶을 결정하는 것은 생각이 아니라 행동인 줄로 알고 있었는데 제가 어리석었단 말이죠? 그럼요, 물론 이젠 나도 덕분에 깨달았어요. 중요한 것은 행동이 아니라 생각이라 굽쇼."

하지만 여기에는 사실 모순이 전혀 없다. 게다가 그것은 생각을 먼저 하고 그다음에 행동한다는 사실과도 아무런 상관이 없다. 사람들은 자신의 행동의 결과에 주의를 기울이는 데에 익숙하다. 왜냐하면 행동은 현장에 드러나 있어서 눈에 보이기 때문이다. 생각의 결과는 그에 비하면 훨씬 덜 분명하다. 이것은 균형력의 작용과 관계가 있다. 우리는 균형력의 작용이 그 사람의 의도와는 상반되는 예를 살펴봤었다. 어떤 것을 얻으려고 애쓰다가 그와는 완전히 반대되는 것을 얻게 된다. 잉여 포텐셜이 클수록 그의 현실은 그가 원하던 현실로부터 멀어진다. 그는 세상이 왜 그토록 이상하게만 돌아가는지에 대한 설명을 찾지 못한다. 그럼에도 그는 자신이 뭔가를 잘못했거나, 아니면 세상이란 것이 원래 그렇거나, 또 아니면 꿈이란 엄청나게 고생을 해야만 이루어지는 것이라고 자신을 설득하려고 애쓴다.

트랜서핑 모델에 실제로 모순이 있는 것처럼 보일 수도 있다. 한편에서는 우리를 통과해가는 에너지가 생각에 의해 변조되고, 이 에너지가 사람들을 그 생각에 어울리는 인생트랙으로 데려다 놓는다고 주장한다. 아니면 생각이 우리를 그에 어울리는 시나리오와 무대장치가 있는 섹터로 데려다 놓는다고 한다. 이것이 정확하게 꿈속에서 일어나는 일이다. 그런데 또다른 한 편에서는 생각은 현실에서 큰 의미가 없어 보인다. 왜냐하면 단지 생각하는 것만으로는 원하는 것을 얻을 수 없기 때문이다. 소파에 기대 누워서 원하는 것을 아무리 생각하고 있어도 다른 인생트랙으로 옮겨지는 일은 일어나지 않는다. 물질 차원의 실현은 속도가 느리다는 점을 감안하더라도 말이다. 현실주의적인 독자들은 귀가 번쩍하여 이렇게 말할 것이다. "맞아, 바로 그게 문제야. 행동을 해야 해! 생각이나, 어딘가로 옮겨가는 그런 따위의 것들은 아무런 상관도 없어." 그리고 일단 외견상 이 말은 맞다.

하지만 단지 겉보기에만 맞다. 실제로 이 모순은 겉으로만 그렇게 보이는 것이다. 우리는, 원하는 것을 심상화한답시고 아무리 애를 써도 종종 아무런 결과도 얻지 못하는 이유에 대한 답에 다가가고 있다. 아시다시피, 첫번째 명백한 이유는 원하는 것을 얻으려고 애쓸 때 생겨나는 잉여 포텐셜과 관계된다.

두번째 이유는 가능태가 물질적으로 현실화될 때 개입되는 불활성이다. 우리가 실패하는 이유는 아주 종종, 목표를 향해 충분히 끈기 있게 노력하지 않기 때문이다. 많은 목표들이, 단지 현실화될 시간을 갖지 못한 이유로 이루어지지 않는다. 특히 목표를 향한 열정이 금방 식어버려서 역경 앞에서 포기해버리는 경우가 그렇다. 어쩌면 당신의 삶에서도 실제로 자신이 어떤 것을 '주문'했던 사실조차 까맣게 잊어버리고 모든 희망도 버리고 있을 때 뒤늦게야 원했던 것을 얻게 되었던 기억이 있을지 모른다.

많은 사람들이 저지르는 또 한 가지 실수는 모든 것을 한꺼번에 얻어내려고 덤벼드는 것이다. 한꺼번에 연관성 없는 여러 가지 목표를 정해놓으면 당신의 정신적 에너지는 허공 속으로 헛되이 흩어져버린다. **가능태 흐름은 당신이 여러 방향으로 동시에 헤엄쳐가도록 허락하지 않는다.** 하나의 특정한 섹터로 주의를 돌려 모든 노력을 하나의 정해진 목표에 집중한다면 큰 효과가 있을 것이다. 이 문제는 다음 장에서 다시 논하겠다.

32 꿈속에는 지금까지 이야기한 해로운 요인들이 존재하지 않는다. 잉

여 포텐셜이 끼어들지 않고 불활성도 방해하지 않는다. 마음도 목표를 이루기 위한 일상적 몸부림을 멈추고 쉬고 있다. 하지만 꿈에서도 모든 욕망이 다 이루어지지는 않는다. 자각몽을 꾸는 사람들은 낱낱의 사소한 생각들이 다 꿈꾸는 사람을 해당 섹터로 데려다주지는 않는다는 것을 안다. 그렇다면 그것을 방해하는 것은 무엇일까?

그 답은 아주 간단하면서도 본질적이다. 방해하는 것은 없다. 그리고 그것은 그 사람의 실제 생각과는 거의 무관하다. 비밀은 이것이다. **— 현실화를 가져오는 것은 욕망 자체가 아니라 원하는 대상을 노리고 있는 당신이다.** 일이 일어나게 하는 것은 원하는 대상에 관한 실제 생각이 아니라 뭔가 다른 것, 말로 표현하기가 힘든 무엇이다. 생각은 무대 위에서 놀고 있지만 이 힘은 보이는 것의 배후에 있다. 하지만 그 힘은 결정력을 가지고 있다. 물론 당신은 이미 내가 '의도'에 대해 이야기하고 있음을 눈치 챘을 것이다. 마음은 자신이 보유한 모든 이름과 파일 속에서도 의도의 알맞은 정의를 찾을 수가 없었다. 그래서 우리는 의도를 대략, '가지겠다는, 그리고 행동하겠다는 결정'으로 정의할 것이다.

이제 당신은 생각이 그 자체만으로는 가능태 공간의 한 섹터에 동조하는 과정에서 아무런 의미도 지니지 못한다는 것을 이해하고 있다. 생각은 파도 꼭대기의 한 방울 거품과도 같다. **욕망이 실현되는 것이 아니라 의도가 실현되는 것이다.**

팔을 들어 올리는 예를 다시 한 번 살펴보자. 팔을 올리기를 소원해 보라. 당신의 생각 속에 욕망이 형성되었다. 곧, 당신은 팔을 올리고 싶어한다는 사실을 의식한다. 하지만 욕망이 팔을 들어 올려주는가? 아니다. 욕망 그 자체는 어떤 행동도 만들어내지 못한다. 욕망하는 생각

33

이 자신의 일을 행할 때만 팔이 올려진다. 남은 것은 행동하겠다는 결정뿐이다. 팔을 올려주는 것은 행동하겠다는 결정인가? 아니다. 결정도 팔을 올려주지 않는다. 당신은 팔을 들어 올리기로 최종 결정을 내렸다. 하지만 팔은 움직이지 않는다. 그러면 무엇이 팔을 들어 올려주는가? 결정 다음에 오는 그것을 어떻게 정의해야 할까? 의도가 정말 무엇인지를 마음이 분명히 설명하지 못한다는 사실을 깨닫게 되는 것이 바로 이 대목에서다. '가지겠다는, 그리고 행동하겠다는 결정' 이라는 의도에 대한 우리의 정의는 단지 실제로 행동하는 힘을 소개해주는 선에서 그친다. 남겨진 유일한 것은 다음 사실을 말하는 것이다. — 팔은 욕망이나 결정으로써 올려지는 것이 아니라 의도로써 올려진다. '결정' 이라는 표현은 단지 이해하기 쉬우라고 끌어들인 것일 뿐이다. 하지만 물론 당신이 근육을 수축시키는 모종의 힘을 가지고 있음은 언어를 빌리지 않고도 분명히 느낄 수 있다.

사실 의도가 무엇인지를 설명하는 것은 매우 어렵다. 우리는 팔과 다리를 어떻게 움직이는지를 궁금해하지도 않는다. 그리고 자신이 옛날에는 걷지 못했었다는 사실을 기억하지도 못한다. 마찬가지로 자전거에 처음 올라탈 때 사람은 무엇을 어떻게 해야 할지 모른다. 하지만 자전거 타는 법을 배우고 나서도 그는 그것을 설명하지 못할 것이다. 의도란 매우 애매모호한 것이다. 그것은 얻기는 힘들지만 쉽게 잃어버릴 수 있다. 예컨대 마비된 사람은 의도의 힘을 하나도 가지고 있지 않다. 다리를 움직이고자 하는 욕망은 있지만 이 욕망을 행동으로 옮길 능력은 없다. 최면상태에서, 혹은 기적적인 회복의 결과로, 마비된 사람이 걸은 사례들이 알려져 있다. 의도가 회복된 것이다.

34　　　그러니 욕망 그 자체는 당신을 어디에도 데려다주지 못한다. 예컨대

욕망이 클수록 균형력의 반작용만 더욱 커진다. 다음 사실을 주목하라. — 욕망은 '목표 그 자체'를 지향하지만 의도는 그 '목표에 다다르는 과정'을 지향한다. 욕망은 목표에 이르고자 하는 소망의 잉여 포텐셜을 만들어냄으로써 자신을 실현한다. 의도는 행동함으로써 자신을 실현한다. 의도는 목표가 이루어질 수 있는지 없는지를 고민하지 않는다. 결정은 이미 내려졌고 행하는 일만이 남아 있다. 꿈속에서 날고 싶은데 그것이 가능한지 어떤지를 고민하고 있다면 아무 데도 가지 못할 것이다. 날기 위해서는 의도를 사용해서 그저 자신을 공중에다 띄워야 한다. **꿈에서 어떤 시나리오를 선택하는 것은 욕망으로써 하는 것이 아니라 욕망하는 것을 얻고자 하는 확고한 의도로써 하는 것이다. 깊이 생각하는 것도 아니고 욕망하는 것도 아니다. 그저 가지고, 행하는 것이다.**

욕망의 무용성에 대해서는 이미 이야기했다. 뭔가를 간청하는 것은 어떤가? 그에 대해서는 할 말이 없다. 수호천사나 신이나 높은 힘에게 무엇을 간청하는 것은 아무런 의미도 없다. 우주의 법칙은 절대적으로 냉철하다. 당신의 불평과 비탄과 하소연을 필요로 하는 사람은 아무도 없다. 감사는 좋다. 왜냐하면 감사는 본질적으로 조건 없는 사랑과 가깝기 때문이다. 진정한 감사, 그것은 창조적 에너지의 방사광이다. 간청의 잉여 포텐셜은 그 반대다. 그것은 지체(delay)다. 그것은 에너지를 한 곳에만 모은다. 불평과 간청과 요구는 사람들로부터 에너지를 수확하기 위해 만들어놓은 펜듈럼의 작품이다. "…을 주세요." "나는 …을 원합니다" 하는 등의 생각들은 자동적으로 잉여 포텐셜을 만들어낸다. 당신은 요구하는 그것을 가지고 있지 않은데 생각으로써 그것을 당신에게로 끌어당기려고 애쓰고 있다.

높은 힘에게 무엇을 간청하는 것은 말짱 헛일이다. 그것은 가게에 가서 점원에게 물건을 공짜로 달라고 하는 것과 같다. 차라리 사람들에게 도움을 — 물론 적당한 선에서 — 요청할 수는 있다. 그 밖의 세상 일은 객관적인 법칙에 근거하고 있지, 누군가를 도와주고자 하는 애틋한 마음씨에 근거해 있는 것이 아니다.

지구가 태양에게 다른 궤도를 돌도록 해달라고 조른다고 상상해보라. 얼마나 터무니없는 일인가? 사람이 아닌 어떤 존재나 어떤 것에게 다가가서 뭔가를 간청한다는 것도 마찬가지로 터무니없는 짓이다. **이해할 수 있는 유일한 짓은, 선택하려는 의도를 가지는 것이다.** 당신은 실제로 자신의 운명을 선택하고 있다. 당신이 방사하는 에너지의 매개변수가 당신의 선택과 맞아떨어지고, 동시에 어떤 법칙에도 위배되지 않는다면 당신은 원하는 것을 얻을 것이다. **선택은 간청이 아니다. 그것은 가지겠다는, 그리고 행하겠다는 당신의 결정이다.**

의도는 잉여 포텐셜을 만들어내지 않는다. 욕망에 의해 만들어진 포텐셜 에너지가 행동에 사용되기 때문이다. **욕망과 행동은 의도 속에서 하나가 된다.** 행동 속의 의도는 욕망에 의해 만들어진 잉여 포텐셜을 자연스럽게 해소시켜준다. 이것은 균형력의 개입 없이 일어난다. 문제를 해결하고자 한다면 행동하라. 문제가 어렵다고 고민하고 있다면 당신은 잉여 포텐셜을 만들어내고 있고, 동시에 펜듈럼에게 에너지를 뺏기고 있는 것이다. 행동할 때, 당신은 의도의 에너지를 실현시키고 있는 것이다. 러시아 속담에 이런 말이 있다. "눈은 겁내고 있지만 손은 일하고 있다."* 의도를 실천할 때, 가능태 흐름에 몸을 맡기라. 그러면

---

* 어떤 것을 매우 어렵거나 두려운 일로 여기지만 그래도 어쨌든 그 일을 한다는 뜻. 예: 학생이 읽어야 할 과제가 많아서 걱정하면서도 아무튼 과제를 읽는다. 원주.

문제는 저절로 해결될 것이다.

기대, 근심, 지나친 고민과 욕망은 당신의 에너지를 빨아먹을 뿐이다. 행동 속의 의도는 포텐셜 에너지를 소비해줄 뿐만 아니라 기운을 불어넣어준다. 공부의 예에서 그 증거를 찾아볼 수 있다. 시험 직전에 주입식의 벼락공부를 하는 것은 노력은 많이 들어도 효과가 없다. 하지만 반대로 적극적인 태도로 공부하면, 다시 말해서 진짜 공부를 하고 문제를 풀면 그것은 기운을 빼앗지 않을 뿐만 아니라 영감과 만족을 가져다준다.

그러니까 의도는 가능태 공간의 섹터를 현실화시키는 구동력이다. 하지만 의문이 하나 있다. 그렇다면 두려움은 왜 또 현실화되는가? 그것도 우리 의도의 일부로 간주될 수 있는 것인가? 현실의 삶에서도 꿈속과 마찬가지다. ─ 우리의 두려움과 근심과 싫어함과 미움의 시나리오를 갖춘 가능태가 끊임없이 우리를 뒤쫓고 있다. 어떤 것을 원하지 않는 이상은 그것을 갖고자 의도하지도 않는다. 그렇지 않은가? 하지만 발버둥 치며 원치 않는 것은 여전히 가지게 된다. 그렇다면 욕망의 방향은 실질적으로 상관이 없다는 것인가? 이 문제의 열쇠는 더욱 비밀스럽고 강력한 힘 속에 숨겨져 있다. 그것의 이름은 외부의도다.

외부의도

의도는 욕망과 행동의 조합이다. 자신만의 힘으로써 무엇을 하고자 하는 의도에 대해서는 누구나 잘 알고 있다. 이것은 내부의도다. 의도의 작용을 외부세계로 확대시키는 것은 그보다 훨씬 더 힘들다. 그것이 외부의도다. 외부의도의 도움으로 우리는 세상을 다스릴 수 있다. 더 정확히 말하자면, 주변 세상이 어떻게 행동하게 할지를 선택할 수 있게 된다. 시나리오와 무대장치를 우리가 정할 수 있는 것이다.

외부의도의 개념은 가능태 모델과 밀접하게 연결되어 있다. 시간과 공간과 물질을 주무른다는 것은 논리적으로는 설명이 불가능해서 마법 아니면 초상현상으로 치부되는 경향이 있다. 그런데 사실은 이런 현상들이야말로 외부의도의 작용이다. **외부의도는 가능태 공간에서 인생트랙을 선택하는 과정에 개입한다.**

내부의도는 길 가다가 본 사과나무를 배나무로 바꿔놓을 수 없다. 외부의도도 어떤 것을 '다른 것으로 바꿔놓을' 수는 없다. 대신 그것은 가능태 공간에서 사과나무가 있는 길 대신 배나무가 있는 길을 '선택'하고, 전이가 일어나게 한다. 이것이 사과나무가 배나무로 바뀌는 이치다. 사과나무에는 실제로 아무런 일도 일어나지 않는다. 단지 바꿔치기가 일어날 뿐이다. 물질화작용이 가능태 공간의 한 트랙으로부터 다른 트랙으로 옮겨가서 일어나는 것이다. 그 어떤 힘으로도 실제로 한 물체를 다른 것으로 마법처럼 변화시킬 수는 없다. 내부의도는 그것을 목표로 삼지만 그 능력은 지극히 한정되어 있다.

마음으로써 연필을 움직이려고 애써도 연필은 움직이지 않는다. 하지만 꾸준한 의도로써 그것이 움직이는 것을 상상한다면 어쩌면 움직일지도 모른다. 당신이 연필을 움직일 수 있다고 해보자.(심령가라면 어쨌든 모종의 능력을 보여줄 수 있다.) 이제 내가 하려는 말은 기이하게 들릴지도 모른다. 사실 연필은 움직이지 않는다는 것이다! 그러나 동시에 어떻게든 당신이 연필을 움직였다면 그 또한 환영은 아니다. 전자의 경우, 당신은 사념의 에너지로써 연필을 움직이려고 하고 있다.

물론 물체를 움직이기에는 에너지가 충분치 않다. 후자의 경우는, 당신은 연필이 다른 위치에 있는 인생트랙으로 미끄러져 가고 있다. 차이를 알겠는가?

탁자 위에 연필이 놓여 있다. 당신은 의도의 힘으로써 그것이 움직이기 시작하는 것을 상상한다. 당신의 의도는 연필이 다른 장소에 놓여 있는 가능태 공간의 섹터를 찾아낸다. 사념 에너지가 충분한 힘으로 방사된다면 연필은 실제 공간 속의 새로운 지점들로 차례로 옮겨가면서 물질화될 것이다. 이때 움직이는 것은 독립적인 '연필의 층'으로, 관찰자의 층을 포함해서 다른 모든 층들은 움직이지 않고 그대로 있다. 움직이는 것은 대상 자체가 아니라 가능태 공간에서 대상이 물질화되는 지점인 것이다.

연필을 전혀 움직이지 못하더라도 놀라운 일은 아니다. 거의 모든 사람들이 초자연적 능력을 지니고 있지만 그 힘은 매우 미약하다. 그것은 당신의 에너지가 약해서가 아니라 그런 일이 가능하다고 믿기가 너무나 어려워서 자기 안에서 순수한 의도를 일으키기가 매우 힘들기 때문이다. 물체를 원격 이동시키는 염력을 지닌 사람들은 대상 자체를 움직이는 것이 아니다. 그들은 의도의 힘으로 에너지를 보내어 가능태 공간에서 대상이 물질화되는 지점을 변화시키는 능력을 지닌 것이다.

외부의도와 관련된 모든 것은 대개 신비주의, 마법, 혹은 기껏해야 설명할 수 없는 현상 정도로 취급받고, 그 증언과 증거들은 선반 위에서 먼지를 덮어쓰고 있다. 상식적 우주관은 이런 종류의 가능성을 완전히 부정한다. 불합리한 일들은 언제나 특유의 공포를 자아낸다. UFO를 목격한 사람들도 이와 비슷한 공포와 혼돈 상태를 경험한다. 설명할 수 없는 현상들은 우리의 친숙한 현실로부터 너무나 동떨어져 있어서,

우리는 그것이 가능하다고 믿으려들지 않는다. 게다가 그것은 사실이기에는 너무나 기이해서 공포를 자아낸다.

"마호메트가 산으로 가지 않으면 산이 마호메트에게로 온다"*고 할 때, 이것이 외부의도다. 당신은 이것이 그저 농담이라고 생각했으리라. 외부의도의 작용에 반드시 초상현상이 수반되는 것은 아니다. 우리는 일상 속에서도 외부의도가 작용한 결과를 끊임없이 대면하고 있다. 특히 두려움과 최악의 우려는 외부의도에 의해 현실화된다. 하지만 이런 경우에 외부의도는 우리의 의지와는 상관없이 작용하기 때문에 우리는 어떻게 그런 일이 일어났는지를 알아차리지 못한다. 내부의도를 조절하는 것보다 외부의도를 조절하는 것이 훨씬 더 어렵다.

당신이 외딴 섬에 상륙해서 야만인을 만났다고 상상해보라. 이제 당신의 생명은 당신의 행동에 달려 있다. 첫번째 가능성은 제물이 되는 것이다. 당신은 용서를 빌고 뇌물을 바치고 핑계거리를 만들어내면서 야만인의 비위를 맞춘다. 이 경우 당신의 운명은 먹히는 것이다. 두번째 가능성은 정복자가 되는 것이다. 당신은 공격적인 행동으로 야만인을 제압하려고 한다. 당신은 정복자가 되거나, 아니면 패배할 것이다. 세번째 가능성은 지배자로 나서는 것이다. 당신이 만물을 지배하는 위엄의 손을 내뻗으면 사람들이 모두 복종한다. 스스로 자신의 권능에 한치 의심이 없으면 상대방도 의심하지 않을 것이다. 당신이 방사하는 사념 에너지는 당신이 지배자인 인생트랙에 동조된다.

---

* 예언자 마호메트의 행적에 나오는 이야기인데 서양권에서는 이것이 거꾸로 뒤집혀서 일이 여의치 않으면 내가 여건에 맞춰야 한다는 뜻의 속담으로 널리 사용되고 있는 것이 흥미롭다.('산이 마호메트에게 오지 않으면 마호메트가 산으로 간다.') 역주.

앞의 두 가지 가능성은 내부의도의 작용과 관련되지만 세번째 가능성은 외부의도의 작용과 관련된다. 외부의도는 단지 필요한 가능태를 선택한다.

바로 옆에 창이 열려 있는데도 자꾸만 유리에 몸을 부딪는 파리는 내부의도를 가지고 있다. 이 파리에게 외부의도는 무엇이라고 생각하는가? 열린 창으로 날아가는 것이 분명한 정답일 것 같지만, 그렇지 않다. 파리가 뒤로 물러나서 잘 살펴보기만 해도 창문의 닫힌 곳과 열린 곳을 찾을 수 있을 것이다. 그것은 단지 현실을 바라보는 시야가 넓혀진 것뿐이다. 순수한 형태의 외부의도는 파리의 눈앞에서 닫힌 창을 열어준다.

내부의도는 하나의 동일한 인생트랙 위에서 주변세계에 영향을 미치고자 하는 모든 시도에 관여한다. 가능태 공간의 한 섹터의 울타리 안에서 가능한 모든 것은 보편적 자연의 법칙으로써 설명되고 물질적 우주관에 잘 들어맞는다. 외부의도는 원하는 바가 실현되는 인생트랙을 선택하려는 모든 시도에 관여한다.

이제 닫혀 있는 창문을 통해 날아가려고 하는 것이 내부의도의 한 예라는 것이 당신에게도 분명해졌을 것이다. 반면에 외부의도는 창문이 열리는 인생트랙으로 옮겨가는 것이다. 마음의 힘으로 연필을 움직이려고 초인적인 노력을 쏟을 수도 있다. 혹은 그 대신 단지 외부의도만을 가지고 가능태 공간을 뒤져서 연필이 다른 장소에 있는 트랙을 찾아낼 수도 있다.

당신이 크리스마스이브에는 시내에서 주차할 곳을 찾을 수가 없으리라고 확신한다고 가정해보자. 당신의 내부의도는 이렇게 주장한다. "이 시간에 어디다 주차할 수가 있겠어?" 사람들이 이렇게 북적대는데 말이다. 반면에 외부의도는 당신이 주차장에 들어서는 순간 기다렸다는 듯이 자리가 빌 것이라고 생각한다. 외부의도는 그런 가능성을 끈기 있게, 확고하게 믿는 것도 아니다. **외부의도는 그저 자신에게 속한 것을 냉정하게, 가차 없이 차지한다.**

외부의도란 마치 방사광처럼 즉흥적으로 만들어지는 것이다. 외부의도를 미리 준비하려고 애쓰는 것은 헛수고다. 모든 마법의식은 자신의 외부의도를 불러오기 위한 것이다. 하지만 의식儀式은 단지 마법을 위한 준비, 연극의 서막, 무대장치에 불과하다. 꿈에 절벽에서 떨어진다고 하자. 땅바닥에 떨어지지 않으려면 공중부양의 의도를 불러내야만 한다. 주문을 외거나 준비할 시간이 없다. 그저 날려는 의도만 가지면 그대로 된다. 주문과 마법의 장식물들은 단지 모든 사람이 지니고 있으나 사용하지 못하고 있는 힘이 일깨워지도록 도와줄 뿐이다.

유감스럽게도 현대인들에게는 외부의도를 통제할 수 있는 능력이 거의 없다. 사람들은 자신이 한때는 그런 능력을 가지고 있었다는 사실조차 용케도 까맣게 잊어버렸다. 오직 먼 옛날의 전설만이 이런 이야기들을 어렴풋이 들려준다. 이제는 이집트의 피라미드나 기타 유사한 건축물들이 외부의도의 도움으로 건설되었다는 사실을 애써 증명하려들 필요조차 없어졌다. 다른 모든 주장은 받아들이더라도 이것만은 받아들이지 않을 테니 말이다. 조상을 미개인으로 여기고 그들의 신비를 내부의도라는 울타리 안에서만 풀어보려고 애쓰는 후손들을 보면서 피라미드의 건설자들은 얼마나 한심스러워할까?

하지만 현대인들에게 외부의도가 전혀 없는 것은 아니다. 다만 그들의 외부의도는 단단히 막혀 있을 뿐이다. 흔히 마법으로 여겨지는 모든 것은 외부의도를 부리려는 노력 외에 아무것도 아니다. 수백 년 동안

연금술사들은 어떤 물질이든 금으로 바꿔놓는 철학자의 돌을 찾으려고 애썼지만 모두 헛수고였다. 연금술에 관한 온갖 복잡 난해한 내용의 책들이 다 나왔다. 하지만 전설이 말하듯이, 실제로 철학자의 돌의 비밀은 에메랄드 타블렛Emerald Tablet*이라 불리는 취옥翠玉 명판에 새겨진 몇 줄의 글 속에 담겨 있다. 그렇다면 그 모든 책은 무엇인가? 그것은 아마도 이 몇 줄의 글을 이해하기 위해 쓰인 것들이리라.

여러분은 아마도 성배聖杯에 대해 들어봤을 것이다. 많은 사람들이, 심지어는 제3제국의 사자도 실제로 그것을 찾아 헤맸다. 무한한 힘과 권능을 준다는 이와 유사한 보물들에 관한 전설은 언제나 존재한다. 이것은 순진한 착각이다. 어떤 물건도 사람에게 능력을 주지는 못한다. 우상, 주문, 그 밖의 어떤 물건도 그 자체가 힘을 지니지는 못한다. 힘은 그런 물건들을 사용하는 사람의 외부의도에 들어 있다. 소도구는 어디까지나 잠재의식을 얼마간 도와서 계발되지 않고 잠들어 있는 외부의도를 각성시켜줄 수 있을 뿐이다. 특정한 물건이 마법적 힘을 지니고 있다고 믿으면 그것이 외부의도를 일깨우는 자극을 줄 수 있는 것이다.

고대문명들은 그런 것을 마법의식이 없이도 행할 수 있는 수준에까지 이르렀다. 물론 그런 힘을 가진다는 것은 지극히 강력한 잉여 포텐셜을 만들어냈다. 그래서 외부의도의 비밀을 열었던 아틀란티스와 같은 문명들은 때로 균형력에 의해 파멸을 맞았다. 이 비전 지식의 파편들이 우리 시대에 마법의 형태로 전해졌다. 그 마법의 목적은 잃어버린 것을 회복하는 것이다. 하지만 그것은 그릇되게 내부의도의 길을 걷고 있는 피상적이고 미미한 시도에 지나지 않는다. 힘과 권능의 핵심인 외

---

* 전설 속 이집트의 현자인 헤르메스가 남긴 것으로 전해짐. 역주.

부의도는 아직도 신비에 싸인 채 남아 있다.

사람들로 하여금 외부의도를 잃어버리고 내부의도만을 편향적으로 계발하게 한 원흉은 펜듈럼이다. 그 이유는 간단하다. 펜듈럼은 내부의도의 에너지를 먹고 살기 때문이다. 외부의도를 통제하는 것은 펜듈럼으로부터 완전히 자유로울 때만 가능한 일이다. 이 점을 놓고 보면 펜듈럼은 인간들과의 싸움에서 완전한 승리를 거뒀다고 할 수 있다.

이제 우리는 어떤 목표를 이루고자 하는 정신 에너지의 본질은 욕망과 내부의도와 외부의도라는 세 가지의 형태로 표출될 수 있음을 알았다. **욕망은 목표 자체에다 주의를 모으는 것이다.** 아시다시피 욕망은 아무런 힘도 없다. 목표를 생각하고 그것을 원하노라고 아무리 욕심을 내봤자 그것만으로는 아무것도 변하지 않는다. **내부의도는 목표를 향해 움직여가는 과정에 주의를 모으는 것이다.** 이것은 잘 먹혀든다. 하지만 많은 노력이 드는 것이 사실이다. **외부의도는 목표가 스스로 실현되는 이치에 주의를 모으는 것이다.** 외부의도는 목표가 스스로 실현되도록 그저 '허용'한다. 그것은 동시에, 목표의 가능태가 이미 존재하며 당신은 그것을 선택하기만 하면 된다고 확신하고 있음을 암시한다. **내부의도는 목표를 성취하는 반면에 외부의도는 목표를 선택한다.**

내부의도는 다음 방식으로 묘사할 수 있다. "나는 이러저러함을 주장한다." 외부의도는 이와는 전혀 다른 방식을 따른다. "상황이 이러저러하다." 혹은 "상황이 이러저러한 것으로 판명된다." 이 두 방식의 차이는 엄청나다. 전자의 경우, 당신은 세상이 당신에게 승복하게끔 하기 위해 세상에 적극적으로 작용을 가한다. 후자의 경우에 당신은 외부 관찰자의 입장을 취한다. 모든 일이 당신의 의지에 따라 일어나지만 그것은 일종의 저절로 일어나는 일이다. 당신은 무엇을 변화시키지 않는다.

대신 선택한다. 꿈속에서 나는 것은 바로 이 방식을 통해서 일어난다. — "내가 날고 있네"지, "나는 날고 있다고 주장한다"가 아니다.

내부의도는 장애물은 상관하지 않고 '목표'를 직접 지향한다. 외부의도는 '목표가 스스로 실현되는 과정'을 지향한다. 외부의도는 목표에 다다르려고 성급하게 덤벼들지 않는다. 목표는 이미 당신의 호주머니 속에 있다. 목표가 성취되리라는 사실은 의심의 여지가 없고 논란의 대상이 아니다. 외부의도는 굽힘 없이, 넉살 좋게, 냉정하게, 피할 수 없게 목표를 실현으로 몰아간다.

당신에게 작용하고 있는 내부의도와 외부의도를 구별하려면 다음을 비교해보라.

세상으로부터 뭔가를 얻어내려고 애쓴다. — 세상이 당신이 원하는 것을 준다.

자신의 자리를 차지하기 위해 싸운다. — 세상이 당신에게 팔을 벌리고 있다.

닫힌 문을 열려고 애쓴다. — 문이 당신의 눈앞에서 저절로 열리고 있다.

벽을 뚫고 지나가려고 애쓴다. — 벽이 눈앞에서 허물어진다.

삶에서 어떤 일이 일어나게 하려고 애쓴다. — 그 일이 저절로 일어난다.

기본적으로 내부의도는 가능태 공간에서 어떤 것을 실현시키려고 애쓴다. 반면에 외부의도는 적당한 곳에서 실현이 일어나도록 가능태 공간을 움직인다. 차이를 알 수 있겠는가? 결과는 같더라도 결과에 이르는 길은 완전히 다르다.

당신의 행동이 두번째 형태로써 묘사될 수 있다면 당신은 외부의도를 포착한 것이다. 당신이 몸부림을 치고 있다면 그것은 가능태 공간 속에서 실현을 이루어내려고 애쓰고 있는 것이다. 하지만 당신이 선택을 하고 있다면 가능태 공간이 당신을 향해 움직여오고 있는 것이다. 물론 가능태 공간이 저 혼자서 당신의 실현을 향해 움직여오지는 않는다. 당신이 특정한 행동을 취해야만 그런 일이 일어난다. 하지만 그 행동은 일상적이고 일반적인 개념의 틀을 벗어난 것이다. 나는 이 책에서 내부의도와 외부의도의 접근법의 차이를 보여주는 예를 수시로 제시할 것이다. 외부의도야말로 트랜서핑의 주춧돌이다. 외부의도 속에 보호구역 감시원의 수수께끼의 답이 숨어 있다. 그 답이 바로 세상과 싸울 필요 없이 원하는 것을 단지 선택하기만 하면 되는 이유다.

외부의도에는 불가능이 없다. 당신이 예수의 외부의도를 가지고 있다면 당신은 현실세계에서도 공중을 날거나 물 위를 걸을 수 있을 것이다. 물리법칙을 위배하는 것이 아니다. 사실 물리법칙은 물질적으로 현실화된 하나의 외딴 섹터에서만 작용한다. 외부의도의 작용은 가능태 공간의 여러 섹터들을 거쳐 움직이는 물질화현상을 통해 모습을 드러낸다. 현실화된 한 섹터의 경계 안에서는 나는 것이 불가능하다. 날기 위해서는 지구중력에 저항해야 하는데, 그것은 내부의도가 하는 짓이다. 중력을 극복하려면 일정한 양의 에너지가 요구된다. 꿈속에서나 현실에서나, 자유롭게 날아다닌다는 것은 물리적 공간 속에서 당신이 실제로 움직이는 것이 아니라 당신이 물질화하는 지점이 바뀌어가는 것이다. 달리 말해서, 당신의 몸은 물질공간 속의 특정 경로를 따라 그 위의 각 지점에 차례로 물질화되는 것이다.

당신이 저 혼자의 힘으로 공간을 나는 것이 아니라 공간이 당신에 대해, 당신의 외부의도의 선택에 맞추어 움직이고 있다고 말해도 될 것이다. 이것이 가장 정확한 표현은 아닌 것이 거의 틀림없지만 상대성 이론까지 들먹이고 싶지는 않다. 그것이 실제로 어떻게 일어나는지는 다만 추측해볼 수 있을 뿐이다.

공중을 날려면 그것이 가능한 일이라는 흔들리지 않는 믿음이 필요하다. 예수는 왜 그토록 단순하고도 단호한 태도로 이렇게 말했을까? "너희 믿음대로 되리라." * 그것은, 의도가 없이는 아무것도 얻거나 해낼 수가 없기 때문이다. 그리고 그 의도는 믿음이 없이는 존재할 수 없다. 스스로 가능성을 믿지 않는다면 우리는 한 발짝도 걸을 수가 없다. 하지만 꿈에서와 같이 현실 속에서도 공중을 날 수 있다고 마음을 확신시킬 수는 없을 것이다. 인도의 어떤 요기들은 명상 중에 몸을 바닥에서 조금 띄울 수 있다. (나는 개인적으로 이 밖의 다른 신뢰할 만한 공중부양에 대해 알지 못한다.) 그들은 간신히 자신의 의도를 몸이 공중에 떠 있는 가능태 공간에 동조시킬 수 있었을 것이다. 일반인들에 비해서 요기들이 보여줄 수 있는 엄청난 능력을 생각해본다면 외부의도를 자신의 의지에 복종시키는 것이 얼마나 어려운 일인지를 상상할 수 있으리라.

꿈속에서 졸고 있는 마음은 공중을 나는 것이 가능하다고 믿을 수 있다. 하지만 아무리 설득하려고 애써도 깨어 있는 마음으로서는 난다

---

* 마태복음 9장 29절. 맹인 둘이 예수에게 자비를 청했을 때 "내가 너희 소원을 들어줄 수 있다고 믿느냐?"고 묻자 "믿습니다"라고 대답했다. 예수가 "너희 믿음대로 되리라"고 말하자 그들의 눈이 뜨였다. — 원주.

는 것은 상상하기 힘든 일이다. 단지 믿음이 아니라 지식이 있어야 한다. 믿음은 의심의 가능성을 내포한다. 믿음이 있는 곳에는 의심도 있다. 지식은 의심을 쫓아내준다. 당신은 사과를 쥔 손을 놓으면 사과가 땅에 떨어진다는 사실을 한 치도 의심하지 않는다. 안 그런가? 그렇게 될 것을 믿는 것이 아니라 안다. 순수한 외부의도는 의심으로부터 자유롭다. 그러므로 또한 믿음으로부터도 자유롭다. 꿈속에서 날기 위해서는 약간의 외부의도만 있으면 충분한 반면에 불활성 물질현실의 세계에서는 의도가 절대적으로 순수해야만 한다. 하지만 순수한 의도를 얻기란 불가능하다는 사실에 우울해하진 마시기를. 당신의 목표를 이루는 데는 '2등급' 의도만 가지고도 충분하니까. 불활성 물질이 '제대로 펼쳐져서' 실현되는 데는 단지 약간의 시간이 필요할 뿐이다.

외부의도와 관련해서 한 가지 흥미로운 의문이 생긴다. 최면이란 무엇일까? 최면이 내부의도의 소산인지, 외부의도의 소산인지는 나도 확실히 말할 수가 없다. 내부의도의 힘으로는 아무리 가벼운 물건을 움직이기에도 에너지가 턱없이 부족하다. 하지만 그 에너지로 한 사람이 다른 사람에게 여러 가지 암시를 보내는 것은 충분히 가능하다. 어떤 사람들은 꽤 강력한 에너지 흐름을 보내는 놀라운 능력을 보여준다. 그 에너지를 특정한 사념으로써 변조시켜서 보내면 그것을 받는 사람은 암시효과를 경험할 것이다. 최면술사가 단지 최면적인 눈빛이나 즉흥적인 손짓으로 최면을 건다고는 생각하지 말기 바란다. 에너지로써 사람에게 영향을 미치는 일에는 특히, 시각적이거나 청각적인 자극이 반드시 필요하지 않다. 하지만 내가 아는 한, 최면은 대부분 가까운 거리에서 작용한다. 그렇다면 최면은 내부의도에 의해 행해지는 정신적 에너지 전달의 결과라고 볼 수 있다. 그러나 원거리 최면이 행해지는 경우라면 뭔가 다른 메커니즘이 작용하지 않는 한 틀림없이 외부의도가 중요한 역할을 하고 있는 것이다.

외부의도를 경험해보려면 일상적인 느낌과 관념의 잣대로부터 자유로워야만 한다. 마음은 인습적 세계관의 좁은 울타리 안에 존재한다. 이 울타리에서 벗어나는 것은 어려운 일인데, 왜냐하면 그것은 외부의도의 도움을 받아야만 이루어질 수 있기 때문이다. 마음은 자신의 관점을 쉽게 포기하지 않을 것이다. 그리하여 그것은 악순환이 된다. ─ 외부의도를 알기 위해서는 외부의도가 필요하다. 이것이 어려운 점이다.

내가 외부의도를 계발하고 강화하는 방법을 모른다는 사실이 독자들을 실망시킬 것 같아 유감스럽다. 그런 훈련의 목표는 이런 식일 것이다. ─ "의도를 가지기 위해서 의도를 모으기." 외부의도의 본질을 좀더 깊이 이해할 수 있는 유일한 방법은 자각몽(lucid dreaming)을 훈련하는 것이다. 하지만 실제 현실에서는 나는 이 훈련 대신 자각생(lucid living) 연습 방법을 제공할 수 있다. 이것은 많은 훈련이 필요한 것이 아니다. 단지 외부의도를 통해서 살면 된다. 현실은 가능태 공간으로부터 물질화되는 데 불활성이 개입된다는 점에서만 꿈과 다르다. 그 밖의 모든 것은 동일하다.

당신은 이렇게 물을 수 있다. ─ 외부의도를 제어할 수 없다면 무엇을 믿고 의지할 수 있단 말인가? 물론 당신이 수 톤 무게의 돌을 옮길 수는 없을 것이다. 하지만 물질세계의 불활성은 시간을 통해 극복할 수 있다. 목표에 도달하는 가장 전형적이고 흔한 방법은 내부의도에 의지하는 것이다. 트랜서핑의 핵심은 이와 반대로 하는 데 있다. 즉, 내부의도를 거부하고 외부의도를 사용하는 것이다.

내부의도가 끝나고 외부의도가 시작되는 경계선을 긋기는 어렵다.

내부의도는 마음(의식)이 영혼(잠재의식)과 합쳐서 일치되고 조율될 때 외부의도로 변한다. 이 경계선은 감지되지 않는다. 그것은 자유낙하의 느낌이나, 자전거 타기에 처음 성공했을 때의 느낌과도 비슷하다. 하지만 아마도 그것은 꿈속에서 의도적으로 자신을 공중에 띄워서 나는 느낌과 가장 비슷할 것이다.

당신의 의식은 어떤 비좁은 경계 안에서만 잠재의식과 합금되어서 완전히 조율되어 있다. 손가락을 움직이는 것은 쉽고, 발가락을 움직이는 것은 그보다 조금 어렵고, 귀를 움직이는 것은 그보다 훨씬 어렵고, 내장기관을 움직이는 것은 거의 불가능하다. 외부의도는 이보다도 더 미개발 상태다. 땅에서 떠올라서 공중을 날려는 의도 속에 의식과 잠재의식을 일치시키는 것은 너무나 어려운 일이라서 실질적으로 불가능한 것으로 간주된다.

우리는 좀더 실질적인 목표를 정할 것이다. 공중부양은 순수한 외부의도의 가장 위대한 실현이다. 하지만 외부의도의 힘은 너무나 커서 그 작은 귀퉁이 한 조각만으로도 인상적인 결과를 얻기에 충분할 것이다. 외부의도는 우리의 의지와는 상관없이 날마다 작용하고 있어서 종종 해로운 결과를 가져온다. 예컨대, 외부의도는 우리가 가장 두려워하는 일을 현실화시킴으로써 자신을 드러낼 수도 있다. 원치 않는 것을 오히려 얻게 되는 경우를 우리는 이미 이야기했었다. 한편에서는 당신이 겁내고 싫어하고 피하고 싶어하는 일들이 당신을 뒤따라 다니고 있다. 이것은 당신이 방사하는 사념 에너지가 원치 않는 사건에 동조됨으로써 당신을 그런 일이 일어나는 섹터로 데려가기 때문이다. 하지만 다른 한편에서, 당신은 자신이 원치 않는 것을 의도할 리가 없다. 그렇지 않은가? 그렇다면 이 같은 상황에서 의도는 대체 어떤 메커니즘으로 작용하는 것일까?

　내부의도는 원치 않는 것을 피하는 데 초점을 맞춘다. 당신을 근심하게 만들고 두려워하고 싫어하게 하고 예민한 곳을 건드리는 모든 것 말이다. 당신은 정말 이런 것들로부터 벗어나고 싶어한다. 마음은 두렵다. 영혼은 더더욱 두렵다. 마음은 혐오를 느낀다. 영혼도 그에 반대할 이유가 없다. 마음은 증오한다. 영혼은 그보다 심하게 증오한다. 마음과 영혼은 완전히 의기가 투합된다. 외부의도는 당신의 의식과 잠재의식이 일치하는 순간에 각성된다. 하지만 이런 종류의 외부의도는 당신이 원하는 방향으로 보내어지지 않는다. 어쩌면 의도의 방향에 대해 논하는 것조차 적절치 않을 것이다. 내부의도가 정확한 방향을 가지고 있다면 — 원치 않는 것을 피하는 것 — 외부의도는 아마도 어떤 방향을 가리키는 것이 아니라 **무엇이든 영혼과 마음이 동의하는 것을 현실화하라는 청신호**를 가리키고 있을 것이다. 그리고 영혼과 마음은 한 가지에 동의한다. 사건에 대한 평가 말이다. 그것이 원하는 종류의 사건인지 원치 않는 종류의 사건인지는 상관없다. 외부의도는 단순히 영혼과 마음이 동의하는 것을 보고, 그에 해당하는 섹터를 가능태 공간에서 선택한다.

　유감스럽게도 현실에서 영혼과 마음은 원치 않는 것, 또는 받아들이지 않는 것이 무엇인지에 대해 의견이 가장 잘 일치한다. 그래서 외부의도가 작용하는 가장 전형적인 예도 우리가 두려워하는 것이 실현되는 경우인 것이다. 사람들은 자신이 온 가슴으로 원하는 것이 무엇인지에 대해서는 막연한 생각밖에 가지고 있지 않지만 정말 피하고 싶은 것이 무엇인지는 너무나 잘 알고 있다. **외부의도가 의지에 복종하게 하기 위해서는 영혼과 마음이 부정적인 생각을 버리고 긍정적인 열망을 향해**

의기투합하게 해야 한다. 부정적인 태도가 삶에 얼마나 해로운 결과를 가져오는지는 당신도 이미 알고 있다. 불만감과 거부감을 표할 때마다 당신은 균형력의 작용에 영향받고, 파괴적 펜듈럼에 의존하게 되고, 가능태 공간의 부정적인 섹터로 사념 에너지를 보내고 있는 것이다. 부정적 태도에 의해 형성된 외부의도는 현실을 부정적인 것으로 만든다.

이리하여 외부의도가 당신의 의지에 반해서 작용할 수 있게 된다. 이 큰 힘을 지배한다는 것은 어려운 일이지만 그것이 당신에게 반해서가 아니라 당신을 위해서 작용하게 할 수는 있다. 우리는 앞으로 이 문제의 해결에 진력할 것이다. 외부의도의 해로운 영향에서 벗어나기 위해서 어떻게 해야 하는지는 이미 알고 있다. ― 잉여 포텐셜을 만들어 내지 말아야 하고 부정적인 생각을 거부해야 한다. 남은 것은 외부의도가 우리의 목표를 위해 작용하도록 하는 데는 무엇이 필요한가 하는 것이다. 그것은 알라딘의 마술램프를 문지르는 것처럼 쉽지는 않을 것이다. 하지만 외부의도를 움직이는 메커니즘을 조절할 수 있는 방법이 있다.

위의 이야기들 대부분이 무슨 뜻인지 잘 이해가지 않을 수도 있을 것이다. 이것은 정말 제대로 이해하기가 어려운 문제다. 외부의도 자체가 말로써 표현할 수 없는 것이기 때문이다. 하지만 당신은 곧 이 모든 것을 확실히 이해하게 될 것이다. 나는 일부 영적 단체들이 추종자들의 호기심을 끌기 위해 그러는 것처럼 당신을 헷갈리게 하여 혼란에 빠뜨리려는 생각이 없다. 당신이 알아야 할 것은 이 책 속에 모두 들어 있다. 트랜서핑의 원리를 실천하다 보면 알아야 할 모든 것은 직접적인 경험으로부터 얻게 될 것이다. 특별한 연습이나 훈련은 필요 없다. 트

랜서핑에는 신비나 비밀 따위가 없다.

'비전 지식'은 대부분 간접성과 생략으로 감추어져 있다. 하지만 누구나 알고 있듯이, 사고가 명료한 사람은 말도 명확하게 하는 법이다. 그리고 만일 이 '비전 지식'을 가지고 있다는 사람이, 제자에게만 은밀히 가르쳐주게 되어 있는 비범한 무엇을 자신이 알고 있다는 사실을 자랑하고자 모호하고 심오한 언사로써 자신을 내보인다면 이 스승은 십중팔구 그 지식의 핵심이 무엇인지를 자신도 잘 모르고 있는 것이다.

우리는 몸을 공중에 띄울 수 있는 절대적 의도를 얻으려 들지는 않을 것이다. 내가 그것을 안다면 더이상 할 이야기가 없을 것이다. 가능태 공간이 있고 선택의 가능성이 있다. ― 당신의 가능태를 선택하라. 이것이 전부다. 우리의 할 일은 자신의 능력을 이용하여 목표를 성취하는 방법을 터득하는 것이다. 우리가 지닌 능력의 그 모든 한계에도 불구하고, 트랜서핑은 우리가 사용하지 않고 있는 힘을 일깨워줄 수 있는 지식을 제공해준다. 그렇게 되기 위해 명상과 수행과 자각몽과 기타 신비한 수련으로 진을 뺄 필요가 없다. 그것들은 오히려 정작 중요한 것을 잃어버리게 만들 수도 있다. 물론 트랜서핑 모델은 믿을 수가 없어 보인다. 이 모든 것을 믿기란 정말 어렵다. 그렇지만 당신이 익숙해 있는 세계관을 다시 살펴보기만 해도 이전에는 성취할 수 없어 보였던 것을 성취할 수 있게 될 것이다. 당신은 곧 외부의도가 당신을 위해 작용하게 할 수 있다는 것을 몸소 확인하게 될 것이다.

게임의 시나리오

꿈에 대한 이야기로 다시 돌아가보자. 꿈은 매우 유연해서 외부의도의 배후 메커니즘을 이해하는 데 매우 훌륭한 모델로 사용될 수 있다. 꿈의 성질이 실제 현실의 성질과 여러 모로 유사하다는 것은 이미 이야기했다. 꿈에서 일어나는 모든 일은 영혼이 선택한 시나리오에 따라 펼쳐지는 게임의 산물이다. 마음이 잠들어버리면 우리는 꿈을 꾸지만 그것을 기억하지 못한다. 이때 영혼은 가능태 공간을 제멋대로 여행하고 있는데, 영혼이 어디를 돌아다니고 있는지는 아무도 모른다. 의식적 기억은 모두 마음이 통제한다. 기억나는 꿈은 마음이 선잠에 졸고 있을 때 꾸는 꿈이다. 이럴 때 마음은 통제력이 약해져서 수동적 관찰자의 역할을 한다. 마음은 무엇을 상상하거나 생각해내는 것이 아니라 마음속에 없는 무엇을 본다. 영혼이 가능태 공간의 현실화되지 않은 섹터에서 보고 있는 것들을 마음이 인식하는 것이다.

무의식적인 꿈에서는 마음이 영혼을 통제하지 않는다. 마음은 마치 영화를 보는 사람처럼 꿈을 본다. 그리고 동시에 마음은 무엇을 보든지 그에 반응하고, 그것은 영혼에게 전달된다. 그러면 영혼은 즉시 그 기대에 부응하는 섹터에 동조된다. 이렇게 해서 시나리오가 수시로, 역동적으로 교체된다. 무대장치와 등장인물도 끊임없이 바뀌는 시나리오에 맞추어 즉석에서 바뀐다. 꿈에도 상상력이 실제로 개입하지만 그것은 단지 아이디어를 만들어내는 역할을 할 뿐이다.

꿈에서 일어나는 것은 이런 식이다. 누군가가 당신을 공격해온다는 생각이 휙 마음을 스쳐가는 순간 그것이 즉시 실현된다. 즉, 그 사람이 당신을 위협하기 시작한다. 하지만 당신의 생각의 풍향계가 방향을 바꾸는 즉시 적은 아군으로 바뀐다. 거울 앞에 있는 새끼 고양이도 이처럼 놀다가 싸우다가 제멋대로 태도를 바꾼다. 고양이는 자기 앞의 대상을 보고 무엇을 기대해야 할지를 저울질해보기 시작한다. 처음에는 태도가 중립적이다. — 호기심이 난다. 하지만 다음 순간에는 앞발을 들고 있다. 저울이 금방 잠재적 위험 쪽으로 기운 것이다. 고양이는 털을 곤두세우고 공격하고 방어한다. 그러다가 뒤로 물러나서 자신의 우스운 꼴을 발견하고는 다시 장난스러운 태도로 바꾼다. 그러다가는 또다시 모든 것을 처음부터 다시 반복한다. 그러니까 새끼 고양이는 시나리오를 수시로 교체하는 것이다. 한 순간 거울 속의 상대를 공격하는가 하다가는 갑자기 또 적의에서 호의로 돌아선다.

무의식적인 꿈속에서도 당신은 이와 같이 시나리오를 바꾼다. 새끼 고양이는 자신이 거울 속의 자기 모습을 보고 있다는 사실을 모른다. 마찬가지로 당신은 자신이 꿈을 꾸고 있다는 사실을 모른다. 그런데 당신은 우리가 평상시의 표정과는 다른 표정으로 거울을 들여다본다는 사실을 아는가? 거울로 고개를 돌리는 순간, 우리의 표정은 즉시 바뀐다. 그 변화는 너무나 순간적으로 일어나서 우리는 그것을 알아차리지도 못한다. 이것은 우리가 그런 얼굴 모습을 보고자 하여 일찍부터 그런 습관을 키워왔기 때문이다. 아이에게 이렇게 말해보라. "거울을 봐. 울면 얼굴이 하나도 예쁘지 않아." 그러면 아이의 표정은 즉시 바뀔 것이다. 어른들도 어떤 기대를 가지고 거울을 들여다본다. 예를 들면, "난 내가 좋아", "내 모습 어때?", "마음에 안 들어" 등등. 하지만 어느 경우든 간에 표정은 그에 맞추어 즉석에서 바뀐다.

거울은 수시로 바뀌는 시나리오를 비유한 것이다. 하지만 내부의도가 작용하는 것은 거울 앞에서만이다. 꿈꿀 때는, 동일한 작용을 일으키는 것은 외부의도다. 깨어 있을 때 거울을 보면 당신은 즉시 자신의 기대에 맞춰 표정을 바꾼다. 당신의 표정은 내부의도에 의해 바뀌는 것이다. **외부의도가 의지와는 상관없이 느낌과 기대에 따라 주변세계의 행동 시나리오를 골라잡는 동안에 사람은 꿈속에서 한바탕 게임을 경험한다.**

꿈속의 사람들이 어떻게 행동하느냐는 그들이 어떻게 행동할지에 대한 당신의 생각에 의해 전적으로 결정된다. 생각은 단지 최초의 동력일 뿐이고 그 밖의 모든 것은 외부의도에 의해 일어난다. 꿈속에서 외부의도는 내부의도에 의해 결정된다. 그 밖의 모든 것은 당신이 원하든 말든 외부의도에 복종한다. 기억하실 테지만, 내부의도는 외부세계에 직접 '영향을 미치려' 들지만, 외부의도는 외부세계가 당신의 의도에 따라 스스로 실현되도록 '허용한다.'

꿈속에서는 사건들이 오직 당신이 상상해낼 수 있는 시나리오에 따라서만 펼쳐진다. 당신이 이해할 수 없는 일은 일어날 수 없다. 꿈속에서는 일어나는 일에 대한 판단력이 흐려지는 이유도 이 때문이다. 아무리 터무니없는 일도 꿈꾸는 사람에게는 당연하게 받아들여지는 것이다. 이것은 왜냐하면 그가 바로 자신의 꿈의 시나리오 작가이자 감독이기 때문이다. 그런 터무니없는 일이 밥 먹듯이 매 순간 일어난다는 것이 아니라 잠재의식은 그런 일이 일어날 가능성을 막지 않는다는 말이다. 사실 꿈꾸고 있을 때는 마음은 졸고 있기 때문에 잠재의식이 온갖 믿을 수 없는 일이 제멋대로 일어나도록 얼마든지 놔둘 수 있는 것이다.

평생 동안 당신의 뇌리에는 외부의 정보뿐만 아니라 당신의 상상과 공상으로부터 나온 수많은 정보가 지나간다. 그중 일부는 이성적인 마음이 결함이 있거나 현실적이지 않은 정보로 간주하고 걸러낸다. 하지만 그것은 버려지지 않는다. 검열된 정보는 잠긴 창고 안에 보관되지만 잠재의식은 그 정보를 꺼내올 수 있다. 게다가 잠재의식에게는 그 정보에 폐기할 만한 결함이 전혀 없어 보인다. 그래서 꿈꿀 시간이 오면 영혼은 마음 몰래 살금살금 창고로 가서는 온갖 터무니없는 시나리오를 이것저것 꺼내어 상영하기 시작한다. 그뿐 아니라 무의식적인 꿈을 꾸고 있을 때는 영혼은 가능태 공간의 어떤 섹터라도 마음대로 골라잡을 수 있다. 이 대부분의 섹터들은 결코 현실화되지 않을 것이다. 왜냐하면 이 섹터들에서 일어나는 일들은 비합리적이고, 그래서 현실화되려면 많은 에너지를 요구하기 때문이다. 영혼이 꿈을 어떻게 골라잡는지는 아무도 모른다.

영혼이 아무리 제멋대로 꿈을 선택하더라도 마음은 그것을 보고 자신의 느낌과 기대에 따라 시나리오를 조정한다. 이미 밝혔듯이, 우리가 가장 두려워하고 피하고 싶어하는 것들이 가장 쉽게 현실화된다. 이 경우 외부의도는 당신의 의지가 어떻든, 당신이 손해를 입든 말든 아랑곳하지 않고 작용한다.

그래서 꿈의 시나리오는 우리의 기대에 의해 정해지는 것이다. 꿈속에서는 가장 두려워하는 것이나 예상하는 최악의 경우가 틀림없이 실현된다. 실제 현실에서도 당신이 두려워하는 것이나 원치 않는 것은 현실화될 가능성이 더 많다. 이것이 외부의도가 마음의 의지에 반하여 작용하는 이치다. 마음은 의지력을 써서 내부의도가 작동하게 할 수 있다. 하지만 외부의도는 명령을 따르지 않는다. 외부의도는 영혼과 마음이 동의하는 결과에 따라, 자신의 선택으로 움직인다. 꿈속에서는 마음은 외부의도가 작용하고 있는 것을 까맣게 모르고 있다. 통제력을 잃어버렸기 때문이다. 실제 현실에서도 형편은 이보다 크게 나을 게 없다. 왜냐하면 어떤 의미에서는 당신이 깨어 있는 동안에도 꿈은 이어지고 있기 때문이다.

꿈속에서는 전혀 터무니없는 게임에도 말려들 수 있다. 꿈꾸는 사람은 그 게임에 완전히 빠져들어서 사실은 그 모든 것이 얼마나 말도 안 되는 일인지를 알아차리지 못한다. 실제 삶에서도 정도의 다소간에 이와 비슷한 일이 벌어진다. 고도로 전문적인 분야에서 여러 사람이 함께 일하다 보면 외부인에게는 완전히 터무니없고 부당해 보이는 견해나 말이나 행동도 종종 발생할 수 있다. 이런 일은 전문직이나 종교인 집단처럼 같은 관심사나 생각을 공유하는 사람들 사이에서 잘 일어난다.

최면이나 황홀감에 빠지는 현상 등이 일어날 수 있는 것은 깨어 있는 동안에도 사물에 대한 판단력이 흐려질 수 있기 때문이다. 예컨대 집시들은 상대방을 세 번 "예"라고 대답하게 하는 방법으로써 최면을 건다. 세 가지 질문에 "예" 하고 대답하고 나면 상대방은 그 어떤 일도 다 정상이라는 환상에 빠진다. 그는 무방비 상태가 되어 마치 잠에 빠진 것과 같은 상태가 된다. 상황에 대한 판단력이 흐려지는 것이다. 꽤 많은 사람들이, 깨어서 활동하면서도 날마다 되풀이되는 익숙한 일을 자동적으로 하고 있는 동안에는 거의 문자 그대로 잠들어 있다. 이것은 특히 하루가 시작되고 끝날 때까지 똑같은 일만 반복하는 사람들에게 해당된다.

누군가에게 이야기를 하고 있을 때, 당신은 곧히 잠들어 있다. 어떤 게임에 빠져 있을 때는, 당신은 물론 무슨 일이 일어나고 있는지는 파악하고 있지만 상황을 올바로 판단하거나 객관적으로 행동하지 못한다. 이것은 당신이 게임을 밖에서 지켜보는 것이 아니라 게임에 실제로 참여하고 있기 때문이다. 축구 팬은 선수가 실책을 하면 내놓고 마구 비난을 퍼붓지만, 자신이 실제로 운동장에 선다면 어떻게 될까? 모든 사람은 어느 정도 무의식적으로 행동하고 있다. 진실을 말하지 않을 때 사람은 눈을 오른쪽으로 돌리는 경향이 있다. 또한 팔은 자제되지 않은 무의식적인 움직임을 보인다. 그는 자신이 연기하는 연극의 힘에 완전히 지배되고 있는 것이다.

최면적 암시 상태는 깨어 있는 잠의 극단적인 예다. 모든 사람이 어느 정도는 실제 삶에서도 잠들어 있다. 이 말에 당신은 이렇게 반박할 것이다. ─ "나는 내가 무엇을 하고 있는지, 지금 이 순간에 무엇이 일어나고 있는지를 다 알고 있어요." 하지만 다음 순간 어떤 사람이나 문제나 사건이 당신을 건드리면 당신은 그 게임 속으로 빠져들어 잠에 떨어질 것이다. 그리고 무대 위에서 자신의 역할을 자발적으로 하고 있는 동안에도 잠자고 있을 것이다. 객석으로 내려와서 지켜보는 자가 깨어날 때야 당신은 잠에서 깰 것이다. 객석에 있는 동안에도 당신은 필요한 말과 행동을 하고 정해진 룰을 따르면서 자신의 역할을 계속할 것이다. 오로지 이때만 당신은 의식적으로 연기한다. 말하자면, 한 걸음 떨어져서 초연하게 연기하는 것이다. 당신은 자신을 빌려주고, 일어나고 있는 일을 올바로 판단한다.

무의식적인 꿈속에서는 꿈이 당신에게 그저 '일어난다.' 외부의도가 당신의 의지와는 무관하게 작용하고, 당신은 그에 대해 아무것도 할 수가 없다. 자각몽에서는 당신은 무대에서 객석으로 내려와서 시나리오를 의도적으로 바꾼다. 그것은 외부의도가 당신의 의지에 복종하기 때문이 아니라 단지 의지에 상반되지 않기 때문이다. 이 경우, 마음은 영혼에게 자유를 주고 그 대가로 영혼의 동의를 얻어내는 셈이다. 영혼과 마음의 일치는 외부의도를 일깨워놓는다. 다음 장들에서는 목표로 향한 길에서 이 같은 일치를 이루어내는 방법을 이야기할 것이다.

실제 삶에서는 의식의 각성도가 꿈속에서보다 높다. 이것은 내부의도를 제어하기에는 충분하다. 하지만 외부의도는 이보다 훨씬 높은 각성도를 요구한다. 자각몽에서와 마찬가지로 현실의 삶에서도 외부의도를 제어하려면 의식이 깨어 있어야 한다.

당신의 룰을 따르는 게임

꿈속에서 누군가가 당신을 공격해오면 어떻게 할 텐가? 내부의도에게는 네 가지 선택이 있다. 도망가거나, 싸우거나, 잠에서 깨어나거나, 아니면 자신이 깨어 있음을 자각하는 것이다. 꿈에서 공격에 대항하거나 달아나는 것은 내부의도의 원시적인 반응방식이다. 공격을 받아 자신을 방어하거나 대항하면 일상적 모델을 따르는 현실의 삶에서 일어나는 것과 얼추 비슷한 방식으로 모든 일이 전개될 것이다. 당신의 의식 속에는 싸움은 이러저러한 식으로 일어나야 한다는 시나리오가 들어 있다. 예컨대, 당신이 평소에 지는 사람이라면 당신이 질 것이다. 당신의 꿈은 그 시나리오를 따라 가능태 공간 속을 움직일 것이다.

꿈속에서도 당신은 현실의 삶에서 늘 행동해오던 식으로 행동할 것이다. 하지만 꿈속에서는 모든 것이 가능하므로, 외부의도를 동원하면 일이 훨씬 더 쉬워진다. 그저 말없이 적을 바라보면서 약간의 의지력을 발동시켜 그가 스스로 파멸하거나, 개구리로 변하도록 상상하면 된다. 이때 당신은 실제로 그를 개구리로 변신시키려고 애쓰는 것이 아니다.

외부세계에 영향을 미치려고 애쓰는 것은 내부의도가 하는 짓이다. 당신은 그가 변신하는 것을 상상한다. 달리 말해서, 그와 같은 가능태가 실재하도록 허용하는 것이다. **내부의도는 그런 상황을 상상하는, 그런 시나리오를 허용하는 데까지만 발휘된다.** 사건이 이렇게 전개되도록 당신의 마음이 온전히 허용하기만 한다면 영혼도 거기에 반대하지 않을 것이다. 영혼과 마음의 일치는 외부의도를 일으키고, 그것이 선택된 시나리오를 실현시킨다.

보시다시피, **외부의도는 당신의 의지력의 산물로서 나타나는 것이 아니라 영혼과 마음의 일치의 결과로 나타난다.** 내부의도(당신의 의지)는 오직 이 일치를 이루어내는 데에만 겨누어져야 한다. 이런 의미에서 외부의도는 의지력의 소산이 아니며 의지와는 독립적으로 기능한다. 하지만 외부의도가 나타나려면 당신에게 시나리오를 바꾸는 능력이 있다는 사실을 깨달아야만 한다. **외부의도가 당신을 위해 작용하게 하려면 깨어 있는 의식이 필수적인 조건이다.**

무의식적인 꿈은 어떤 제어도 받지 않는다. 꿈이 그저 '일어난다.' 당신의 대부분의 행동은 다소간에 무의식적인데, 그것은 꿈속에서만이 아니라 깨어 있을 때도 그렇다. 상황을 의식하지 못한다는 것은 상황이 외부적 요인에 의해 일어나기 때문에 이미 결정되어 있다고 생각한다는 뜻이다. 대부분의 경우, 당신은 힘도 수단도 없어서 그 요인들에 별다른 영향을 미칠 수가 없다. 이런 생각을 가지고 있는 한 당신의 인생은 대개 다른 사람들이나 운명의 부침浮沈에 따라 이리저리 휘둘린다. 그런 의미에서는 현실 또한 당신에게 '일어나는' 것일 뿐이다. 게임의 룰은 당신이 아니라 외부세계에 의해 정해진다.

삶에 대해서, 그리고 꿈에 대해서도 지배력을 얻으려면 참여자로부 61

터 관찰자로 역할을 바꿀 필요가 있다. 하지만 그럴 때도 역할게임에 참여하기를 멈추지 말고 이전과 같이 자신의 역할을 연기하라. 단 내면의 지켜보는 자는 언제나 깨어서 활동해야 한다. 그것은 마치 배우 노릇을 하도록 자신을 빌려주지만 동시에 관객으로서 객석에 앉아 자신과 다른 사람들의 연기를 초연하게 구경하고 있는 것과 같다. 지켜보는 자는 언제나 배후에서 깨어 있다. 그는 끼어들지 않지만 일어나는 모든 일을 샅샅이 파악하고 있다.

수동적인 꿈에서는 관찰자는 없고 배우만 있다. 당신은 자신의 역에 완전히 빠져들어 있어서 상황을 밖으로부터 바라보지 못한다. 자신의 역할에 너무 깊이 빠져들지 말라. 내적, 외적 중요성을 최저수준으로 유지하는 것이 그 열쇠다. 당신의 지켜보는 자를 항상 대기시키라. 상황을 지배하는 능력은 당신의 깨어 있는 정도에 정비례한다. 꿈속에서는 의식의 각성도가 낮고, 그것이 꿈이 '일어나는' 이유다. 하지만 자신이 꿈꾸고 있다는 사실을 깨닫기만 하면 상황이 통째로 당신의 지배하에 놓이게 된다. 원하는 것을 무엇이든 할 수 있게 되는 것이다.

다른 사람들이나 파괴적 펜듈럼의 영향력에 얼마나 잘 휘둘리는가 하는 것은 의식의 각성도에 반비례한다. 꿈속에서는 많은 사람들이 좀비처럼 행동한다. 악몽에 시달릴 때, 당신은 달아나기만 할 뿐, 그에 대해 아무것도 할 수 없다. 시나리오는 당신의 것이지만 제작은 다른 감독에게 맡겨버린 것이다. 당신은 일이 전개될 가능성에 대한 자기의 생각에 사로잡혀 포로가 되어버렸다. 그것은 당신의 생각이지만 그것이 당신의 의지를 부리고 있고, 당신은 희생자 역을 맡은 배우일 뿐이다.

문제에 빠졌을 때 바로 이 메커니즘을 기억하라. 예컨대, 직장 동료

가 당신에게 와서 어떤 일을 해달라고 한다. 그것이 만일 당신에게 힘

든 일이라면 당신의 첫번째 반응은 스트레스일 것이다. 당신의 머릿속에서는 즉시 일이 어떻게 전개될지에 관한 몇 가지 시나리오가 펼쳐질 것이다. "그건 힘들어. 내가 그걸 어떻게 다 해낸단 말이야? 난 정말 하기 싫어. 난 왜 이렇게 고되고 힘들게 살아야 하지? 하지만 이걸 해주지 않으면…" 등등. 이것이다. 바로 이 순간 당신은 게임 속으로 말려든다. 당신은 펜듈럼의 손아귀에 잡혔다. 혹은, 바꿔 말해서 당신은 잠들었다. 이제 당신은 말 잘 듣는 아이처럼 어른의 손아귀에 잡혀서 힘들고 고된 일이 기다리고 있는 작업실로 끌려간다. 이제 당신은 그것이 현실이 되어 있는 인생트랙 위에 서 있다.

하지만 이것은 오로지 당신이 펜듈럼으로 하여금 당신에게 최면을 걸어 힘든 게임 속으로 떠밀어 넣도록 허용했기 때문에 일어난 일이다. 의식 속에서 힘든 시나리오를 상영함으로써 당신의 영혼과 마음은 근심걱정 속에서 하나가 되었고, 그래서 외부의도가 당신을 즉시 고생스러운 인생트랙 위로 데려다놓은 것이다. 이것은 전혀 어려움 없이 일어날 수 있는 일이다. 두려움, 좌절감, 불만, 근심, 불안감과 같은 감정들은 우리를 쉽게 제압할 수 있기 때문이다. 그리고 애초에 그것을 일으킨 것은 무엇인가? 중요성이다! 오로지 당신 자신이 그 게임에 중요성을 부여했기 때문에 그 게임 속으로 끌려들어온 — 잠에 빠져든 — 것이다. 그 게임 자체가 원래 중요하고, 당신에게도 그것이 중요하다고 생각한다면 당신은 외적 중요성과 내적 중요성을 겸비한 셈이다.

이제 눈을 돌려서 이 일이 전개될 수 있는 다른 가능성을 상상해보자. 누군가가 골치 아픈 일을 가지고 당신에게 접근한다. 자신을 일깨워서 이렇게 말하라. — 당신은 잠들어 있지 않으며, 펜듈럼의 걸어오는 첫 수작이 당신에게 문젯거리로 변하게 될지 어떨지는 당신이 결정

63

하는 문제라고. 이제 당신은 한 가지 조건만 더 갖추면 된다. — 펜듈럼이 헛발질을 하게 만들겠다는 의도를 가지는 것이다. 장차 어떤 일이 일어날지 알 수 없더라도 그 상황을 대수롭지 않게 생각하기로 마음먹는 것으로 선수를 치라. 누구도, 어떤 일도 당신을 붙잡고 제멋대로 끌고 가게끔 내버려두지 말아야 한다. 공격적인 행동을 하지 말라. 거부하지도 말고 상황에서 빠져나가려고 하지도 말라. 그리고 그보다 더 중요한 것은, 흥분하지 말라. 그냥 조용히, 그가 당신에게 무엇을 시키려고 하는지를 듣고 있으라. 내면으로는 참여자가 아니라 외부의 관찰자로 남아 있어야 하지만, 겉으로는 고개를 끄덕이면서 좋다고 말해주는 편이 낫다. 이것이 관객으로 있으면서 동시에 자기 역할을 하는 것이다. 그것은 축구 코치가 축구경기를 뛰는 것에 비유할 수 있다.

이 경우에 초연한 상태란 마음이 떠나 있는 것이 아니라 오히려 그 반대다. 상황을 장악하고 있다는 것은 주의가 골고루 미치고 사고가 명료함을 시사한다. 관찰자가 된다는 것은 당신이 게임의 룰을 정하는 사람이며 게임이 희극이 될지 비극이 될지를 결정하는 사람임을 알고 있다는 뜻이다. 그렇다면 당신은 무엇을 원하는가? 아마도 당신은 만사가 멋지게 술술 풀려나가길 원할 것이다. 세상에는 많은 노력을 요구하는 어려운 문제들이 언제나 쌓여 있다고 생각한다면, 걱정 말라. 모든 어려운 문제에 대한 간단한 해결책이 있다. 이 해결책은 '코미디' 인생 트랙 위에 있다. **이 인생트랙으로 옮겨가려면 만사가 그런 식으로 풀려가는 것을 상상하려는 의도만 있으면 된다.**

이 방법을 실천해보면 즐거운 비명을 지르게 될 것이다. 그 결과는 도저히 믿기가 힘들 것이다. 최소한 당신의 문제는 아주 쉽게 해결돼버린다. 어쩌면 문제가 그저 떨어져 나가버리거나, 아니면 그것을 해결하는 것은 다른 사람의 몫이 되어버릴 수도 있다. 아무튼 '코미디' 인생 트랙에는 어려운 문제란 있을 수가 없다. 당신은 외부의도에 대해 아무런 힘도 가지고 있지 않지만, 위의 방법을 쓰면 당신은 첫째, 외부의도가 당신을 훼방하지 않도록, 둘째, 외부의도가 당신의 이익을 위해 작용하게 만들 기회가 생기게끔 행동하게 될 것이다. 상황의 조건이 매우 어렵거나 당신에게 불리하더라도 이와 같은 태도를 취하면 당신의 승산이 극적으로 높아질 것이다. 동시에 가능태 흐름을 신뢰하기를 잊지 말라. 영혼과 마음이 문제에 대해 '희극적인' 태도를 취하기로 충분히 의기투합하기만 한다면 당신은 전에는 꿈도 꾸지 못했던 놀라운 결과를 얻을 것이다.

당신은 더이상 꼭두각시 인형이 아니다. 다만 당신이 자신을 인형을 부리는 자로 상상하고 싶어지게 만드는 유혹에 넘어가지 말 것을 경고해둬야겠다. 그런 태도는 균형을 흐트려놓으며, 자만심이나 (이런 일은 정말 없어야겠지만) 타인에 대한 원한의 기미가 엿보였다가는 틀림없이 큰 코를 다치게 된다는 점을 명심해야 한다. 만사를 절대적으로 완전히 지배한다는 것은 꿈속에서조차 일어날 수 없는 일이다. 명심하라. **당신은 단지 선택할 권리가 있을 뿐이지, 무엇을 변화시킬 권리는 없다.** 집에 온 것처럼 편안히 지내라. 하지만 당신은 단지 손님일 뿐임을 명심하라. 다음 사실도 명심해야 한다. 자신을 빌려줄 때, 흠잡을 데 없이 행동하라. **문제에 대해 '희극적인' 태도를 취한다는 것은 그것을 게으르게 방치하거나 부주의하게 구는 것이 아니라 그 중요성을 올바르고 현명하게 평가하는 것이다.**

의식이 깨어 있게 한다는 것을 주변세계에 대한 지배력을 얻고자 하는 욕망으로 해석한다면 그것은 실수다. 마음은 일의 전개를 바꿔놓으려고 애쓰면서, 달리 말해서 흐름과 싸우면서 자신의 길을 뚫고 가는 방식에 익숙해 있다. 당신이 객석에 내려가 있다면 배우에게 의지력을 행사하여 시나리오를 억지로 바꿔놓고 싶은 욕심이 일어날 수도 있을 것이다. 그런 행동은 오로지 흐름과 싸우려는 내부의도에 의한 것이므로 트랜서핑과는 아무런 상관도 없다. 가능태 흐름을 타고 움직여야 함을 한시도 잊지 않도록 자신을 거듭 일깨우라. **깨어 있는 의식은 통제와 지배를 위한 것이 아니라 관찰을 위한 것이다.** 통제력은 오직 부정적인 함정에 빠지지 않고 그 대신 유쾌한 시나리오를 상상하고 그것을 당신의 삶 속에 맞이하여 온 가슴으로 받아들이는 데에만 발휘되어야 한다. **당신의 시나리오를 세상에 강요하지 말라. 특정 가능태가 스스로 실현되게끔 세상이 허용하는 일이 일어날 가능성을 열어두라. 자신이 그 가능태를 가지게끔 허락하라. 세상과 싸우기를 멈추라. 영혼과 마음이 일치되었을 때, 당신은 스스로 선택할 수 있게 될 것이다.**

이제 앞장에서 제시했던 숙제를 떠올려보자. 간청하는 자, 요구하는 자, 싸우는 자의 역할은 우리에게 맞지 않다. 인생이라는 이 게임에서, 자기 삶의 주인이 되고자 하는 자에게 트랜서핑이 부여하는 역할은 무엇일까? 지금쯤이면 당신도 그것이 감독자의 역할임을 분명히 알 수 있어야 한다. 의식이 깨어 있을수록 자신의 운명을 더 효율적으로 지배할 수 있다.

게다가 감독자의 역할은 연기하는 자의 역할보다 훨씬 더 흥미롭다. 아시다시피 명령권자, 지휘자, 지도자가 평범한 일꾼들보다 더 적극적이고 활동적인 삶의 입지를 가지고 있다. 지도자는 의무를 수행하는 사람이라기보다는 감독자다. 그들의 위치는 주어진 일을 억지로 하는 동안 잠들어 있을 수 있는 평범한 일꾼들에 비해서 더욱 깨어 있기를 요

구한다. 감독자의 입장을 취하면 당신은 당장 에너지가 몰려오는 것을
느낄 것이다. 이제는 타인의 의지를 이뤄주는 일을 하면서 우울해하는
것이 아니라 자신의 운명을 창조해가고 있으므로 기운이 샘솟을 것이
다. **자신의 운명을 책임진다는 것은 짐이 아니다. ― 그것은 자유다.**

인간은 지능을 지니고 있기 때문이 아니라 깨어 있는 정도가 다르기
때문에 동물과 다른 것이다. 동물들은 의식이 더 잠들어 있다. 동물의
행동은 주로 타고난, 고정된 시나리오에 의해 결정되는데, 그것은 본능
과 조건반사로 나타난다. 동물들은 마치 변경할 수 없는 시나리오를 따
라 연기하는 배우처럼 행동한다. 그런 면에서 인간은 더 깨어 있다. 인
간은 천성적으로 개인으로서의 자신과 세상 속의 자기 위치를 더 잘 인
식한다. 하지만 그럼에도 인간의 깨어 있는 정도는 아직 매우 미미하
다. 인간은 무대 위에서 자신의 게임을 연기하고 있다. 그는 그 게임에
완전히 빠져있다.

소위 지성적이라는 사람들의 비밀은 깨어 있는 의식에 있다. 마음의
명료함은 깨어 있는 정도에 의해 결정된다. 명석한 사람들은 생각을 명
료하게 펼쳐낼 수 있다. 다른 사람들은 머릿속이 어지럽다. 날카로운
지성과 우둔함을 가르는 것은 결코 지적 능력의 발달정도가 아니다. 그
것은 의식이 깨어 있는 정도의 차이다. 우둔함은 원치 않는 정보로부터
자신을 보호하기 위한 일종의 심리적 방패다. "난 아무것도 알고 싶지
않아! 날 그만 내버려둬!" 명료한 마음은 그와 정반대로 열린 마음, 호
기심, 정보를 얻어 처리하고자 하는 욕망이다. "난 모든 것을 알고 싶
어!" 우둔함은 때로 발달지체의 결과로 나타난다. 어린 시절에, 예컨대
부모나 선생이 아이에게 많은 심리적 압박을 가하면서 뭔가를 배우도
록 강요할 때 이런 성질이 생길 수 있다.

평상시에 깊이 잠들어 있을수록 우리는 더 많은 실수를 저지른다. 유리창에 몸을 부딪는 파리는 그만큼 깊이 잠들어 있는 것이다. 게임에 몰두해 있으면 사물에 대한 객관적이고 폭넓은 시야를 가질 수 없게 된다. 게임에 몰두해 있으면 인식의 범위가 좁아지고 눈이 가려진다. 그래서 게임에 휘말려 들어서 실수를 저지른 사람은 마치 헛것을 본 사람처럼 나중에 이렇게 고개를 갸웃거린다. "내가 뭘 하고 있었던 거지?" 그는 심지어 만우절에도 여전히 함정에 빠진다. 이것이 깨어서 잠자는 게 아니면 무엇이겠는가?

현실을 대면하고 싶지 않을 때 사람은 다소간에 의식이 희미해진다. 당면한 현실로부터 도망가고 싶은 욕망이 타조로 하여금 모래 속에 머리를 처박게 한다. 세상으로부터 자신을 떼놓으려고 애쓰는 사람에게서도 이런 성향이 드러난다. "난 아무것도 보이지 않아. 난 아무것도 들리지 않고, 아무것도 원하지 않아. 그러니 날 내버려둬!" 차단막 밑에다 자신을 완전히 파묻어 잠들어버리기란 불가능하다. 그래서 그는 자신의 인식을 억지로 차단함으로써 깨어 있는 정도를 낮추려는 것이다. 예컨대 공격적이지 않고 해를 끼치지 않는 성격의 사람이 피할 수 없는 공격으로부터 자신을 보호하려고 한다고 하자. 하지만 그는 마치 눈에 무엇이 낀 것처럼 두려움으로 인식이 차단되어서 반응이 느려져 있기 때문에 이 공격을 물리칠 수가 없다. 분노도 이와 마찬가지로 사람의 인식을 흐려놓는다. 그는 게임에 완전히 휘말려서, 아무것도 보이지도 들리지도 않는다. 그래서 "분노에 눈이 먼다"는 말이 있는 것이다.

두려움과 분노는 무의식의 극단적 표출이다. 우리를 에워싸고 있는 펜듈럼들은 깨어 있는 우리를 살살 잠재워놓으려고 애쓴다. 예컨대 광고는 우리가 대부분의 시간에 주변상황을 거의 인식하지 못하는 채 살고 있다는 사실을 악용하여 사람을 좀비처럼 만들어놓는다. 약간의 아드레날린이 분비되게 하는 상황이 되어야만 주변현실을 명료하게 인식하는 의식이 떠오른다. 꿈속에서 의식을 깨워서, "이봐, 너희들! 날 놀리지 마! 이건 꿈일 뿐이야. 이건 내 꿈이니까 내가 대장이지 너희 따윈 아무것도 아니라구"라고 말하게 하는 간단한 일이 실제로는 그처럼 어려운 것도 이 때문이다.

의식이 깨어 있으면 무의식으로부터 직관적 정보를 수신하는 데도 도움이 된다. 자신이 이렇게 생각하고 있는 것을 알아차리면 된다. ― "내가 왜 갑자기 이걸 하려고 했을까?" 영혼의 목소리는 매우 부드러워서 거의 들리지 않는다. 마음은 거기에 시끄럽게 대꾸한다. "조용히 해! 내가 무엇을 원하는지, 무엇을 해야 하는지는 내가 알아!" 새벽별 속삭이는 소리에 늘 귀를 기울이는 습관을 들여야 한다. 주변상황을 반쯤밖에 의식하지 못하는 상태에서는 내면의 목소리에 귀 기울여야 할 때를 알아차린다는 것이 실질적으로 불가능하다. 영혼의 목소리에 귀를 기울이고 있기로 아침부터 단단히 각오했더라도 의식이 잠들어버리면 정작 필요한 때가 왔을 때 그것을 기억할 수가 없다.

이리하여 우리는 영혼과 마음의 일치가 외부의도를 만들어내며, 깨어 있는 의식이 외부의도로 하여금 당신을 위해 작용하게끔 한다는 사실을 알았다. 꿈속에서는 영혼과 마음의 일치가 아주 쉽게 이루어지는데, 영혼이 마음의 권위적 통제로부터 자유로워진다는 단순한 사실이 그 이유다. 자각몽에서는 약간의 통제가 있지만 그것은 단지 시나리오를 조정하는 데에만 쓰인다. 그 외에는 상식에 맞든 안 맞든 모든 일이 허용된다. 꿈속에서는 마음도 온갖 기적을 서슴없이 받아들인다. 안데르센의 동화 〈부싯깃 통〉에서 공주는 자신이 꿈을 꾸고 있다는 것을 알

69

고 병정과 함께 지붕 위를 산책하기로 한다. 마음도 이와 마찬가지로 무슨 일이든 일어날 수 있도록 허락하는 것이다. 하지만 실제의 삶으로 돌아오면 마음은 다시 평소의 세계관에 필사적으로 매달린다.

상식의 틀 밖에서 영혼과 마음의 일치에 이르기란 그리 호락호락한 일이 아니다. 상식은 삶 속의 감옥이어서, 그곳을 탈출하기란 쉽지 않다. 비전의 가르침이나 신비주의에 열광하여 구름 속을 거닐고, 믿기지 않는 사실을 믿을 수도 있지만 이런 믿음들에는 의심을 위한 방이 따로 있기 마련이다. 마음은 믿는 척하지만 사과는 결국 땅으로 떨어지게 되어 있다는 것을 너무나 잘 알고 있다. 외부의도를 의지에 완전히 복종시키는 것이 그토록 어려운 것은 바로 이 때문이다. 그렇기는 해도 실제로 해보면 당신은 깨어 있는 의식이 그 성공률을 극적으로 높여준다는 사실을 발견할 것이다.

고도로 깨어 있는 의식 상태는 마음속에 지켜보는 자가 늘 자리를 지키고 있을 때 성취된다. 지켜보는 자는 일어나고 있는 일에 대한 객관적 평가를 제공한다. 지켜보는 자는 그와 같은 게임에서는 누가 이득을 얻는지를 항상 파악하고 있다. 그리고 그는 당신이 꼭두각시 인형처럼 그 게임에 말려들지 않도록 면밀히 경계한다. **매 순간 다음 질문을 마음에 품고 있는 것이 결정적으로 중요하다. "너는 잠들어 있는가, 깨어 있는가?"** 겁나지 않는다면 자각몽을 연습해도 된다. 하지만 꿈은 지나가고 일상의 삶이 다시 찾아온다. 그러니 자각생을 연습하는 편이 낫지 않을까? 아시다시피, 이런 대안이 있다는 것은 당신의 세계의 층을 당신이 원하는 대로 꾸밀 수 있는 기회를 제공한다. 그것은 당신의 선택에 달린 문제다.

순수한 의도

외부의도는 불가해하고 거대한 힘이다. 하지만 한편으로 우리는 그것이 얼마나 모호하고 교묘한 것일 수 있는지도 알았다. 외부의도는 지배력과 관련된 것이지만 동시에 모든 통제의 거부와 관련된 것이기도 하다. 그것은 작용하고자 하는 의지이며, 의지력이 일으키는 모든 압력에 대한 거부다. 그것은 가지겠다는 결정이며, 얻어내고자 하는 몸부림에 대한 거부다. 그것은 동시에 이 모든 것이다. 마음에게 그것은, 뭔가 새롭고 범상하지 않은 것이다. 인간은 모든 것을 오로지 내부의도로써만 얻어내는 데에 길들어 있다. 당신이 세상에 대해 직접적인 영향력을 가지고 있다면 세상은 즉시 반응할 것이다. 그것은 너무나 분명한 일이다. 하지만 세상은 그렇게 호락호락 복종해주지 않는다. 당신은 노력을 해야 하고 자신의 입지를 구축하고 싸워서 자신의 길을 헤쳐 나가야 한다. 하지만 여기 다른 전략이 있다. ― 그렇게 싸우듯 소매를 걷어붙이고 나서기를 거부하는 것이다. 이것은 세상이 팔을 벌리고 당신을 맞으리라는 뜻이다. 물론 이처럼 요상한 방법은 당신의 마음을 혼란스럽게 할 것이다.

그렇다면 어떻게 하면 가지겠다는 결정과 나서기를 거부하기 사이에서 균형을 잡아 이 두 가지를 잘 조합시킬 수 있을까? 질문이 답을 암시하고 있다. ― **의도의 균형을 유지해야 한다. 그것은, 욕망 없이 원하며, 걱정 없이 돌보며, 떠밀려가지 않고 노력하며, 고집 없이 행동함을 의미한다.** 균형은 중요성의 포텐셜에 의해 흔들린다. 당신도 아시다시피, 목표가 중요하면 중요할수록 그것을 이루기는 더 힘들어진다.

당신이 뭔가를 얻기 위해 지나치게 노심초사하고, 원하는 것을 붙잡으려고 미친 듯이 날뛴다면 '진정으로 원하면 반드시 얻는다'는 속담과는 오히려 반대의 일이 벌어질 것이다. 초조한 마음은 자신의 소망이 이루어지리라는 믿음이 온전하지 않기 때문에 일어난다. 다음 두 가지 태도를 비교해보라. 첫번째 — "나는 정말 그것을 원해. 그건 생사가 걸린 문제야. 어떤 일이 있어도 그것만은 꼭 이뤄야 해. 결코 놓치지 않을 거야." 자, 이제 두번째 — "좋아, 난 그걸 이루기로 결정했어. 사실이지, 그거야말로 내가 진정으로 원하는 거야. 그러니 뭐가 문제야? 난 그걸 가질 거야. 그걸로 충분해." 어느 쪽이 성공할지를 판단하기는 어렵지 않다.

소망과 의도가 다른 점이 하나 더 있다. 소망은 그것이 실현되지 않을 가능성을 배제하지 않는다. 어떤 것을 소망했는데 그것이 가지기 힘들면 우리는 그것을 더욱 더 원하게 된다. 욕망과 소망은 언제나 잉여 포텐셜을 만들어낸다. 욕망은 정의상 그 자체가 이미 포텐셜이다. 어떤 것이 어떤 자리에 없으면 그것을 그 자리에 가져다놓으려는 정신적 에너지가 일어나는 법이다. **의도는 믿지도 않고 소망하지도 않는다. 의도는 단지 행동할 뿐이다.**

순수한 의도는 결코 잉여 포텐셜을 만들어내지 않는다. 의도는 모든 것이 이미 결정되어 있다고 생각한다. "난 그냥 일이 이러저러하게 될 것이라고 결정했어." 그것은 거의 실질적인 사실이다. 일이 정확히 그렇게 되어가리라는 것을 조용히 깨닫는 것은 당신이다. 예컨대, 나는 신문가판대로 가서 잡지를 한 권 사려고 한다. 여기에 욕망은 이미 없다. 욕망은 내가 그렇게 하기로 결정하던 순간까지만 있었다. 욕망이 충족되지 않을 가능성은 매우 희박하다. 그리고 설사 충족되지 않는다고 하더라도 무슨 재앙이 일어나는 것은 아니다. 여기서 의도가 욕망으로부터 완전히 자유로운 것은 이 때문이다. 그래서 그것은 잉여 포텐셜로부터도 자유롭다.

욕망의 정신적 에너지는 목표를 향해 있다. 반면에 의도의 에너지는 목표를 이루는 과정을 향해 있다. 사람이 무엇을 원할 때, 그는 자기 주변세상의 에너지장 속에 동요를 일으키고 있는 것이다. 이 동요가 균형력의 작용을 초래한다. 하지만 그가 그저 잡지를 사러 가고 있을 때는 주변세상의 에너지장에 아무런 이상한 일도 일어나지 않는다.

욕망이 인생트랙의 장에 작용하는 메커니즘은 다음과 같다. — 나는 그것을 원하지만 가지지 못하게 될까봐 두렵다. 그래서 나는 실패의 경우를 생각하고 있고, (그것은 나에게 중요하기 때문에!) 시나리오에 실패가 포함되어 있는 인생트랙의 주파수로 에너지를 방사한다. 의도는 이와 정확히 반대로 작용한다. — 나는 내가 원하는 것을 얻게 될 것을 안다. 나에게 이 문제는 이미 정해졌다. 그래서 나는 내가 이미 그것을 가지고 있는 인생트랙의 주파수로 에너지를 방사한다.

그러니 목표에 이르는 길을 가로막고 있는 것에는 욕망과 믿음, 두 가지가 있다. 좀더 구체적으로 말하자면, 어떤 수를 써서든 목표에 이르고야 말겠다는 큰 욕망과, 그것을 이루리라는 데 대한 모든 의심과의 싸움 말이다. 목표에 대한 욕망이 클수록 긍정적 결과에 대한 의심의 무게도 늘어날 것이다. 그러면 의심은 다시 욕망하는 그것의 가치를 더욱 높여놓는다. 욕망이 도움이 되지 않는다는 사실은 이미 밝혀졌다. 그것은 길을 가로막을 뿐이다. 소원성취의 비밀은 **욕망을 거부하고, 대신 가지겠다는, 그리고 행동하겠다는 결정인 의도를 가지는 것이다.**

하지만 목표의 중요성은 다시, 내부의도로써 세상에 영향을 미침으로써 어떻게든 일을 당신의 뜻대로 밀어붙이고 싶어하는 욕망을 만들어낸다. 의도를 얻은 마음은 곧장 전쟁을 벌인다. 마음으로 하여금 세상을 이런 식으로 밀어붙이게 만드는 것은 목표의 중요성이다. 외부의도에 조금이라도 더 다가가기 위해서는 중요성을 낮추어야만 한다. 외부의도는 주변 세상에 힘을 미치려고 안달하는 내부의도와는 공통점이 하나도 없다.

내부의도가 아무리 강해도 그것으로써 외부의도를 얻을 수는 없다. 외부의도는 당신의 외부에 있기 때문에 외부의도라고 불린다. 그러면 그것은 대체 무엇일까? 나도 모른다. 나는 이 사실을 시인하기를 주저하지 않는다. 의도를 마음이 사용하는 정의의 틀 안에서 묘사한다는 것은 매우 힘든 일이다. 당신과 나는 단지 외부의도가 몇몇 형태로 드러나는 것을 볼 수 있을 뿐이다. 그것은 영혼과 마음이 어떤 것에 대해 의기투합할 때 나타난다. 이 조건이 맞아떨어지면 즉시 정신적 에너지와 외부의 힘 사이에 일종의 공명이 일어나서, 그것이 우리를 붙잡아 해당 섹터로 데려다놓는 것이다.

외부의도야말로 본질적으로 트랜서핑이 일어나게 하는 힘이다. 달리 말해서, 외부의도가 인생트랙을 옮겨 다니거나 가능태 공간의 섹터들 사이를 물질화현상이 움직여 다닐 수 있게 한다. 이 힘은 왜 존재하며, 어디서 오는 것일까? 이 질문은 신이 왜 존재하며 신과 외부의도 사이에는 어떤 관련이 있는 것인지를 묻는 것만큼이나 부질없다. 그것은 아무도 모른다. 우리에게 중요한 것은 이 힘이 존재한다는 것이고, 태양이 빛나고 있어서 행복하듯이 우리가 이 힘을 이용할 수 있다는 사실에 다만 행복해할 수 있을 뿐이다.

중력의 존재가 지붕에서 떨어지는 것이 가능함을 가르쳐주듯이, **외부의도는 물질화현상이 가능태 공간의 섹터 사이를 움직여 다니는 것이**

가능함을 가르쳐준다. 지붕 위에 서 있는 동안에는 중력의 존재에도 불구하고 아무런 일도 일어나지 않는다. 하지만 한 발만 내디뎌도, 다시 말해서 중력에 몸을 맡기는 순간, 중력은 당신을 잡아 땅바닥에 내동댕이칠 것이다.

외부의도에 몸을 맡기려면 영혼과 마음의 일치를 이루어내야만 한다. 그것은 중요성이 존재하는 한 이루어지지 않는다. **중요성은 의심이 일어나게 하고 영혼과 마음의 일치에 이르는 길에 장애물이 된다.** 마음은 욕망하지만 영혼은 저항한다. 영혼은 뭔가를 향해 가려고 하고 있는데 마음은 그것을 의심하고 허락하지 않는다. 영혼은 옆에 창문이 열려 있는 것을 보고 있는데 중요성은 마음을 닫힌 유리창에 부딪게 한다. 영혼은 자신이 진정으로 원하는 것을 온 가슴으로 요구하고 있는데 중요성은 마음을 상식의 그물 속에 얽매여 있게 한다. 마침내 영혼과 마음이 '원하지 않는 것'이 무엇인지에 대해 의견 일치를 이루면 외부의도가 그 원치 않는 것을 당신에게 건네준다. 영혼과 마음의 갈구가 서로 조율되지 않는 것은 마음이 펜듈럼이 강요하는 선입견과 그릇된 목표에 사로잡혀 있기 때문이다. 여기서 다시 펜듈럼이 그 중요성의 줄로써 우리를 잡아당기고 있는 것이다.

그리하여 우리는 외부의도를 얻기 위한 두번째 필수적 조건을 알았다. 즉, **중요성을 낮추고 목표를 이루려는 욕망을 거부하는 것** 말이다. 물론 이것은 모순처럼 들린다. 목표를 이루려면 그 목표를 이루려는 욕망 자체를 버려야 한다는 말 아닌가. 우리는 내부의도에 관해서는 모든 것을 알고 있다. 그 울타리 안에서 익히 살아왔기 때문이다. 우리는 의도를 가지겠다는, 그리고 행동하겠다는 결정으로 정의했다. 외부의도와 내부의도의 차이는 이 정의 속에 담겨 있다. **내부의도가 행동하겠다**

는 결정이라고 한다면 외부의도는 가지겠다는 결정에 더 가깝다. 당신은 넘어지기로 결정한다. ─ 달리다가 넘어지라. 당신은 땅바닥에 쓰러져 있는 자신을 발견하기로 결정한다. ─ 마음을 내려놓고 중력에 몸을 내맡기라.

의도로부터 욕망의 때를 씻어내는 것은 다음 공식을 통해 실천할 수 있을 것이다. 당신은 한 목표에 어떻게 이를 것인지를 고민하고 있다. 의심이 느껴진다면 그것은 당신이 욕망을 품고 있음을 뜻한다. 당신은 자신이 거기에 필요한 자질을 지니고 있는지, 목표를 성취할 기회가 주어질지를 걱정한다. 이것은 당신이 욕망을 품고 있다는 것을 뜻한다. 당신은 목표가 이루어지리라고 믿는다. ─ 이럴 때조차 당신은 욕망을 품고 있다. 욕망 없이 원하고 행동해야 한다. 팔을 들어 머리를 긁고자 하는 의도는 잉여 포텐셜이 전혀 없는 의도의 한 보기다. 아무런 욕망도 없이 오로지 순수한 의도만을 가져야 한다. 거기에 이르기 위해서는 내적, 외적 중요성을 낮춰야 한다. 중요성을 처리하는 간단하고 효과적인 처방이 하나 있다. ─ **미리 패배를 받아들이라.** 그렇게 하지 않으면 욕망을 없앨 수가 없을 것이다.

의도로부터 욕망을 정화하다가 의도까지 잃어버리지는 말라. 목표를 이루기로 의도하고 미리 패배를 받아들이라. 머릿속에서 가능한 패배의 시나리오를 몇 번 돌려보라. 목표를 이루기에 실패하면 어떻게 할 것인지를 생각해보라. 다른 대안과 대비책을 찾아보라. 어쨌든 인생이 거기서 끝나는 것은 아니지 않은가?

패배의 시나리오로 자꾸 돌아가지는 말라. 그것은 한 번만 해보면 충분한 일이다. 그러면 그것은 목표를 반드시 당신이 상상한 방식으로 이뤄야만 한다는 강박관념으로부터 당신을 해방시켜준다. 사실 목표가 어떻게 이루어질지를 아는 것은 당신의 능력 밖의 일이다. 이 문제에 대해서는 잠시 뒤에 다시 살펴볼 것이다.

일단 패배를 받아들였으면 더이상은 패배도 성공도 생각지 말고 **그저 목표를 향해 계속 걸어가라.** 잡지를 사러 신문가판대로 걸어가듯이, 목표를 향해 걸어가라. 호주머니 속에 행운이 들어 있는 것을 발견할 것이다. 그리고 설령 그것이 거기에 들어 있지 않다고 해도 슬퍼하지는 않게 될 것이다. 이번에 안 되었으면 다음에 될 것이다. 운이 없다고 자학하지만 않는다면 말이다.

외부의도에 몸을 맡긴다는 것은 내부의도를 버리고 팔짱 낀 채, 영혼과 마음의 일치가 저절로 일어나기만을 기다리라는 뜻이 아니다. 일반적인 수단으로 목표를 이루는 것을 방해하고 가로막는 것은 아무것도 없다. 욕망을 뿌리치고 중요성을 버리면 적극적인 내부의도에 의해 얻어지는 결과도 좋아질 것이다. 하지만 이제 당신은 외부의도라는 훨씬 더 큰 힘을 끌어들일 방법을 가지고 있다. 그것이 전에는 불가능해 보였던 일들을 이룰 수 있게 해줄 것이다.

요약

- 의식적인 꿈속에서는 마음이 게임의 시나리오를 제어할 수 있다.
- 꿈이란 영혼이 하는 가능태 공간 속의 가상여행이다.
- 꿈은 신호로 간주할 수 없다.
- 영혼이 현실화된 가능태 공간의 섹터에 발을 들여놓으면
  다시는 돌아오지 못할 수도 있다.
- 현실화되는 것은 욕망이 아니라 가지겠다는,
  그리고 행동하겠다는 결정인 의도다.
- 욕망은 목표에다 주의를 맞춘다.
- 내부의도는 목표를 향해 움직여가는 과정에 주의를 맞춘다.
- 외부의도는 목표가 스스로 실현되는 과정에 주의를 맞춘다.
- 내부의도는 목표에 도달하고, 외부의도는 목표를 선택한다.
- 내부의도는 세상에 직접 영향을 미치고자 애쓴다.
- 외부의도는 목표가 스스로 실현되도록 청신호를 준다.
- 과학법칙은 가능태 공간의 단일 섹터 안에서만 작용한다.
- 외부의도의 작용이란 가능태 공간의 여러 섹터를 따라
  움직여가는 움직임이다.
- 외부의도는 영혼과 마음의 일치다.
- 꿈속에서 상상력은 단지 아이디어를 만들어내는 역할만 한다.
- 영혼과 마음은 부정적 기대에서 곧잘 의기투합하고,
  그래서 부정적 기대는 쉽게 현실화된다.
- 우리는 깨어 있는 현실의 삶에서조차 정도의 다소간에 계속 꿈을 꾸고 있다.

- 외부의도를 제어하려면 의식이 깨어 있어야 한다.

- 자신의 현실을 인식하지 못하고 있는 한 현실은 제어되지 않고
  그저 '일어날' 뿐이다.

- 어떤 종류의 게임을 하든, 참여하는 관찰자처럼
  초연하게 떨어져 있을 필요가 있다.

- 게임에 집착하지 않으면 깨어 있는 의식을 회복할 수 있다.

- 초연하다는 것은 마음이 명료하고 주의가 두루 미친다는 뜻이다.

- 깨어 있는 의식은 통제하지 않고 관찰한다.

- 통제력은 원하는 시나리오를 삶 속으로 맞아들이는 데에만
  발휘되어야 한다.

- 올바른 시나리오를 선택하려면 그것이 그렇게 펼쳐지리라고
  상상할 필요가 있다.

- 내부의도란 행동하겠다는 결정이다.

- 외부의도란 가지겠다는 결정이다.

- 외부의도가 트랜서핑을 실현시켜주는 힘이다.

- 목표의 중요성을 낮추려면 미리 패배를 받아들여야 한다.

- 패배를 받아들였으면 더이상 그에 대한 생각에 시간을 보내지 말고
  그저 목표를 향해 걸어가라.

제2장 슬라이드

욕망은 왜 이루어지지 않으며 꿈은 왜 실현되지 않을까? 원하는 것을 현실로 만들기 위해서는 '주문' 하는 방법을 알아야 한다. 이 장부터는 당신의 주문이 현실이 되게 하는 방법에 관한 실질적이고 구체적인 충고가 주어질 것이다. 이것은 마법사의 첫걸음이다.

환영 幻影

트랜서핑은 상상의 산물인 환영을 매우 조심스럽게 해석한다. 사람들이 환영이라 부르는 것에는 꿈, 환각, 현실의 부적절한 인식, 그리고 마지막으로 현실 그 자체에 이르기까지 여러 가지가 있다. 현실의 부적절한 인식은 우선 제쳐두고, 또다른 현실을 보는 것은 마음의 공상의 산물이 아닐 것이다. 대략적으로 말해서, 꿈이나 환각은 영혼이 가능태 공간에서 하는 여행의 형태들이다. 현실을 환영처럼 인식하는 것은 상상의 산물이 아니라 물질현실로 나타나지 않은 섹터를 지각하는 것이다. 마지막으로 이 세계는 환영이 아니다. 자신이 지각하는 것이 모두 환영일 뿐이라고 주장하는 사람은 자기중심적인 생각에 빠져 있는 것이다.

그런데 대체 인간은 왜 존재하는 모든 것을 이해하고 설명할 수 있다고 감히 주장하는 것일까? 인간의 능력으로 할 수 있는 일이란 고작이 우주의 몇 가지 규칙성을 익히는 것과, 그것이 간혹 가다 한 번씩 나타나는 사례를 목격하는 것뿐이다. 우주의 어떤 일들은 합리적으로 설명할 수가 없다. 한편으로 인간은 그런 자신의 무능함을 시인하면서 자신이 본 것이 모두 환영이라고 말한다. 하지만 그러면서도 그 환영은 마음이 상상해내거나 합성해낸 것이라고 말함으로써 금방 마음의 능력을 부풀려 자랑한다.

강력한 환각제나 술에 취한 사람은 꿈속에서와 마찬가지로 의식의 통제력을 잃는다. 그래서 잠재의식은 아직 현실화되지 않은 가능태 공간의 영역으로 동조해 들어간다. 이런 사람은, 몸은 물질화된 섹터인 우리의 물질세계에 있는 동안 의식은 물질화된 섹터에서 멀리 떨어진 가상 섹터 속을 헤매고 있다. 이런 상태의 사람은 평범한 집들이 늘어선 친숙한 거리를 걷고 있으면서도 모든 것을 완전히 다르게 인식할 것이다. 사람들과 주변 환경이 정상적으로 보이지 않는다. 무대장치가 바뀐 것이다. 그는 반은 꿈이고 반은 현실 같은 세계를 경험한다.

정신이상자들도 바로 이런 식으로 몸은 물질화된 섹터에 머물면서 의식은 물질화되지 않은 다른 섹터를 경험하는 것이다. 그들의 의식은 가능태 공간의 특정 섹터에 동조되어 있다. 거기서는 무대장치뿐만 아니라 시나리오와 역할까지도 달라질 수 있다. 정신병을 앓는 사람은 일반적인 의미로 보자면 전혀 병을 앓고 있는 것이 아니다. 그들은 자신을 나폴레옹이나 기타 가증스러운 어떤 인물이라고 상상하고 있는 것이 아니라, 스스로 주장하는 대로 그 가능태를 실제로 경험하고 있는 것이다. 그들은 가능태 공간의 그 섹터에서 이 가능태를 보고 있다. 거기에는 온갖 종류의 가능태가 다 있지만 정신병에 걸린 사람은 자신이 좋아하는 가능태를 고른다. 영혼과 마음 사이의 갈등이 최고조에 달하여 지친 영혼이 냉혹한 현실을 더이상 견뎌내지 못하게 되면, 그의 의식은 물질화되지 않은 가상의 섹터에 동조되어 들어간다. 하지만 그의 몸은 물질화된 섹터에서 살고 있다.

어떤 정신과 의사에게서, 마음속의 이상적인 남편과 자식을 병적으로 그리워하는 여자에 관한 이야기를 들은 적이 있다. 트랜서핑의 용어로 말하자면 이 가엾은 영혼에게는 가족의 중요성이 그 도를 넘은 것이다. 그 결과로 그녀는 그녀를 잔인하게 학대하고 모욕하는 사내와 결혼했다. 그녀는 임신을 할 수 없었다. 현실의 생활이 견딜 수 없어지자 그녀는 곧장 정신병원에 입원했다. 그녀의 몸은 물질세계에 있었지만 의식은 영국 귀족의 아내로서 아이들을 데리고 너무나 행복하게 살고 있는 가상 섹터로 동조되었다. 다른 사람들이 보기에는 그녀는 우리의 세계에서 살고 있었지만 그녀의 의식은 가상 섹터에 동조되어 있었다.

의사들은 이런 환자들을 치료하려 들지만 환자들은 잔인한 현실보다 훨씬 더 즐거운 환영 속에 머무는 것을 행복해한다. 사실, 환영은 결코 존재하지 않는다. 그것은 물질화되지 않은 섹터일 뿐 실재하고, 물질화된 섹터만큼이나 생생하고 현실적이다.

그렇다면 정신병자의 가상 섹터는 왜 현실화되지 않는가? 앞서도 말했듯이, 가능태가 현실화되는 것은 영혼과 마음의 완전한 일치 속에서 생각에 의해 에너지가 변조될 때만 일어난다. 물론 정신이상의 경우에는 이런 일치가 일어나지 않는다. 혹은 물질화된 섹터와 가상 섹터 사이의 거리가 너무나 동떨어져 있어서 그것이 현실화되려면 너무나 많은 에너지가 요구된다. 예컨대 우리 시대에 새로운 나폴레옹이 출현한다는 것은 너무나 기이한 사건이라서 그것은 가능한 가능태 흐름으로부터 한참 동떨어진 채 남아 있는 것이다. 또 어쩌면 정신병자의 가상 섹터가 왜 현실화되지 않는지에 대해서는 우리가 모르는 다른 이유들이 있을지도 모른다.

사람은 또다른 현실을 볼 수 있을 뿐만 아니라 현실을 왜곡시켜 경험할 수도 있다. 사람의 인식은 어린 시절에 각인된 정보에 매우 깊이 좌우된다. 두 새끼 고양이에 대한 다음의 유명한 실험이 좋은 보기가 될 것이다. 갓 태어난 두 마리의 새끼 고양이를 서로 떨어져 있고 시각적으로도 다른 장소에다 떼어놓았다. 한 마리는 수직선이나 수직의 물체가 하나도 없는 곳에 데려다놓았고 다른 한 마리는 수평선이나 수평의 물체가 하나도 없는 곳에 데려다 놓았다. 그리고 일정 기간이 지난 후에 그 고양이들을 평범한 곳으로 데려왔다. 첫번째 고양이는 의자 다리에 계속 부딪혔다. 그에게는 수직선이 존재하지 않았던 것이다. 마찬가지로 다른 고양이는 수평적인 모양의 물건을 인식하지 못하여 계단에서 계속 굴러떨어졌다.

물론 마음은 상상력으로써 온갖 공상을 만들어낼 수 있다. 하지만 그것은 과거의 경험이라는 비좁은 울타리 안에서만 가능하다. 마음은 낡은 벽돌을 써서 새로운 모델의 집을 지을 수 있을 뿐인 것이다. 그렇다면 또다른 현실을 인식하는 것과 상상하는 것 사이의 경계선은 어디에 있을까? 그것은 분명히 그을 수 있는 선도 아니지만 우리의 목적상 그리 중요하지도 않다. 여기서 중요한 것은 오직 사람의 내적 확신이 현실의 인식에 어떻게 영향을 미치는가와, 그것이 그 사람의 삶에 어떤 영향을 미치는가이다. 당신은 이제 왜곡된 현실인식의 배후에는 무엇이 있으며, 인식이 얼마나 왜곡될 때 그것이 실제 현실에도 영향을 미치는지를 알게 될 것이다.

현실의 왜곡

인간은 백 퍼센트 객관적으로 주변세계를 인식할 수가 없다. 이것은 슬라이드 영사기와도 유사하다. 고르고 규칙적인 빛이 슬라이드 필름을 통과하면 화면 위의 그림으로 변한다. 인식이 스크린이라면 빛은 우리 주변의 세계이고 슬라이드는 세계에 대한 우리의 이해, 곧 세계관이라고 할 수 있다.

지금 당신이 옷차림 때문에 신경을 쓰고 있다고 가정해보자. 당신에게는 다른 사람들이 당신을 조롱하는 눈으로 보고 있거나 심지어 당신의 옷차림에 대해 화를 내고 있는 것처럼 보이기까지 할 수도 있다. 하지만 주변 사람들의 마음속에는 그런 생각이 없다. 이런 생각은 오로지 당신의 마음속에만, 현실을 왜곡시키는 슬라이드와 같은 형태로 존재하는 것이다. 당신도 그렇듯이 모든 사람이 저마다 자신에 대한 생각에 90퍼센트까지 사로잡혀 있다. 심지어 면접장의 심사관조차 어떻게 하면 자신을 근사하게 내보일까에 더 신경을 쓰고 있다고 해도 틀림없다.

슬라이드는 다른 사람들이 당신에 대해 어떻게 생각하는지에 대한 당신의 생각을 왜곡시킨다. **슬라이드는 현실의 왜곡된 표현이다.** 슬라이드는 당신의 머릿속에는 있지만 다른 사람들 속에는 없는 무엇이다. 예컨대 당신은 자신이 별로 매력적이지 못하다고 생각한다. 그래도 그것이 별로 마음에 걸리지 않는다면 왜곡은 일어나지 않는다. 모든 것이 있는 그대로다. 하지만 이것은 당신이 당신의 모습에 대해 어떻게 생각하느냐의 문제도 아니다. 중요한 것은 그보다도, 슬라이드가 당신의 삶에 어떤 종류의 영향을 미치느냐 하는 것이다. 외모가 마음에 걸린다면 당신은 머릿속에서 다음과 같은 슬라이드를 만들어내고 있는 것이다.

"난 못생겼어." 그리고 당신은 색안경을 낀 것처럼 이 슬라이드를 통해 주변세계를 바라본다. 이런 식의 관념을 슬라이드라고 볼 수 있다. 왜냐하면 그것은 당신의 생각 속에만 고정되어 있기 때문이다.

신체적 외모는 당신의 동반자가 될 후보들만이 판단할(그리고 그로써 거기에 의미가 부여될) 수 있다. 그 사람들은 전체인구 중 아주 미미한 일부다. 그 밖의 사람들은 당신의 외모에 아무런 관심도 없다. 내 말이 믿기지 않는가? 그렇다면 가장 믿을 만한 심판관인 당신 자신에게 물어보라. 당신은 애인 후보가 아닌 다른 사람들의 외모에 얼마나 관심을 주고 있는가? 십중팔구, 당신은 주변의 누군가가 매력적인지 어떤지를 생각조차 해본 적이 없을 것이다. 당신 주변의 사람들도 당신에 대해서 똑같은 생각이다. 당신이 자신을 못생겼다고 생각하더라도 마찬가지라고 믿어도 된다. 못생긴 것은 처음 만났을 때만 인상을 준다. 그 이후에는 못생겼다는 것도 더이상 의식되지 않는다. 무대장치에 한번 익숙해지면 더이상 거기에 신경을 쓰지 않는 것과 마찬가지다.

이제 당신이 자신의 못생긴 외모에 대한 슬라이드를 마음속에 끼우고 있다고 가정해보자. 당신은 다른 사람들이 보여주는 모든 것을 ― 외모, 몸짓, 얼굴표정, 말씨 등 ― 그 슬라이드를 통해 인식한다. 그러면 당신은 무엇을 보게 될까? 우호적인 미소는 비웃음으로 바뀌어 보인다. 누군가가 행복해서 웃는 웃음도 당신의 생김새가 우스워서 웃는 것으로 보인다. 두 사람이 서로 귓속말로 소곤대고 있으면 그것은 당신을 흉보고 있는 것이다. 누군가가 당신을 힐끗 바라보면 그것은 당신에게 화를 내고 있는 것이다. 누군가가 속이 불편해서 인상을 찡그리면 ― 맙소사! 그는 당신에 대해 도대체 무슨 생각을 하고 있기에 저러는 걸까? 그리고 급기야는 칭찬조차도 놀리는 말로 들릴 것이다. 하지만

87

실제로는 아무도 그런 생각을 품지 않았다. 그것은 당신의 머릿속에만 있는 것이다. 그것은 당신의 슬라이드다.

못생긴 외모에 대한 스스로의 생각이 당신의 행동을 결정한다. 그리고 그것이 당신을 실제로 못생긴 사람으로 만들어놓는다. 손의 움직임이 부자연스러워지면서 손을 어디다 놓아야 할지를 모르게 된다. 얼굴은 긴장된 표정으로 일그러지고 지혜롭던 생각들도 갑자기 모두 사라져버리고 자기비하적인 생각들이 지배하기 시작한다. 그 결과, 상상 속에만 있었던 슬라이드가 실제로 현실화된다.

슬라이드는 두 가지 방식으로 작용한다. 한편으로 그것은 세상 속 당신의 위치에 대한 생각과, 타인들이 당신을 어떻게 생각할지에 대한 생각을 왜곡시킨다. 다른 한 편으로 슬라이드는 외부세계에 대한 당신의 생각을 왜곡시킨다. 모든 사람이 자기 슬라이드의 속성을 다른 사람들 속에서 찾아내려는 집요한 경향을 보인다. 예컨대 어떤 사람이 자신의 타고난 성격을 좋아하지 않는다면 그는 그것이 보이지 않도록 멀찍이 숨겨놓으려고 애쓴다. 하지만 마음에 들지 않는 슬라이드를 감춘다는 것은 애초에 불가능한 일이다. ― 그것은 당신의 머릿속에 들어앉아서 자신의 역할을 수행한다. 그러면 그 사람의 마음속에는 다른 사람들이 자신과 흡사한 짓을 한다는 환영이 만들어진다. 그리고 자기 안에 자신이 좋아하지 않는 성격이 있다면 그는 다른 사람들에게서도 똑같은 것을 찾아내고 싶어한다. 달리 말해서, 그는 자신의 속성을 타인에게 투사하는 것이다.

투사란 잠재의식 속으로 쫓겨난 자기불만이 타인에게 흙탕물을 튀길 때 일어나는 것이다. 그는 자신의 나쁜 면을 스스로 질책하고 싶지 않아서 타인에게서 똑같은 것을 찾아내고 싶어하는 것이다. 사람들은 흔히 자신에 대해 스스로 좋아하지 않는 점을 타인에게서 찾아내고 그것을 흠잡는 데서 즐거움을 느낀다. 당신도 아마 부지불식간에 이런 짓을 했을 것이다. 물론 이것은 남의 결점을 나무라는 사람은 반드시 자기도 똑같은 결점을 가지고 있다는 뜻은 아니다. 하지만 그렇지 않은 경우도 흔하지는 않다. 스스로 약간의 관찰을 해보라. 지켜보는 자의 관점이 되면 자기 것을 당신에게 투사하려는 사람을 쉽게 알아차릴 수 있을 것이다. 누군가가 엉뚱한 일로 당신을 비난하거나 당신과는 무관한 결점을 덮어씌우려고 한다면 자신에게 이렇게 물어보라. — 혹시 저 사람은 상대방에게 투사하려고 하는 그 결점을 스스로 갖고 있는 게 아닐까? 십중팔구는 바로 그것일 것이다. 왜냐하면 당신에게는 정말 그런 결점이 없다면 그것은 당신을 비난하는 사람이 그런 이미지를 투사하는 슬라이드를 자신의 머릿속에 가지고 있다는 뜻이기 때문이다.

　슬라이드를 만들어내는 것은 무엇일까? 중요성이다. 여기서 우리는 다시 중요성과 마주친다. 외모에 신경이 쓰인다는 것은 외모가 당신에게 중요하기 때문이다. 슬라이드는 당신의 머릿속에 들어 있다. 다른 사람들에게도 그것이 중요하지 않은 한, 그들에게는 그런 것이 들어 있지 않다. 어떤 사람의 못생긴 생김새는 다른 사람들에게는 크게 중요한 일이 아니기 때문에 곧 익숙한 무대장치의 일부가 되어버린다. 못생긴 외모는 오직 그렇게 생긴 그 사람에게만 중요하다. 사실 그는 좀 다르게 생겼을 뿐이지, 그 이상도 이하도 아니다. 다르게 생긴 것을 못생긴 것으로 바꿔놓는 것은 중요성이라는 슬라이드다.

　프랑스의 유명한 화가 뚤루즈 로트렉은 어릴 적에 다리에 문제가 생겨서 평생 절름발이로 살았다. 성장기에 로트렉은 자신의 모습 때문에 매우 고민했다. 해가 갈수록 신체의 불구는 더욱 더 눈에 띄게 드러났고 그의 고민도 더욱 깊어졌다. 불구인 자신에 대한 고민이 극치에 이르렀을 때, 결국 그는 그 피할 수 없는 운명을 받아들이게 됐다. 그는 더이상 자신의 불구에 대해 신경을 쓰지 않고 그냥 살아갔다. 그가 중요성을 버리자마자 슬라이드도 사라져버렸고 행운의 서광이 그를 비추기 시작했다. 자신의 재능을 성공적으로 발휘한 것은 물론이고, 여인들의 인기까지 한 몸에 모았다. 여담이지만, 그는 파리의 유명한 카바레인 물랭루즈 설립에 참여했고 여인들은 그를 매우 좋아했다. 짐작하시겠지만, 그것은 단지 그의 그림 때문만은 아니었다.

타인들이 당신을 어떻게 생각하는지에 지나친 중요성을 부여할 때 슬라이드가 출현한다. 다른 사람들이 당신을 어떻게 생각하는지는 몰라도 그것이 당신에게는 너무나 중요하다면, 당신의 머릿속에 그에 해당하는 슬라이드가 들어 있다는 것을 백 퍼센트 확신해도 좋다. 슬라이드는 상상의 산물이며, 그런 의미에서 그것은 환영이라고 봐도 된다. 하지만 이런 종류의 환영은 사람의 삶에 실질적인 영향을 미친다. 이것이 외부의도가 그 사람의 의지에 반하여 파괴적으로 작용하는 예다.

부정적인 슬라이드는 대개 영혼과 마음의 일치를 불러일으킨다. 아시다시피, 이럴 경우 외부의도는 거침없이 순조롭게 작용한다. 그것은 부정적 슬라이드의 소유자를 붙들어서 부정적 사건이 유감없이 현실화되는 섹터로 데려다놓는다. 다만 그 전이는 순간적으로 일어나는 것이 아니라 점진적으로 일어난다. 전이는 그 슬라이드가 그 사람의 머릿속에 들어 있는 전全시간에 걸쳐서 이어진다. 그는 중요성 때문에 부정적 슬라이드에다 대수롭지 않은 획을 몇 번 더했는데, 그것이 갈수록 두드러지면서 마침내는 그 찬란한 빛을 유감없이 발한다. 자신이 살찐 것을 좋아하지 않는다면 살이 더 찔 것이고, 날 때부터 있는 흉터가 신경 쓰

정신세계사 도서 안내

명상, 수행, 영성, 치유, 깨달음의 길에는 늘 정신세계사가 함께합니다   mindbook.co.kr

정신세계사 BEST 20

1. 리얼리티 트랜서핑
바딤 젤란드 지음 | 박인수 옮김
출간 직후 3년간 러시아에서만
250만 부 이상 판매된 러시아판 시크릿

2. 리얼리티 트랜서핑2
바딤 젤란드 지음 | 박인수 옮김
왜 원하는 미래가 점점 더 멀어지기만
하는지에 대한 가장 특별한 대답

3. 리얼리티 트랜서핑3
바딤 젤란드 지음 | 박인수 옮김
'꿈의 연장선'의 반죽'이 만들어지는 줄을 수 있는
성공의 수수께끼를 낱낱이 파헤친다

4. 티벳 死者의 서
파드마삼바바 지음 | 류시화 옮김
죽음의 순간에 듣는 것만으로 영원한
해탈에 이른다는 티벳 최고의 경전

5. 왓칭
김상운 지음
베테랑 MBC 기자가 취재한, 채믿은한
신기한 우주원리 관찰자 효과의 비밀

6. 하루의 사랑작업
김상아 지음
조건 없는 사랑이 부상을 회복하는
'자기사랑'의 길

7. 물 알은 답을 안다
에모토 마사루 지음 | 김정순 옮김
아마준 베스트셀러. 내몸기가 심물이
물리준 영청난 성공과 깨달음

8. 왓칭2
김상운 지음
시아를 넓힐수록 마법처럼
이루어지는 '왓칭' 화난판

9. 몸의 정령 헤리
타니스 헬리웰 지음 | 정수혜 옮김
우리 몸을 건강히 할 뿐 아니라
영적 진화로 이끄는 몸의 정령과의 대화록

10. 트랜서핑의 비밀
바딤 젤란드 지음 | 박인수 옮김
성공과 행복을 누리는 사람들은
트랜서핑 법칙을 실천하고 있다

11. 무경계
켄 윌버 지음 | 김철수 옮김
나는 누구인가에 관한
동서고금의 통합적 견근

12. 1 깨어남 365 헌츠 의력
레베린 역음 | 제남 그림
동서양의 영성도서에서 길어올린
366가지 지혜의 문집

13. 거갈명상
김상운 지음
국가격의 치유와'현상조를 일으키는
가장 쉽고 강력한 명상법

14. 원조 수업
마이클 뉴턴 지음 | 김도훈 옮김
온전한 최건 체험으로 이끄는
10주간의 내면 여행

15. 흡순 감때의 가르침
미스터리한 신비가 감때의
방대한 저술중에서 구제만을 추린 책

16. 연조 생래식
고요다 미쓰오 지음 | 검정훈, 박영일 옮김
50년간 1억여 환자를 완치로 이끈
단식·소식·채식법과 치유사례담

17. 깨어남에서 깨달음까지
아디야산티 지음 | 정성채 옮김
'깨어남'의 올바른 이해를 통해
영적 여정의 궁극을 지혜롭게 넘어가기

18. 마음세탁소
황종근 지음
선조들은 마음병을 어떻게 다스렸을까.
하루 20분 내 마음때 씻어내기

19. 킬그
깨럴럼 얄리오 지음 | 김영은 옮김
내 안에 억눌린 반대의 욕망을 드러내고
해소하여 삶의 비극을 연구는 법

20. 바이브
전 재산 12만 원 흑수저를
대한민국 1% 부자로 만든 VIBE의 법칙

정신세계사 도서 목록

수행의 시대
영원한 진리를 찾아서
베일 벗은 미스터리
마스터의 제자
티베트 꿈과 잠 명상
초인생활: 탐사록
초인생활2: 강의록
드높은 하늘처럼, 무한한 공간처럼
연금술이란 무엇인가
깨달음 그리고 지혜 (1, 2)
생각을 걸러내면 행복만 남는다
당신의 목소리를 해방하라
빅 마인드
1분 명상법
지중해의 성자 다스칼로스 (1, 2, 3)
자유명상
붓다의 호흡과 명상 (1, 2)

티벳 시리즈
티벳 死者의 여행 안내서
밀라레파
티벳 밀교요가
티벳 해탈의 서

몸과 마음의 건강서
건강도인술 백과
사람을 살리는 사혈요법
자연치유
밥따로 물따로 음양식사법

자녀·임신·육아
감응력
트랜서핑 타로카드
당신의 소원을 이루는 사사0

정신과학
코스믹 홀로그램
홀월의식 (1, 2)
홀로그램 우주
현대물리학이 발견한 창조주
우주심과 정신물리학

자연과 생명
레프리콘과 함께한 여름
자연농법
자연농 교실
자발적 진화
식물의 정신세계

점성·주역·풍수
명당의 원리와 현장풍수
인간의 점성학 (1, 2)

종교·신화·철학
신성한 용기
어른의 서유기
예수와 붓다가 함께했던 시간들
하마터면 깨달을 뻔
사랑 사용법
익스틀란으로 가는 길
초인수업
사랑은 아무도 잊지 않았으니
돈 후앙의 가르침
그대는 불멸의 존재다
우주가 사라지다

인다면 그것은 더욱 커질 것이고, 열등감을 느낀다면 열등감을 느껴야만 할 증거를 더욱 많이 발견하게 될 것이고, 자신이 매력 없게 생긴 것을 고민한다면 그것이 더 심해질 것이며, 죄책감에 괴로워한다면 벌이 넘치도록 쏟아질 것이다.

이것은 그가 그 슬라이드에 지나친 중요성을 부여하기를 그치거나 긍정적 슬라이드를 만들어내는 쪽으로 방향을 돌릴 때까지 계속된다. 중요성이 사라지면 그 즉시 슬라이드는 근거를 잃고 해체되어 작용을 멈춘다.

긍정적이고 화사한 색깔의 슬라이드를 만들어보면 당신은 그것도 부정적 슬라이드만큼이나 잘 듣는다는 것을 깨달을 것이다. 자신에게 자신의 긍정적 측면을 보여주라. 그러면 사람들도 같은 식으로 당신을 바라볼 것이다. 이것이 슬라이드의 또다른, 긍정적 성질이다. 이것은 이용할 수 있고, 또 이용해야만 한다.

긍정적 슬라이드

부정적 슬라이드가 만들어질 때 당신의 주의는 감추거나 없애버리고 싶은 싫은 것에 모아진다. 이제 당신이 할 일은 자신의 좋아하는 면이나 가지고 싶은 면으로 주의를 전환시키는 것이다. 보셨다시피, 결점을 감추는 것은 불가능한 일이지만 원하기만 한다면 덕목을 키우는 일은 쉽다.

우선 당신은 재고점검을 실시해서 자신의 부정적 슬라이드를 찾아내야 한다. 스스로 이렇게 질문해보라. ― 자신에 대해 좋아하지 않는 것은 무엇인가? 자신의 어떤 점을 숨기거나 없애버리고 싶은가? 슬라이드는 부지불식간에 만들어진다. 이젠 깨어나서 의식적으로 부정적 슬라이드를 들여다보라. 의식적인 상태에서는 그것을 쉽게 발견해낼 수 있게 된다. 이 쓰레기를 머리에서 쓸어내야 한다. 어떻게? 그것을 수염을 깎듯이 간단히 없애버릴 수 있는 것은 아니다. 그것과 씨름을 벌이면 그것은 더욱 두드러져 나온다. 그저 슬라이드가 근거하고 있는 터전을 빼앗아버리라. 그 터전이란 당신의 주의와 당신이 거기에 부여하는 중요성이다. 주의를 부정적 슬라이드로부터 긍정적 슬라이드로 전환시켜야 한다. 이전에 당신을 괴롭혔던 모든 것에 대해서는 신경을 끄고 씨름을 멈추라. 당신의 모든 결점으로부터 눈을 돌려 자신이 가진, 그리고 가지고 싶은 덕목에 주의를 기울이라.

결점을 감추는 것이 당신에게 중요한가? 그것이 부정적 슬라이드의 터전이다. 좋은 인상을 주는 것이 당신에게 중요한가? 그것이 긍정적 슬라이드의 터전이 될 것이다. 모든 것이 그대로다. 변한 것은 단지 중요성을 부여하고 주의를 보내는 방향이다.

당신이 원하는 자신의 모습을 그리라. 그것은 자기기만이 아니다. 왜냐하면 그것은 의식적으로 벌이는 게임이 될 것이기 때문이다. 자신의 결점과 씨름을 하면서 마음의 의도로써 그것을 감추거나 없애버릴 수 있으리라고 생각하는 것이야말로 자기기만이다. 자신의 장점을 유감없이 발휘하는 그런 슬라이드를 만들어 자신에게 선사하라. 거기에다 더욱 자세한 세부내용을 그려 넣음으로써 슬라이드 속의 자신을 사랑하고 살찌우라.

슬라이드라고 해서 정지된 그림만을 그려야 하는 것은 아니다. 그것은 당신이 자신감을 가지고 품위 있게 행동하는 모습일 수도 있고, 우아한 옷맵시와 세련된 매너를 보이는 모습일 수도 있고, 밝은 지성과 반짝이는 매력으로 사람들의 호감을 사는 모습일 수도 있고, 어려운 문제를 대수롭지 않게 해결해버리는 모습일 수도 있다. 이제 이 슬라이드를 머릿속에 넣고, 나가라! 긍정적 슬라이드는 부정적 슬라이드가 그랬던 것과 마찬가지로 당신의 행동과 태도에 직접적인 힘을 미칠 것이다. 당신은 뜻밖에, 무의식적으로 슬라이드에 맞추어 행동하게 될 것이다. 하지만 중요한 일은 모두 외부의도가 슬라이드의 이미지에 맞추어 해줄 것이다.

슬라이드가 해체될 때까지 만들어낸 이미지를 생각 속에 계속 재생시키라. 이건 무슨 뜻일까? 시간이 지나면 슬라이드는 실질적으로 당신의 일부가 될 것이고, 그러면 그것은 더이상 슬라이드가 아니다. 원하는 것을 얻으면 그것은 더이상 당신에게 중요하지 않게 될 것이다. 중요성은 사라지고 슬라이드도 해체되지만 임무는 완수되어 있을 것이다. 그것은 당신의 영혼이 마음과 일치했다는 뜻이다. 그러니 그것은 틀림없이 일어난다. 어쨌든 당신은 그것을 영혼과 마음으로써 원한다. 마음이 슬라이드를 현실로 만들려고 애쓰는 동안에도 영혼 깊은 곳에서 당신은 이것이 한갓 현실로 가장한 게임일 뿐이라는 사실을 알고 있다. 하지만 당신이 조직적으로 용의주도하게 이 이미지를 계속 굳혀 가면 결국 영혼은 거기에 익숙해져서 그 슬라이드를 자신의 빼놓을 수 없는 일부로 받아들이게 될 것이다. 외부의도는 슬라이드를 금방 인식하지 못하고 서서히 인식한다는 점을 유념하라.

보시다시피, 원하는 결과를 얻는 것은 그렇게 어렵지 않다. 그것은 가지겠다는 결정의 문제일 뿐이다. 슬라이드의 이미지는 당신이 부족하다고 믿는 어떤 덕목이 되든 상관없다. 하지만 특정한 슬라이드를 현실세계에 실현되게 한다는 것이 얼마나 현실적이고 실질적인 일인지를 분명히 알아야만 한다. 즉흥적으로 이상적인 그림을 그려내지 말라. 당신이 실제로 얻어낼 수 있는 것부터 시작하는 것이 좋다. 시간이 지나면 더 높은 수준으로 나아갈 수 있을 것이다.

어떤 경우에도 바람직한 덕목을 지니고 있다고 생각되는 사람의 이미지를 베껴오지 말라. 당신의 슬라이드는 당신의 것이어야지 타인의 것을 베낀 것이어서는 안 된다. 이에 대해서는 다음 장에서 더 깊이 논할 것이다. 현재로서는 모든 덕목에는 현재 단계에서 당신에게 더 잘 어울리는 대체 덕목이 있다는 점만을 유념하라. ― 용기는 결심으로 대체될 수 있고 아름다움은 매력으로, 힘은 빈틈없는 솜씨로, 달변은 경청하는 능력으로, 지성은 깨어 있는 의식으로, 육체적 완전함은 자신감으로 대체될 수 있다. 현실적이고 성취 가능한 목표를 정하는 것은 외부의도로 하여금 당신의 작은 주문들을 재빨리 처리하여 완수되게 함으로써 다음에는 더 어려운 일들을 실현시킬 수 있도록 훈련의 기회를 주는 것이다.

긍정적 슬라이드는 당신에 대해 잘 모르는 낯선 사람들을 만나려고 할 때 특히 신속하고 효과적으로 작용한다. 그것은 인터뷰가 될 수도 있고 콘테스트나 파티 등이 될 수도 있을 것이다. 머릿속에 원하는 슬라이드를 집어넣어놓기만 하면 아무런 걱정할 것 없다. 슬라이드의 이미지를 잊지 말고 그것을 늘 의식하라. '제대로 안 되면 어떡하지?' 하는 식의 모든 의심과 망설임을 완전히 제거해버리는 사치를 스스로 받아들이라. 의심을 모두 던져버리고 나면 사실 손해 볼 것은 하나도 없다. 가지겠다는 결정만 확실하면 당신은 최고의 소득을 얻을 것이고, 믿기지 않는 성공을 거둘 수도 있다.

외면적 인격에 대해서만이 아니라 주변세계에 대해서도 긍정적 슬라이드를 만들어낼 수 있다. 그러한 슬라이드는 긍정적인 것은 모두 표현되게 하고 부정적인 것은 발을 들여놓지 못하게 한다. 기억하실지 모르지만, 1권의 '성공의 물결'에서 우리는 긍정적 에너지를 '전송하기'에 대해 이야기했었다. 무엇보다도 긍정적인 모든 것에 대해 가슴을 열고 부정적인 모든 것을 무시해버리는 것은 소득이 짭짤한 일이다. 마음에 드는 전시작품 앞에서는 걸음을 멈추고 마음에 들지 않는 작품 앞은 무심히 지나쳐가라. 세상이 전시작품과 다른 점은, **무심히 지나치지 않으면 당신이 싫어하는 것은 당신을 따라온다**는 사실이다. 한편 긍정적인 것은 당신이 기꺼이 받아들이는 한 언제나 당신과 함께 있을 것이다.

긍정적 슬라이드는 어딘가 장밋빛 색안경과도 같아 보일 것이다. 흔히 알려져 있는 것과는 반대로 장밋빛 색안경은 낙관주의자들이 아니라 비관주의자들이 만들어낸 것이다. 비관주의자들은 장밋빛이라면 무조건 경계하면서 낙관주의자들에게 그것이 가져올 위험을 깨우쳐주겠다고 수선을 떤다. 이런 독단주의야말로 대표적인 부정적 슬라이드다. 비관주의자는 가진다는 사치를 자신에게 감히 허용하려 들지 않는다. 그리하여 그는 그에 따른 대가를 받는다.

긍정적 슬라이드도 현실을 왜곡시킨다는 사실에 대해서는 별로 걱정할 것이 없다. 대부분의 경우, 그런 왜곡은 심각하지 않다. 왜냐하면 그럼에도 불구하고 내적 통제력이 자신의 역할을 수행하기 때문이다. 긍정적 슬라이드에 의한 왜곡은, 물론 당신이 나폴레옹이라고 상상하지 않는 한은, 긍정적인 결과밖에는 가져오지 않는다. 모든 일을 적당히 절제해서 하고 잉여 포텐셜을 경계하는 것이 좋다. 부정적 슬라이드에 의한 왜곡은 그 사람의 삶에 엄청나게 해로운 결과를 가져온다. 그래도 왜곡은 슬라이드에서 가장 중요한 요소가 아니다. 슬라이드의 가장 중요한 성질은 그 내용이 외부의도에 의해서 서서히, 그러나 어김없이 현실화된다는 것이다.

안락지대(comfort zone) 넓히기

당신이 인기 스타나 백만장자가 되고자 하는 야망을 품고 있다고 하자. 하지만 당신은 자신이 그것을 이루게끔 허락할 태세가 되어 있는가? 사람들은 보통 돈과 명예와 권력은 선택받은 소수의 몫이라고 생각한다. 하지만 누가 그들을 선택한단 말인가? 선택받은 사람들은 다름 아니라 자기가 스스로 자신을 선택한다. 그다음에야 다른 모든 사람들에 의해 선택받는 것이다. 어떤 것을 꿈꾸면서도 자신이 그것을 가지도록 스스로 허용할 준비가 되어 있지 않다면 당신은 그것을 얻을 수 없을 것이다.

노숙자가 길가에 서 있다. 그는 남의 집 창문을 통해 크리스마스 저녁 식탁의 모습을 들여다보고 있다. 그에게 자신이 그 식탁에 앉아서 식사를 하도록 스스로 허용할 마음의 준비가 되어 있을까? 초대를 받는다면야 물론 그럴 것이다. 그 집으로 들어가서 식탁에 앉는 것은 행동하려는 태세, 곧 내부의도다. 하지만 누가 그를 초대해준단 말인가? 그는 크리스마스 식탁은 다른 사람의 세계의 층이라는 것을 너무나 잘 알고 있다. 그가 이 식탁을 자기 집에서, 자기 세계의 층에서 가질 준비가 되어 있는가? 아니다. 노숙자는 자신이 집도 없고 돈도 없으며 돈 벌 수단도 없다는 사실을 알고 있다. 외부의도는 그에게 아무것도 주지 않을 것이다. 왜냐하면 상식의 울타리 안에 웅크리고 있는 한 그는 '가질' 준비가 되어 있지 않기 때문이다.

당신은 부자가 되고 싶어한다. 하지만 당신은 운명에서 그런 선물을 받을 준비가 되어 있는가? 물론 누군가가 '남아도는' 돈 백만 달러를 준다면 누구나 주저 없이 받을 것이다. 그리고 일부 인사들이 교훈적인 영화에서 보여주려고 애쓰는 것과는 달리, 부는 인생을 망치지 않는다. 하지만 주제는 그것이 아니다. 당신은 백만 달러를 '받을' 준비가 되어 있는가? 당신은 아마도 내 입에서 백만 달러를 벌어야 한다는 말이 나올 것을 예상했을 것이다. 그렇지 않은가? 하지만 그것도 주제는 아니다. 당신은 그저 선택을 할 준비가 되어 있는가? 자신이 '가지게끔 허락하는 선택' 말이다.

자신이 성공하리라는 생각에 익숙해져야만 한다. 부자가 되고 싶어하면서 비싼 가게에 들어가기를 겁낸다면 아무런 일도 일어나지 않을 것이다. 비싼 가게에서 눈곱만큼이라도 불편을 느낀다면 당신은 비싼 물건을 소유하도록 스스로 허락할 준비가 되어 있지 않은 것이다. 그런 가게에서 일하는 점원들은 가게에 들어오는 손님이 물건을 살 손님인지, 아니면 빈 지갑만 들고 구경하러 온 손님인지를 금방 알아차린다. 물건을 살 사람은 마치 자기가 가게 주인인 것처럼 행동한다. 그는 말없지만 자신감과 위엄에 차 있다. 그는 자신에게 선택의 권리가 있음을 안다. 호기심과 부러움에 찬 가난한 손님은 불청객처럼 행동한다. 그는 긴장되고 불편하고 소심한 태도를 보인다. 그는 점원의 눈빛을 의식하고, 그런 특권구역에 발을 디딘 것을 사과라도 하려는 듯한 기색이다. 동시에 그는 갈망과 부러움과 좌불안석의 느낌과 짜증과 불만족의 잉여 포텐셜을 마구 만들어낸다. 이 모든 일은 그가 자신에게 그런 물건을 가지게 할 만큼의 재정적 여유가 없기 때문만이 아니라 '자신이 그

97

렇게 비싼 물건을 가질 자격이 있다는 생각 조차 하지 못하기 때문이다. 어쨌든 당신의 영혼은 마음이 말하는 모든 것을 문자 그대로 받아들인다. 그리고 마음은 똑같은 말을 끊임없이 되뇐다. "이건 우리에게 어울리지 않아. 우린 가난하니까 분수에 맞게 살아야 해."

당신에게 이 모든 고급스러운 것들을 가질 자격을 주라. 당신은 진정 최상의 것들을 모두 가질 자격이 있다. 파괴적 펜듈럼이 오로지 당신을 지배하려는 목적으로 '사람은 자신의 분수를 알아야 한다'고 믿게 만든 것이다. 대담해지라. 비싼 가게에 가서 진열된 물건들을 마치 주인인 양 둘러보라. 부자의 집에서 일하는 하인처럼 굴지 말라. 비싼 가게의 물건을 살 수 있다고 자신을 확신시키려 애쓰는 자기암시 훈련은 물론 아무 짝에도 소용없다. 자신을 속일 수는 없을 뿐더러 그럴 필요도 없다. 그것을 어떻게 믿고, 또 가지도록 스스로 허용할 건가?

우선 '자신에게 무엇을 가지도록 허용할 준비'라는 말에서, 내부의도와 외부의도의 영역 사이의 경계선부터 분명히 그어놓자. 상식의 울타리 안에서만 생각하고 행동하는 데 익숙해진 사람은 스스로 한계를 짓는 경향이 있다. "난 저걸 살 수 없어, 끝. 그밖에 무슨 말을 할 수 있겠어?" 그렇다고 호주머니엔 빈 지갑밖에 없으면서 비싼 물건을 살 수 있다고 자신을 확신시키려고 애써야 한다는 것도 아니다. 요점은 결코 그것이 아니다. 내부의도는 행동하겠다는 결정, 즉 돈을 구하고자 하는 마음의 결정을 뜻한다. 하지만 돈을 구할 데가 없으므로 마음은 현실적인 판단을 내리는 것이다. 내부의도의 울타리 안에서 행동하면 아무것도 이룰 수 없을 것이 뻔하다. 외부의도는 하늘에서 떡 떨어지듯이 생기지 않는다. 당신이 스스로 가지도록 허용할 준비가 되어 있지 않다면 그게 어디서 오겠는가? 외부의도는 가지기로 결정하는 것, 즉 자신이 자격이 있다고 생각하고, 자신이 선택을 내리는 자임을 '알기로' 결정하는 것을 말한다. 당신이 자격 있다고 생각하거나 믿는 것이 아니라 그것을 하나의 사실로서 아는 것 말이다.

당신은 어쨌든 간에 소원은 실현되리라는 말에 대해 영혼 깊은 곳에서 늘 얼마간의 의심을 품고 있다. **욕망을 이루기 위해 행동할 준비가 다 되어 있다고 해도 그것만으로는 충분하지 않다.** 의심한다는 것은, 자신이 자격이 있다고 느끼도록 스스로 허용하지 않는 것이다. 아니면, 소망이 이루어질 수 있다는 사실 자체를 도무지 믿지 않는 것이다. 인기 스타나 백만장자가 된 사람들은 재주나 자질이 남다른 것이 아니라 원하는 것을 가지도록 스스로 허용했다는 점에서 남다른 것이다. **당신도 자신에게 가지도록 허락해야 한다.** 이 상태는 자전거를 처음으로 탈 수 있게 되었을 때의 기분과도 흡사하다. 의심과 주저와 반론이 사라져버렸다. 남아 있는 유일한 것은 고요한 명료함, 곧 앎이었다. **말없는 명료한 느낌, 뭔가를 믿지 않고 아는 것, 주저 없는 자신감이 바로 영혼과 마음이 일치된 상태다.** 이 같은 상태는 자신이 마치 우주를 지배하는 무언의 힘의 필수불가결한 일부가 된 것 같은 느낌이다. 그 힘은 당신을 붙들어 영혼과 마음이 동의하는 그 일이 그대로 실현되는 섹터로 갖다 놓는다.

누구나 자신이 좋아하는 것을 마음대로 골라잡을 수 있다. 하지만 자신에게 자유로운 재량권이 있다고 믿는 사람은 거의 없다. 내가 어떤 말을 해도 당신은 아직도 선택의 자유를 완전히 믿지 않는다. 그렇지 않은가? 삶은 그 반대를 보여준다. 펜듈럼의 지배하에 있기 때문이다. 하지만 펜듈럼의 속박에서 벗어났다고 하더라도 여전히 선택의 자유는 당신의 안락지대 너머에 있다. 펜듈럼의 세계에서 선택의 권리를 가진다는 것은 너무나 비현실적인 일인 것이다. 그것은 너무나 믿기지 않는 다. 이루기 힘든 꿈을 가진다는 것이 단지 개인적 선택의 문제일 뿐이 라는 것을 당신은 가슴속에서 믿지 않는다. 하지만 **긍정적 슬라이드가 이 믿기지 않는 것을 당신의 안락지대 안으로 들여놓을 수 있도록 도와 줄 것이다.** 모든 꿈을 이룰 수 있다는 생각이 더이상 거북하게 느껴지 지 않게 되면 망설임이 사라지고 믿음은 앎으로 바뀔 것이다. 영혼은 마음과 일치를 이뤄내고, 그것이 당신이 가지기로 결정하는 때다.

영혼을 설득하려 드는 것은 부질없는 짓이다. 사실이지, 영혼은 생 각하지 않고 그저 알 뿐이다. 영혼은 길들일 수 있을 뿐이다. 영혼은 새 로운 안락지대에 익숙해져야 한다. 슬라이드가 필요한 것은 이 때문이 다. 슬라이드의 도움을 받으면 영혼과 마음의 일치가 서서히 이루어진 다. 이 요새는 오랜 기간의 지배로써만 빼앗을 수 있다. 머릿속에 당신 의 꿈의 슬라이드를 만들어내고 그것을 의식 속에 늘 간직하라. 그려놓 은 이미지를 늘 떠올리라. 세부적인 내용을 더하고 새로운 내용을 그려 넣으라.

외부의 관찰자처럼 슬라이드를 바라보고만 있지 말라. 그 속에 자신 을 몰입시키고 최소한 가상으로라도 그 속에서 살라. 그 그림을 화면 위 의 영화처럼 바라보고 있을 때마다 그렇게 하는 것은 목표의 성취에 도 움되지 않는다는 것을 상기하라. 영화를 보는 사람이 아니라 당신이 마 치 그 장면속의 실제인물인 것처럼 느끼면서 그 장면을 마음속에서 재 생시켜야 한다. 어떤 일을 하든 마음속에서는 늘 슬라이드를 상영하라. 다른 일을 하고 있더라도 슬라이드 이미지는 배경에 늘 있어야 한다. 슬라이드를 상영하는 것이 습관이 되어야 한다. **슬라이드는 오랫동안 용의주도하게 상영되었을 때만 결실을 가져올 것이다.**

당신의 꿈과 관련되는 모든 것에 적극적인 관심을 기울이라. **필요한 모든 정보를 받아들이라. 그것이 당신의 세계의 층에 들어오도록 문을 열어주라.** 실제 삶에서 형식적으로라도 그 슬라이드를 상영할 수 있는 기회를 갖는 것은 아주 좋은 일이다. 예컨대, 앞서 이야기했던 그 비싼 가게에서 물건 고르는 연습을 할 수도 있다. 돈에 대해서는 생각하지 말고 가격표도 들여다보지 말라. 목표는 돈이 아니라 돈으로 살 수 있는 그것이다. 그저 가까이에서 그것의 느낌을 느끼면서 골라보고, 말없이 살펴보면서 평가하는 것으로 충분하다. 그것을 모두 당신 안으로 들여보내라. 그것을 가질 수 없는 사치품인 것처럼 바라보지 말고 사려는 물건처럼 바라보라. 당신이 그것의 주인인 것처럼 느끼라. 점원으로 하여금 당신이 그것을 살 사람이라고 생각하게 만들라. 까다로운 고객의 게임을 벌이라.(단, 교만한 고객의 게임이 되지 않도록 조심하라) 그것을 당신 안으로 들여보냄으로써 당신은 그것이 당신의 것인 인생트랙으로 동조해가고 있는 것이다.

그것이 어떻게 당신의 것이 될지에 대해서는 걱정할 필요가 없다. 가지기로 결정하기만 하면 외부의도가 당신이 생각조차 못한 방법을 찾아낼 것이다. 지나고 나서 그것이 단지 기이한 우연이나 신비로운 사건이었다고만 생각지 말라. 누구인지는 기억나지 않지만 이런 말을 했다. "우연이란 신이 직접 서명하고 싶지 않을 때 쓰는 닉네임이다."*

당신의 꿈의 세계 앞에서 낯선 놀라움이 조금이라도 느껴진다면 그것을 지나보내라. 그것은 당신의 세계이고, 그 안에서는 당신이 가지지 못할 것이 아무것도 없다: 내적, 외적 중요성은 영혼과 마음의 일치에

---

* 테오필 고띠에 — 19세기 프랑스의 시인, 극작가, 소설가, 저널리스트, 문학비평가. 역주.

이르는 길에 장애물이 될 것이다. 당신의 꿈의 세계는 즐거운 곳이 되어야 하지만 동시에 그곳은, 당신이 무엇을 가지든지 지극히 자연스럽고 정상적이라는 뜻에서, 평범한 곳이 되어야 한다. 이런 인생트랙에 동조하려면 당신은 마치 원하는 것을 이미 가지고 있는 것처럼 느껴야 한다. 이것은 자기기만이 아니다. 왜냐하면 이것은 의식이 깨어 있는 상태에서 벌이고 있는 게임이기 때문에.

가지겠다는 결정의 본보기는 선진국의 갑부들보다도 더 부자인 러시아의 신흥 갑부들이 잘 보여준다. 러시아의 페레스트로이카* 시대였던 1980년대 말에 어리석은 정치인들은 모든 것을 사유화하면 사회주의 경제가 당장 시장경제로 바뀔 것으로 생각했다. 마침 그때 배급권을 쥐고 있으면서 사태를 파악했던 사람들은 즉시 별 노력 없이 떼돈을 벌었다. 사회주의 시절에 국가소유였던 모든 것들, 예컨대 오일, 가스, 금, 다이아몬드와 기타 광물자원과 산업자원, 지적 자원 등이 이제는 몇몇 고위층의 소유가 되었다. 모든 국민의 소유였던 것이 이제는 몇몇 집권자의 소유가 되었다. 그들은 서구의 백만장자들처럼 사업을 벌이고 많은 사람들을 위해 일할 필요도 없었다. 배급권에 가장 가까이 있는 사람들은 거기에 손을 올려놓고 "이건 내 거야" 하고 으르렁대기만 하면 되었다. 그러고는 그것을 제도적으로 합법화하는 것이다.

모든 국민에게 속했던 것이 어떤 이유로 이제는 몇몇 집권자들의 것이 되었을까? 물론 이 시대는 러시아의 역사에서도 독특한 시대였다. 당시에 지적이고 재능 있는 많은 사람들이 러시아의 국부에 손을 댈 수

---

* 1987년 구소련의 지도자 고르바초프가 주도한 정치경제적 개혁의 이데올로기로, 사회주의 붕괴와 소연방 해체를 가져왔다. 역수.

있는 위치에 있었지만 그들 대부분은 아무것도 차지하지 못했다. 눈앞에 놓인 것을 차지하도록 스스로 자신을 허락했던 사람들만이 그것을 움켜쥘 수 있었다. 신흥갑부들에게는 죄책감도, 양심의 가책도, 의심도, 열등감도 없었다. 그들은 자신이 자격이 없다고 생각하지 않았고, 최고급 상점에서 죄책감을 느끼는 따위의 일도 일어나지 않았다. 그들은 가지기로 확실히 결정했고, 그래서 냉철한 외부의도는 그저 그들이 원하는 것을 들어준 것이다. 이것이 이치다. 그런데 당신은 그런 일은 상상조차 할 수 없다고 말하고 있다!

목표의 심상화

트랜서핑에서 목표를 이루는 방식은 상식과 통념의 울타리 너머에 있다. 트랜서핑의 방법과 가장 근사한 목표성취 방법은 목표의 심상화다. 기본적으로 그것은 원하는 바를 가능한 한 세밀하게 상상하여 그 심상을 머릿속에 늘 떠올려놓는 것이다.

보통사람들은 심상화를 시간낭비로 여긴다. 사실이지, 걷는 사람이라야 길을 건너갈 수 있지 백일몽을 꾸고 있는 사람은 길을 건너갈 수 없다. 하지만 그야 어찌됐든 간에 목표의 정신적 상징물은 실제로 목표를 추구하는 과정과 똑같이 중요한 의미를 지니고 있고, 당신은 그것이 왜 그런지를 이미 알고 있다. 그저 '걷는' 사람은 평균적인 결과를 얻어 상식의 승리에 자기 몫의 기여를 하면서 다른 사람들과 똑같은 삶을 살아갈 것이다. 한편 배낭 속에 트랜서핑의 실천법을 품고 다니는 구도자는 상식이 이른바 '운수대통', '우연', '행운의 선택'과 같은 개념 속에 구겨 넣으려고 애쓰는 그런 결과를 성취할 것이다.

상식의 관점에서 보자면 트랜서핑에서는 모든 것이 거꾸로 뒤집혀 있다. 트랜서핑의 관점에서 보자면 상식에 대해서도 똑같은 말을 할 수 있지만 말이다. 다른 사람들과 똑같은 삶을 살고 싶지 않다면, 평균적인 결과에 만족하고 싶지 않다면, 삶 속의 모든 것을 '전폭적으로' 추구하고자 한다면 당신은 '방랑자'다. 트랜서핑의 방랑자는 운명에 의해 선택받는 것이 아니라 운명이 그의 선택을 받는다. 상식의 아성을 흔들어놓을 수만 있다면 당신은 원하는 모든 것을 이룰 것이다. 하지만 그것은 어떤 식으로도 뜬구름을 잡으라는 뜻이 아니라 오히려 반대로 땅으로 돌아오라는 뜻이다. 왜냐하면 상식이야말로 구름 속에 있기 때문이다. 당신도 이것을 한두 번 본 것은 아니지만 곧 그보다 더 놀라운 일들을 보게 될 것이다.

정해진 목표를 심상화하는 것이 언제나 결실을 맺어주지는 않는 이유를 알아내야 한다. 비전秘傳이나 비주류 심리학을 파고드는 사람들조차도 심상화에 백 퍼센트 기대지는 못한다. 심상화 기법에는 간단한 것도 있고 어려운 것도 있다. 그것은 성공률이 저마다 다르다. 어떤 것은 듣고 어떤 것은 안 듣는다. 나는 개인적으로 그런 성질에 불만을 품고 있다. 그리고 당신도 아마 그럴 것이다. 그래서 나는 이렇게 못 박아두고 싶다. ─ 트랜서핑의 심상화는 일반적인 의미의 것과는 사뭇 다른 것이라고. 트랜서핑의 심상화는 실제로 백 퍼센트 듣는다.

알려진 심상화 기법의 종류는 세 가지로 대별할 수 있다. 첫번째 종류는 꿈이다. 실질적인 측면에서 이것은 가장 효과가 미약하고 신뢰할 수 없는 종류의 심상화다. 꿈을 꾸는 것은 해롭지는 않아도 실질적인 쓸모가 없다. **꿈은 이루어지지 않는다!** 백일몽을 꾸는 사람들은 대개 그 꿈을 실현시키는 데는 진지한 관심을 보이지 않는다. 꿈이 이루어지기를 진정으로 바란다고? 그것은 그들의 생각이다. 마음속 깊은 곳에서 그들은 그것이 실현되리라고 믿지도 않을 뿐더러 가지고 행동하려는 의도가 전혀 없다. 그들은 자신의 꿈을 머나먼 별처럼 바라본다. 누군가가 그들에게 그것이 한갓 공상일 뿐임을 귀띔해주려 들면 그들은 조개처럼 껍데기를 닫고 말한다. "내 꿈을 건드리지 말아요!" 꿈꾸는 사람들의 목표를 정확히 정의하자면 그것은 '꿈꾸기' 이상의 아무것도 아닐 것이다.

두번째 종류는 필름이다. 영화가 아니라 당신 생각 속의 욕망의 필름 말이다. 머릿속에서 필름을 돌리는 것은 의도적인 과정인데, 이것이 꿈꾸는 것과 유일하게 다른 점이다. 여기에는 행동하고 가지고자 하는 의도가 있고, 그 행동 중 하나는 필름을 봄으로써 욕망의 실현을 심상화하는 것이다. 예를 들어, 당신은 집을 가지고 싶어서 일정 방식에 따라 구석구석 세밀하게 그 모습을 그려본다. 당신은 머릿속에 그 집의 모습에 관한 완전히(혹은 거의) 선명한 그림을 가지고 있고, 그 이미지를 낮 시간 동안 늘 품고 있다.

당신이 이 일을 아주 훌륭하게 잘 해냈다고 하자. 그러면 사람들은 당신의 소망이 이루어질 것이라고 생각할 것이다. 당신은 무엇을 얻을까? 글쎄, 당신은 분명히 마음속에 그린 모습 거의 그대로의 집을 보게 될 것이다. 하지만 그것은 당신의 집은 아닐 것이다. 그것은 길가의 다른 사람의 집이든가, 아니면 영화 속의 집일 것이다. 당신은 주문한 대로 얻는다. 어쨌든 당신은 집의 모습을 심상화하려고 정직하게 노력했다. 하지만 '웨이터'에게 그것이 당신의 집이라고는 어떤 식으로도 설명해주지 않았다. 그래서 웨이터는 당신의 주문을 정확히 처리했다. 당신은 심상화 과정을 책에 적힌 대로 잘 하려고 너무나 몰두한 나머지 중요한 것을 까먹은 것이다. ― 누가 주인이 될 것인가를. 이런 식의 심상화 훈련을 하는 사람들에게는 이것이 가장 중요한 실수다. 영화는 영화로 남는다. 당신은 결코 그것의 일부가 되지 못한다. 당신은 다만 거지가 쇼윈도우를 들여다보듯이 그것을 들여다볼 뿐이다!

세번째 종류의 심상화에서는, 당신은 관객처럼 필름을 보지만 동시에 생각으로 그 속에 참여하고 있다. 이것은 벌써부터 훨씬 더 강력하다. 당신이 그 인물이 된 연기를 하고 있다면 당신은 자신의 방사에너지의 매개변수를 해당 인생트랙에 맞추고 있는 것이다. 예컨대 당신의 목표는 새 집을 갖는 것이다. 그것을 마치 한 폭의 그림처럼 생각 속에서 보고만 있지 말라. 깨어 있는 의식으로 의도적으로 꿈을 지어내라. 집 안에 들어가서 이 방 저 방 걸어다니면서 모든 것을 만져보라. 벽난로 앞의 안락의자에 앉아서 아늑하고 따뜻한 느낌을 즐기고, 나무 타는 냄새를 맡으면서 불속에 장작을 던져 넣어보라. 부엌에 가서 냉장고 안을 들여다보라. 무엇이 들어 있는가? 편안한 침대에 누워서 잠을 자라. 침대는 편안한가? 식탁에 가족과 함께 오순도순 둘러앉아 식사를 하고, 집들이를 하라. 가구를 이리저리 옮겨보라. 정원의 잔디를 손으로 만져보라. 잔디는 부드럽고 푸르다. 꽃나무를 좀 심어보라. 어떤 꽃이 좋은가? 사과나무에서 사과를 따서 먹어보라. 집에 온 편안함을 느끼라. 아무튼 그것은 당신의 집 아닌가. 그것을 이루어질 수 없는 머나먼 나라의 일인 양 꿈꾸는 사람의 놀란 눈으로 바라보고만 있지 말라. 당신은 이미 그 집을 가지고 있다. 그것이 현실인 것처럼 느끼라.

아시다시피, 이 심상화는 곧 슬라이드다. 이런 슬라이드는 당신의 안락지대를 넓혀줄 것이고, 그 내용은 시간과 함께 틀림없이 실현될 것이다. 그러나 언제 그렇게 될지는 아무도 모른다. 어쩌면 아주 오래 기다려야 할지도 모른다. 그것은 당신이 이 슬라이드를 어떻게 요리하느냐에 달려 있다. 그것을 잠시 만지작거리다가 던져버린다면 어떤 결과도 기대할 수 없을 것이다. 현실의 삶 속에 기적이란 없다.

슬라이드 작업을 할 때 다음을 유념해야 한다. 첫째, 목표를 향한 열정이 식으면 슬라이드가 사라져버린다. 그래서 당신은 자신을 다그쳐야 하고, 그것은 당신을 금방 지치게 만든다. 그럴 때는 당신에게 그 슬라이드가 정말 필요한 것인지를 생각해볼 필요가 있다. 둘째, 외부의도는 슬라이드를 금방 실현시켜주지 않는다는 것을 유념해야 한다. 그것은 서서히 당신을 목표로 하는 인생트랙 위로 데려다줄 것이다. 당신은 은근과 끈기로써, 침착하게 기다려야 한다.

끈기야말로 첫 단계에서 필요한 유일한 것이다. 시간이 지나면 슬라이드를 심상화하는 것이 습관이 되어 자신을 더이상 다그칠 필요가 없게 될 것이다. 마지막으로, 목표가 당신의 것이 아니라 펜듈럼이 강요한 것이라면 당신의 영혼과 마음은 의기투합을 이루어내지 못할 것이다. 이에 대해서는 뒷장에서 이야기하겠다. 하지만 온 가슴으로 목표를 향해 가면 슬라이드의 심상화는 확실한 결실을 가져다줄 것이다. 진정으로 가지겠다는 결정이 서면 외부의도가 목표를 실현할 길을 찾아낼 것이다.

슬라이드가 트랜서핑의 심상화 기법이라고 생각했다면 오산이다. 최고 품질의 슬라이드도 실현되려면 긴 시간이 걸린다. 특히 목표가 가능태 공간의 먼 곳에 있는 섹터라면 더 그렇다. 트랜서핑의 심상화는 목표를 이루는 과정을 가속시켜줄 수 있다. 그것이 무엇인지는 곧 알게 될 것이다.

과정의 심상화

다음의 간단한 문제를 풀어보자. 당신의 최종목표가 부자가 되는 것이라고 하자. 이 목표를 이루기 위해 당신은 돈이 가득 든 가방을 심상화하고 있다. 심상화는 세번째 종류의 원칙에 입각해서 충분한 기간 동안 행해졌다.

문제: 그 결과는 무엇이고 언제 이루어질까?

답: 아무런 일도 일어나지 않는다. 이 짓을 평생 동안 계속하더라도 당신은 기껏해야 돈이 든 가방을 더 자주 보게 될 뿐이다. ─ 그것도 영화 속에서. 보물을 발견하거나 복권에 당첨될 가능성은 희소하다. 당신은 확률에 돈을 걸 텐가?

당신은 이렇게 물으리라. ─ 어째서 그런가? 나는 손수 그 가방을 열어 돈을 꺼내고, 세어보고, 거의 핥다시피 했다! 세번째 종류의 심상화는 영화구경이 아닐진대, 그 이상 어떻게 해야 한단 말인가? 그리고 전능한 외부의도는 뭘 하고 있단 말인가?

이 상황을 트랜서핑의 관점에서 살펴본다면 두 가지 잘못을 발견할 수 있다. 먼저, 가방에 가득 든 돈은 당신의 목표가 아니다. 돈은 단지 부수물일 뿐이다. 그것은 목표가 아닌 것은 물론이고 목표에 이르기 위한 수단도 아니다. 하지만 목표에 대해서는 나중에 이야기할 것이니 이 정도만 해두자. 두번째 잘못은 **최종목표에 집중한 것이다. 최종목표가 한 발짝 밖에 있지 않은 한 최종목표에 집중하는 것으로는 목표 쪽으로 한 걸음도 다가가지 못한다.** 물론 당신의 안락지대는 넓혀지고 외부의도는 해야 할 일을 하고 있다. 하지만 **당신은 외부의도를 어떤 식으로도 도와주고 있지 않다.** 최소한 다리라도 움직여야 한다! 나는 당신이 행동도 해야만 한다는 사실을 말하고 있는 것이 아니다. 지금 우리는 심상화 과정에 대해서만 논하고 있다.

지금까지 당신의 상식적 경험은 뭔가를 얻고자 한다면 모든 생각과 열망을 그 목표 쪽으로 기울여야 한다고 충고해왔다. 당신은 그 생각을 버려야 한다. 내가 약속했듯이 트랜서핑은 무조건 듣는다. 하지만 그 전에 당신은 상식적인 생각을 버리고 일반적인 관점에서 볼 때 믿을 수 없는 다른 생각들을 받아들여야만 한다.

트랜서핑의 심상화와 일반적인 심상화 사이의 가장 근본적인 차이를 밝혀보자. 아시다시피, 목표에 집중하는 것은 욕망이다. 목표를 향한 움직임에 집중하는 것은 의도다. 모든 행동을 추진시키는 배후의 힘은 의도이지 욕망이 아니다. 그러므로 목표를 향해 당신을 전진시켜주는 것은 목표를 생각하는 당신이 아니라 목표에 다가가는 과정을 심상화하는 당신이다. 의도의 실현이란 하나의 과정이지 목표를 한방에 맞추는 것이 아니다. 물론 목표 자체도 심상의 일부다. 하지만 심상의 초점은 '목표를 향해 다가가는 과정'에 있다. 목표는 그것을 향해 다가가고 있는 당신의 뒤에 놓인 배경그림일 뿐이다.

욕망이 의도와 다른 것만큼이나, 목표 자체를 심상화하는 것은 목표를 이루는 과정을 심상화하는 것과 같지 않다. 욕망으로는 아무것도 못한다. 팔을 올리는 예로 다시 돌아가보자. 당신이 팔을 올리려고 한다고 하자. 먼저, 당신이 팔을 올리고 싶어한다는 것을 생각하고, 목표인 올려진 팔을 상상해보라. 그리고 이번에는 팔을 올리라. 앞부분에서는 욕망이 작용하고 있지만 이루어진 일은 아무것도 없다. 일어나는 일은, 당신은 단지 팔을 올리고 싶다는 소망만을 표하고 있고, 그리고 목표인 올려진 팔을 심상화하고 있다. 뒷부분에서는 의도가 작용하고 있는데,

의도는 팔이 올라가고 있는 동안 계속 작용하고 있다. 이 과정 속에서 우리는, 목표는 당신이 추구해야 할 무엇이기는 하지만 당신이 실제로 집중하고 있는 것은 목표에 다가가는 과정이라는 것을 알 수 있다. 결국, 어디에 도달하기 위해서는 그것을 그저 원하고 자신이 거기에 있는 모습을 그리는 것만으로는 안 된다. 필요한 단계를 밟아가야만 하는 것이다. 즉, 그 과정을 실천해야만 한다.

이 모두가 단지 쓸데없는 궁리에 지나지 않아 보일 수도 있다. 하지만 다음 논거가 우리를 어떤 결론으로 데려가는지를 보라. **목표를 심상화하는 것은 욕망이 벌이는 짓으로, 그것만으로는 목표에 한 치도 더 가까워지지 않는다.** 당신은 그저 뭔가가 일어나기를 바라기만 함으로써 공포탄만 쏘고 있는 것이다.

트랜서핑에서는 목표에 이르는 과정을 심상화한다. 이 경우에는 의도가 작용하고 있어서 목표는 조만간에 이루어진다. 목표를 향해 움직이는 것이 꿈에서처럼 그렇게 빨리 진행되지는 않는다. 하지만 움직임은 눈앞에 실재한다! 앞장을 공부하셨으니, 당신은 **자신이 여러 인생트랙을 거쳐 움직여가고 있는 모습을 실제로 볼 수도 있을 것이다.**

무엇을 하든지 간에 그것이 오래 걸리는 과정이라면 그 과정 자체를 심상화하는 것이 도움이 된다. 그것이 창조적인 일이어서 최종목표를 구체적으로 예측할 수 없는 경우에는 심상화가 특히 유용하다. 과정을 심상화함으로써 우리는 무엇을 알게 될까? 당신이 미술작품을 창작하고 있다고 하자. 당신은 완성되었을 때 그것이 어떤 모습일지는 아직 잘 모르지만 이 작품이 지니기를 바라는 특징은 알고 있다. 작업을 하는 중간 중간에 작품이 점점 완성되어가는 모습을 상상해보라. 오늘 당신은 작품의 세밀한 부분을 조금 완성시켰다. 내일은 또 새로운 모습을 갖출 것이다. 당신의 작품이 변해가는 모습을 상상하라. 당신은 작품에 더 많은 특징을 부여하고 있고, 그것은 당신의 눈앞에서 걸작으로 변해 가고 있다. 당신은 이 창작과정에 몰입한 채 즐거워하고, 그 아이는 당신과 함께 자라난다.

당신은 상황에 적절한 심상화 방법을 어려움 없이 발견해낼 것이다. 비결은 목표만을 생각하는 것이 아니라 그것이 태어나고 자라서 완성되어가는 과정도 그려가는 데에 있다. 작품이 제 스스로 완성되어가는 것을 상상하는 것이 아니다. 그것을 창작해내는 것은 당신이다. 그것은 당신의 손안에서 완성되어 간다. **당신은 작품을 창작하고, 동시에 그것에 감탄한다.**

아이를 돌보고 키우는 엄마가 그 좋은 예다. 그녀는 아이에게 젖을 먹이고 자리에 뉘어 재우고, 날마다 무럭무럭 자라는 것을 상상한다. 그녀는 아이를 애틋이 보살피며 사랑스럽게 여기고, 날이 갈수록 더욱 귀여워지는 것을 확신한다. 엄마는 아이와 놀아주고 가르치고, 동시에 아이가 더욱 영리해져서 곧 학교에 다니게 될 것을 상상한다. 보시다시피, 이것은 그저 과정을 생각하는 것이 아니다. 그것은 창조이자, 동시에 그 과정의 심상화다. 엄마는 아이가 자라는 것을 그저 지켜보기만 하는 것이 아니라 또한 그가 자라는 것을, 그리고 그가 자라서 되어갈 모습을 마음속에 그린다.

당신의 작품이 컴퓨터 소프트웨어라면, 일을 끝내고 집에 왔을 때, 그것이 갈수록 더욱 편하고 효율적인 프로그램으로 변해가는 것을 상상하라. 내일은 좀더 세부적인 기능을 첨가할 것이다. 그러면 당신의 프로그램은 모든 사람을 놀라게 할 것이다.

당신이 사업계획을 하고 있다면 머릿속에서 반짝이는 아이디어들이 계속 쏟아지는 것을 상상하라. 당신은 날마다 새롭고 독창적인 제안을 내놓는다. 당신의 계획이 발전해가는 것을 지켜보면서 그것이 프로다운 작품의 본보기가 되어가고 있다고 자신에게 계속 말하라.

당신이 몸을 가꾸고 있다면 그것을 엄마가 아이를 돌보듯이 키우라. 몸이 점점 바람직한 모습을 갖추어가는 것을 상상하라. 영양을 주고 단련시켜서 필요한 곳은 근육이 불거지고 다른 곳은 탄탄해지는 모습을 그리라.

어떤 경우든 과정을 심상화하라. 당신의 작업이 완성을 향해 나아가고 있는 과정을 말이다. **단지 최종결과만을 상상하는 것은 안락지대를 넓혀주고, 그것만도 상당한 일이긴 하지만, 목표에 다가가는 과정을 심상화한다면 당신은 외부의도의 작용을 한층 가속시키고 있는 것이다.**

목표가 어떻게 실현될지 아직 아무런 대책이 없더라도 걱정하지 말라. 침착하고 용의주도하게 심상화만 계속하라. 목표가 당신의 안락지대 안에 완전히 융화되기만 하면 외부의도가 적당한 기회를 던져줄 것이다. 목표를 이룰 방법을 찾는답시고 좌충우돌 정신없이 헤매지 말라. 중요성은 제쳐두고 가능태 흐름에 몸을 맡기라. 슬라이드를 보고만 있지 말고 그 안에서 살라. 그러면 당신은 자기도 모르는 사이에 제 길을 가고 있게 될 것이다.

하지만 과정의 심상화가 다는 아니다. 가능태 공간의 물질적 현실화는 타르처럼 활성이 미약하다. 그러므로 전이는 점진적으로 행해져야 한다. 물론 신의 사자使者의 외부의도가 받쳐준다면 모르지만 말이다. 점진적이란 말은 그것이 지속적인 과정이란 뜻만이 아니라 전이가 단계적으로 이루어져야 한다는 뜻도 품고 있다. 이것이 트랜서핑의 심상화 과정이 지닌 또 하나의 특징이 숨기고 있는 비밀이다.

전이轉移사슬

목표가 좀 멀리 있는 인생트랙 위에 놓여 있다면 그 인생트랙에 맞추어 사념 에너지를 방사한다는 것은 실질적으로 불가능하다. 예컨대 시험을 봐야 하는데 그 과목에 대해 전혀 아는 바가 없다면 시험에 합격하는 트랙에 동조할 수가 없을 것이다. 아는 것이 전혀 없이는 문제에 올바른 답을 적는 것을 심상화해봤자 듣지 않을 것이다.

당신의 미래의 목표와 현재 상황 사이에는 먼 길(꼭 시간적으로만이 아니라)이 놓여 있을 수 있다. 그 사이에 상황도 바뀔 테지만 당신의 생각하고 행동하는 방식도 바뀔 것이다. 어쩌면 성격까지도 바뀔 수 있다. 그러면 그 여행을 마치기 전에는 모든 매개변수를 맞출 수가 없을 것이다.

먼 목표를 향해 나아가는 과정을 심상화하고 있다면 당신은 모든 일이 빨리 일어나게 하려고 서두르고 싶어질 것이다. 하지만 그것은 당신을 아무 데도 데려다주지 못한다. 그러면 당신은 좌절하고 화가 나서 결국 균형력이 당신을 대항하게 만들고 말 것이다.

정 원한다면 먼 미래의 이미지를 머릿속에서 얼마든지 그려도 좋고, 나쁜 일도 일어나지 않는다. 하지만 **금방 도달할 수 없는 인생트랙을 따라 움직이는 과정을 심상화하는 것은 당신을 완전히 엉뚱한 곳으로 데려다놓을 수 있다.** 구불구불한 강을 따라 내려가야 할 때 당신은 물굽이를 가로질러 간답시고 배를 강둑 위로 끌고 가지는 않을 것이다. 그렇지 않은가?

목표가 여러 단계를 거쳐서 이루어져야 하는 것이라면 당신은 싫어도 각각의 단계를 순서대로 다 밟아야 한다. 예를 들자면, 단숨에 어떤

113

분야의 전문가가 될 수는 없는 일이다. 우선은 기술을 배울 곳을 찾아야 하고, 그다음엔 일자리를 찾아서 전문가로서의 기술을 연마해야 한다. 가능태 공간의 이 같은 단계적 경로를 전이사슬이라고 부른다. 각각의 단계는 이 사슬의 고리를 이룬다. 각 단계들은 서로 연결되어 있는데, 이것은 앞 단계를 통과하지 않으면 다음 단계에 들어갈 수가 없기 때문이다. 예컨대 학사과정을 마치지 않고는 석사과정에 들어갈 수가 없다.

전이사슬의 고리는 가능태 공간의 상대적으로 동질적이고 서로 연결된 섹터들을 한데 이은 것이다. 목표로 이어지는 길은 이 전이사슬과 가능태 흐름으로 짜여서 만들어진다. 가능태 공간은 잘 조직화된 구조로 이루어져 있으므로 조직적이지 못한 방식으로 목표를 추구해서는 결코 거기에 도달하지 못할 것이다. 가능태 흐름에서 튕겨 나오지 않으려면 어떻게 해야 하는지는 당신도 이미 알고 있다. — 잉여 포텐셜을 만들어내지 말고 물살을 거슬러 허우적거리지 않는 것이다. 따라야 할 원칙이 한 가지 더 남아 있다. — 현재의 단계에 대해서만 (목표를 향해 움직여가는 과정을 그리는) 심상화를 적용하라. 원한다면 얼마든지 슬라이드의 형태로 최종목표를 상상해도 좋다. 하지만 목표를 향해 움직여가는 과정은 전이사슬 속의 현재 고리의 경계 안에서만 심상화해야 한다. 서두르지 말라. 때가 되면 모든 것을 얻게 될 것이다.

이제 우리는 트랜서핑의 심상화를 최종적으로 정의할 수 있다. **트랜서핑의 심상화란, 전이사슬 중 현재의 고리가 현실화되는 과정을 마음에 그리는 것이다.** 과정을 마음에 그린다는 것은 생각을 올바른 방향으로 보내는 것을 말한다. 생각에 힘을 한 번 실어주기만 하면 그것은 마치 꿈속의 시나리오처럼 스스로 펼쳐져 나아갈 것이다. 당신은 생각에서

나 행동에서나 그 고리를 실현시켜주는 과정을 살아가야만 한다. 당신의 생각과 행동은 일치해야 한다.

보시다시피 그것은 간단하다. 당신의 전이사슬 속에서 각각의 고리가 무엇인지를 파악하는 것은 어렵지 않다. 자신이 어디에 있는지를 모른다면 어떻게 해야 할까? 또 어떤 방법과 어떤 길이 목표에 이르게 할지를 전혀 알 수 없다면 어떻게 해야 할까? 그건 큰 문제가 아니니 걱정할 것 없다. 이럴 때 어떻게 해야 하는지를 다시 말해주겠다.

목표를 실현시킬 방법을 알지 못하더라도 조바심 내지 말라. 침착하고 용의주도하게 슬라이드를 계속 심상화하라. 목표가 안락지대 안으로 완전히 융화되어 들어오면 외부의도가 적당한 방법을 던져줄 것이다. 목표를 이룰 길을 찾겠다고 좌충우돌 헤매지 말라. 슬라이드가 당신으로 하여금 무심결에, 뜻하지도 않게 적절한 행동을 하게끔 할 것이다. 중요성을 버리고 침착한 태도로 가능태 흐름에 몸을 맡기라.

여기서 신호에 대해 한 마디 덧붙이고 싶다. 당신이 목표 도달의 가능성을 가리켜주는 것으로 보이는 신호를 해석하려 하고 있다면 이 신호는 전이사슬의 현재 고리에만 적용될 수 있다는 사실을 명심해야 한다. 그것은 최종목표와는 먼 관계를 가지고 있을 뿐이다. 달리 말해서, 그것이 가리키는 바는 당신이 현재 걷고 있는 길에만 관련된다. 당신은 전이사슬의 현재 고리에 관련된 모든 의문에 대해 그 신호를 해석해볼 수 있다. 그러나 당신 인생의 현재 트랙이 목표로부터 몇 고리 떨어져 있다면 그 신호는 목표를 가리켜주지 못한다. 먼 목표를 가리켜주는 신호가 존재하지 않는다는 뜻은 아니다. 다만 그것을 신뢰할 수 있을 정도로 해석해낼 수가 없다는 말이다. 전반적으로 말해서, 영혼의 기분상태를 살피는 것 말고는 트랜서핑에서 신호를 해석한다는 것은 가장 신뢰하기 어려운 방법이다. 그러니 신호나 그 해석에는 큰 비중을 두지 말아야 한다.

이제 이 모든 것 속에서 세번째 종류의 심상화가 어떤 역할을 하는지, 또 과연 목표를 심상화해야 할 것인지 말 것인지를 분명히 하는 일만 남았다. 그 답은 간단하다. ― 물론 해야 한다. 무엇이든 자신에게 편한 방법으로 심상화를 실천하는 것이 절대적으로 중요하다. 그러면 목표가 당신의 머릿속에 슬라이드의 형태로 간직되고, 그것은 안락지대를 넓혀주고 사념 에너지의 주파수를 목표와 관련된 인생트랙에 맞춰준다. 이것이 세번째 종류의 심상화의 유일하고도 주요한 기능이다. 하지만 목표와 관련된 인생트랙으로 실제로 옮겨가는 일은 언제나 트랜서핑의 일꾼인 '목표를 향해 움직여가는 과정의 심상화'의 몫이다. 과정을 심상화함으로써 당신은 내부의도와 외부의도를 일치시키는 작업을 하는 것이다.

요약

- 환영은 상상의 산물이 아니다. 그것은 또다른 현실을 보는 것이다.
- 물질세계에 사는 사람은 누구나 다른 현실을 볼 수 있다.
- 당신의 억측이 세상에 대한 인식을 왜곡시킬 수 있다.
- 슬라이드는 당신의 마음속에 있는 것이지 타인의 마음속에 있는 것이 아니다.
- 슬라이드가 현실을 왜곡시킨다.

- 사람은 자신의 슬라이드를 상대방에게 투사하는 경향이 있다.

- 중요성이 슬라이드의 근거를 이룬다.

- 중요성이 없어지면 슬라이드도 존재하지 않는다.

- 자신과 싸우지 말고 주의를 부정적인 것에서 긍정적인 것으로 돌리라.

- 마음과 영혼이 다 즐거워할 긍정적 슬라이드를 스스로 만들어내라.

- 그 슬라이드를 자주 살펴보고 세부 내용을 더해가라.

- 어떤 경우에도 다른 사람으로부터 슬라이드의 내용을 베끼지 말라.

- 가지겠다는 결정이 없이는 원하는 것을 가질 수 없다.

- 자신에게 '최고의 것을 모두 가질 수 있는 자격' 이라는 사치를 허락하라.

- 가지겠다는 결정이란, 당신에게 가질 자격이 있으며

  선택은 당신에게 달려 있음을 분명히 아는 것이다.

- 긍정적 슬라이드는 믿기지 않는 일이 당신의 안락지대 안에

  포함되도록 도와준다.

- 슬라이드를 그림처럼 바라보고만 있지 말라.

  최소한 가상으로나마 그 속에서 살라.

- 당신의 꿈의 세계로부터 오는 정보를 모두 받아들이라.

- 단지 결과만을 상상하는 것은 목표로 데려다주지 않는다.

  목표를 향해 움직여가는 과정을 심상화하라.

- 결과를 상상하지 말고 창조와 발전과 완성의 과정을 상상하라.

- 트랜서핑의 심상화란 전이사슬의 현재 고리가 거치고 있는

  실현의 과정을 마음에 그리는 것이다.

- 아직 목표에 이를 방법을 알지 못하더라도 슬라이드를 계속 심상화하라.

- 슬라이드 자체가 당신을 올바른 방향으로 데려다줄 것이다.

제3장 영혼과 마음

인간은 심령 에너지라 불리기도 하는 엄청난 힘을 지니고 있다. 모든 사람이 마법적인 힘을 지니고 있지만 그 힘은 내면 깊은 곳에 묻혀 있다. 이 내면의 잠재력의 보고를 열기 위해서는 그리 깊이 들어가지 않아도 되는 것 같다. 놀라운 일이 지척에 있지만 사람들은 관심을 두지 않는다.

영혼은 마치 아이처럼 작은 두 손을
스스럼없이 뻗치며 이 세상으로 걸어 들어온다

의도의 바람

인간은 한 개인으로서, 고유한 존재로 태어난다. 이 개체성은 나중에 더 발전해간다. 생각, 지식, 신념, 습관, 그리고 나중에는 성격까지 마치 얇은 칠처럼 나타난다. 하지만 이 모든 것이 허공에서 갑자기 나타난 것은 아니다. 처음에 거기엔 무엇이 있었을까? 그것이 그냥 흰 종이였다면 잠시 흰 종이가 되어보라. 눈을 감고 마음속에 지나가는 생각을 모두 멈춰보라. 텅 빈 암흑을 상상해보면 잠시 머릿속에 생각이 하나도 없는 상태를 경험할 수 있을 것이다. 말하자면, 어느 한 순간에 머릿속에 더이상 생각이 없다. 텅 빈 상태에 도달한 것이다. 하지만 그 순간에 당신은 당신이기를 멈췄는가? 마음의 활동은 정지됐지만 나는 나라는 모종의 근본적인 느낌은 남아 있다.

당신이라는 이것을 당신은 어떻게 설명하겠는가? 보통 사람은 자신을 어떤 사회적 위치를 가진 개인으로서 인식한다. 하지만 잠시 그 사회적 환경이 간데없이 사라지고 자신은 텅 빈 허공 속에 떠 있다고 상상해보라. 당신은 아무것도 가지고 있지 않다. 사회도, 지구도, 태양도, 과거도, 미래도… 당신을 둘러싸고 있는 암흑의 허공밖에는 아무것도 없다. 모든 것이 사라지고 남은 것은 당신밖에 없다. 그러면 당신과 당신의 외적 인격에게는 무엇이 남아 있는가? 당신의 모든 지식과 생각들은 생활환경과 관계된 것이었다. 당신의 습관과 태도, 욕망, 두려움, 관심, 성격 등도 그 생활환경과 관련해서 작용하고 있었다. 하지만 그 환경은 이제 사라지고 없다. 당신에겐 무엇이 남아 있을까?

우리 마음의 고정관념 안에서 이 의문을 논한다는 것은 매우 어려운 일이다. 이 책에서 우리는 영혼이 존재하는가 않는가 하는 해묵은 문제를 거론하지는 않을 것이다. 그것은 많은 시간을 요할 것이고, 아무 짝에도 쓸모가 없다. 트랜서핑의 목적을 위해서는 이 의문은 전혀 중요하지 않다. 당신이 원한다면 영혼의 존재를 믿으라. 아니면 무의식의 존재를 믿든지. 영생이라는 개념을 받아들일 수도 있고, 또 받아들이지 않을 수도 있다. 이 모든 의심에서 자유로운 것이 한 가지 있다. 인간 정신은 의식과 무의식을 지니고 있다는 사실이다.

이 책의 서두에서부터 우리는 의식과 관계된 모든 것을 마음이라고 하고 무의식과 관계된 모든 것을 영혼이라고 부르기로 했었다. 단순화와 실질적 편이를 위해서, 영혼의 문제 중 아주 작은 한 부분만은 분명히 해둘 필요가 있다. 그것은 다음처럼 영혼과 마음 사이에 대충의 경계선을 그어두는 것만으로 충분할 것이다. — 느낌은 영혼의 것이고 생각은 마음의 것이란 것이다. 기쁘거나 영감에 찬 느낌, 혹은 날개를 단 듯한 느낌 — 이런 것들은 영혼의 느낌이다. 가슴이 무겁고 우울한 것도 영혼이 경험하는 상태다.

마음은 펜듈럼의 손아귀에 완전히 사로잡혀서 펜듈럼이 강요하는 선입견과 생각들에 에워싸여 있다. 인간의 자유는 그에게 허락된 비좁은 경계 안에 한정되어 있다. 그는 자신이 이 세상에서 하인이나, 아니면 주인의 역할을 하고 있다고 착각한다. 트랜서핑의 관점에서 보면 이두 가지 역할이 다 착각이다. 인간은 아무것도 아니다. 인간은 대양으로부터 한 순간 튀어 오른 하나의 물방울일 뿐이다.

파도의 비말을 예로 들어 탄생과 죽음의 과정을 설명할 수 있을 것이다. 대양으로부터 분리된 한 방울의 물은 대양과 하나인 느낌을 느낄 수 없고 대양으로부터 에너지를 얻지도 못한다. 그 분리된 물방울은 자신이 대양과는 아무런 상관없이 독자적으로 존재한다고 믿는다. 하지만 다시 대양 속으로 떨어지면 그것은 자신이 대양과 하나인 것을 알게될 것이다. 물방울과 대양의 본질은 하나이고 같다. — 그것은 물이다.

분리된 물의 입자는 물방울, 눈송이, 얼음조각, 증기 등의 다양한 형태를 취할 수 있다. 형태는 달라도 그 본질은 동일하다. 물의 입자는 자신이 대양과 동일하다는 것을 기억하지도, 이해하지도 못한다. 입자는 대양이 파도와 물거품과 빙산과 고요한 수면이라고 생각한다. 마찬가지로 입자는 자신을 물방울, 눈송이, 아니면 수증기라고 생각한다. 입자로서는 그 무수한 외적 형태 뒤에 있는 하나의 공통된 본질, 즉 물인 본성을 간파하기가 어렵다. 그것은 뭔가 익숙하기는 하지만 동시에 미묘하고 불분명하다.

이 문제에 관련된 성경구절은 이 진리를 드러내고 있지만 마음의 관념은 그것을 왜곡시킨다. 신이 인간을 자신의 형상으로 지었다는 말은 옳다. 단지 잘못 이해되고 있을 뿐이다. 신은 그 어떤 형태도 취할 수 있다. 하지만 그의 본질은 하나의 머리와 두 개씩의 팔다리를 가지고 있지 않다. 신을 대양에 비유하고 인간을 물방울에 비유한다면 그들은 물이라는 동일한 본성을 지닌다.

삶과 죽음의 경계를 다녀온 사람들의 말에 의하면 영혼은 우주와 하나가 된 것을 느낄 때 설명할 수 없는 고요와 지복을 경험한다. 물방울이 대양으로 돌아와서 다시 이전의 본성을 알게 된 것이다. ─ 물방울은 대양과 본질이 같다. 대양의 모든 에너지가 물방울을 관통하여 움직인다.

인류의 역사와 인간문명을 통틀어서, 인간은 살아 있는 동안에 우주와 하나 된 느낌을 불러일으켜보려고 애써왔다. 영적인 공부를 하는 모든 단체가 같은 목표를 추구한다. 즉 깨달음을 얻는 것, 다른 말로 우주와 하나가 된 것을 느끼는 것, 에너지의 대양 속에 녹아드는 것, 그리고 동시에 개체적 존재로서의 자신을 잊는 것 말이다.

인간은 깨달음에 이르면 무엇을 얻을까? 대양(우주)의 모든 에너지가 그의 것이 된다. 그는 자신과 이 무한 사이에 본질적인 차이를 느끼지 않는다. 그의 정신적 에너지는 대양의 에너지와 공명한다. **이것이 깨달은 이의 의도가 외부의도, 곧 우주를 지배하는 이 믿을 수 없이 거대한 힘으로 바뀌는 순간이다.**

연의 형태가 요구되는 매개변수를 갖추면 그것은 기류를 타고 날아오른다. 마찬가지로 인간은 외부의도의 바람을 타고 자신의 사념 에너지 매개변수에 맞는 가능태 공간의 섹터로 날아간다. 가능태 공간에서 의도대로 움직이기 위해서는, 공기나 물의 흐름을 감지하듯이 이 외부의도의 바람을 정확히 감지할 줄 알아야 한다. 인간은 자신이 대양과 본질적으로 동일하다는 것을 깨닫기 전에는 외부의도를 제어하지 못한다. 그렇더라도 깨달음을 목표로 정하지는 않을 것이다. 그것은 너무나 어려운 일이다. 하지만 다행히, 목표를 이루기 위해서 반드시 깨달음을 얻어야 하는 것은 아니다. 은퇴하여 티베트로 가서 명상을 할 필요가 없다. 트랜서핑은 당신에게 외부의도를 제어할 아주 약간의 힘, 하지만 꿈을 실현시키기에는 충분한 힘을 얻을 수 있는 샛길을 제공할 것이다.

이 샛길의 배후 원리는 아주 간단하다. 마음은 의지를 지니고 있지만 의지로써 외부의도를 제어하지는 못한다. 영혼은 외부의도와 하나가 될 수 있지만 의지를 지니고 있지 않다. 영혼은 가능태 공간을 줄 없는 연처럼 정처 없이 날아다니고 있다. 그러므로 **외부의도를 의지로써 부리려면 영혼과 마음의 일치를 얻어내기만 하면 된다.**

이것은 좀 어렵긴 하지만 해낼 수 있는 묘기다. 이미 아시다시피, 가장 두려워하는 것이 실현되는 것을 보면 외부의도의 작용은 꽤나 확실히 드러난다. 이제 우리는 가장 좋아하는 것이 실현되게 하려면 무엇을 해야 하는지만 알아내면 된다. '의도' 라는 제목의 장에서 우리는 이미 외부의도를 제어하기 위해 충족시켜야 할 가장 중요한 조건들을 밝혀냈다. — **깨어 있는 의식, 중요성 낮추기, 그리고 목표에 이르고자 하는 욕망을 버리기** 말이다. 당신은 곧 이 외부의도의 신비한 세계로 난 문을 살짝 열어줄 트랜서핑의 새로운 비밀을 발견할 것이다.

영혼의 돛

사람들은 자신과 우주를 단지 물질적 대상으로만 인식한다. 모든 물체는 일상적 지각으로는 인식되지 않는 정보-에너지적 본질(informational energy essence)을 지니고 있다. 가능태 공간에 존재하면서 물질적 현실화 현상을 좌우하는 것도 바로 이것이다. 우리가 너무나 익숙하게 사용하고 있는 추상적 기호로 된 언어는 단지 정보-에너지적 본질이 겉으로 표현된 모습만 묘사할 수 있을 뿐이다. 마음이 정의하는 언어로써 그 실제적 본질을 명확하게 묘사한다는 것은 불가능한 일이다. 그래서 무수한 철학과 종교가 난무하는 것이다.

우리의 인식기능이 지금과 같은 것은, 어릴 때부터 우리는 주의를 한 번에 하나의 분리된 요소에 초점 맞추도록 교육받아왔기 때문이다. "여기 좀 봐, 아기가 너무 예뻐! 이건 두 개의 작은 팔, 이건 두 개의 작은 다리! 자, 맛있는 죽 먹자! 저기 봐, 작은 새가 날아가고 있어!" 우리의 일평생 대상에 인식을 동조시키고 있다. 우리의 마음은 모든 외부의 사실을 기존의 우주모델에 끼워 맞추기 위해 노심초사한다.

예컨대, 인간 존재의 에너지장을 한 번도 본 적이 없다면 마음은 에너지장이 눈앞에 모습을 드러내도록 허락하지 않을 것이다. 왜냐하면 그것은 기존의 모델에 들어맞지 않기 때문이다. 우리가 어렸을 때 아무도 생체의 오라aura에 주의를 보내도록 가르치지 않았다. 그래서 오라는 우리의 우주 모델의 일부가 되지 않았다. 이제 우리는 오라가 존재한다는 것을 이론적으로는 알지라도 실제로 보지는 못한다.

주변세계에 대한 인식의 메커니즘은 아직도 밝혀지지 않고 있다. 우리는 그것의 부분적인 단면들만을 논할 수 있다. 예컨대 개미들은 별을 본 적이 없다. 그들은 태양도 산도, 심지어 숲조차도 본 적이 없다. 그들의 시야는 단지 근처에 놓여 있는 물체만을 인식할 수 있도록 만들어졌다. 우주에 대한 개미의 인식은 우리의 인식과는 근본적으로 다르다.

그렇다면 우주는 실제로 어떤 모습일까? 이것은 객관적이라고 생각되는 질문을 하나 던지고 그에 대해 객관적인 답을 얻고자 하는 하나의 시도다. 하지만 질문 자체가 객관적이지 않다. 우주는 그저 보이는 그

대로의 모습이다. 왜냐하면 '이러저러하게 보이는 어떤 것'이라는 개념 또한 우리의 인식틀의 한 요소이기 때문이다. 예컨대 앞 못 보는 두더지의 인식틀에는 '이러저러하게 보임' 같은 개념조차 없기 때문이다. 우주는 우리의 인식틀에 맞춰서 자신을 보여준다. 그리고 동시에 우주는 어떤 정해진 모습으로 보이지 않는다. 우주가 우리의 눈에 보이는 것처럼 생겼다거나, 빛나는 에너지 덩어리처럼 보인다거나, 혹은 다른 어떤 모습이라고 다투는 것은 다 부질없는 일이다. 우리가 볼 수 있는 그 모습만 따로 놓고 이야기하는 것만이 말이 된다.

인간의 의식은 사회적 산물이다. 그것은 우리 주변의 모든 것에 대한 정의와 생각들 위에 근거해 있다. 영혼(잠재의식)은 태어나는 순간부터 모든 사람의 내면에 깃들어 있다. 그러나 의식은 주변의 모든 것들이 인간의 언어로 된 개념과 정의로써 이름 붙여진 다음에야 나타난다. 하지만 우주는 인간이 자신의 생각과 개념의 도움을 받아 그것을 묘사했기 때문에 존재하는 것이 아니다. 이런 뜻에서 보자면 인간의 영혼은 언제까지나 문맹으로 남아 있을 것이다. 영혼은 인간의 언어를 알아듣지 못한다. 영혼은 우리가 흔히 감각이라고 생각해온 것만을 이해한다. 먼저 생각이 있다. 그리고 그다음에야 그것이 말로 만들어진다. 말이 없이도 생각할 수 있다. 그리고 그것이 바로 잠재의식이 이해할 수 있는 언어다. 말이 먼저가 아니라 생각이 먼저인 것이다. 마음의 언어로써 잠재의식과 대화하려는 것은 무모한 일이다.

기존의 개념들로써 모든 것을 표현하는 것은 불가능하다. 아마 알아차리셨을 테지만, 나는 아직도 외부의도가 정말 무엇인지를 명확히 설명하지 못했다. 다행히 아직 우리는 하나의 보편적인 표현의 방법, 즉 예술을 가지고 있다. 그것은 말을 쓰지 않고도 이해할 수 있다. '영혼의 언어' 는 누구나 이해할 수 있다. 그것은 사랑과 욕망으로써 만들어진 것들의 언어다. 한 사람이 올바른 문을 통해서 자신이 소중히 여기는 목표를 향해 가고 있을 때, 더 정확히 말해서 사람이 자신의 일을 하고 있을 때, 그는 걸작품을 만들어내고 있는 것이다. 이것이 바로 예술이 태어나는 경위다.

음악학교를 졸업하고도 아무도 기억조차 하지 않을 무미건조한 음악을 작곡할 수 있다. 기법상으로는 흠잡을 데가 없는 무미건조한 그림을 그릴 수도 있다. 하지만 아무도 그것을 걸작으로 여기지는 않을 것이다. 그러나 어떤 사람이 어떤 것을 보고, "저건 뭔가 특별해!"라고 말한다면 그것은 하나의 작품으로 간주될 수 있다. 나중에 미술품 감식가와 미술비평가들이 그 '뭔가' 가 정말 무엇이었는지를 설명할 것이다. 하지만 그 '뭔가' 는 말할 필요도 없이 즉석에서 모든 사람에게 명백한 무엇이다.

예컨대 '모나리자' 를 보자. 이것은 모든 사람이 이해하는 언어다. 여기서 언어는 불필요하다. 아무튼 언어는 모두에게 명백한 그것을 표현해줄 수 없다. 그리고 모든 사람에게 분명한 그것이 무엇인지조차도 중요하지 않다. 모든 사람이 자신만의 방식으로 느끼고 이해한다. 물론 모나리자가 신비한 미소를 지니고 있다거나 뭔가 묘한 점이 있다거나 하는 말들이 있을 수 있다. 하지만 어쨌든 간에 언어는 이 그림을 걸작으로 만드는 '그것' 을 설명할 수가 없을 것이다.

모나리자는 그 알 수 없는 신비한 느낌만으로 그토록 세간의 이목을 당기고 있는 것이 아니다. 당신은 모나리자의 미소와 붓다의 미소가 매우 비슷하다는 생각을 해본 적이 없는가? 붓다는 생시에 깨달음을 얻은 것으로 믿어지고 있다. 달리 말해서, 그는 물방울처럼 자신이 대양

127

과 하나임을 느낄 수 있었던 것이다. 붓다를 그린 모든 그림에서 그의 미소는 세속적인 감정을 완전히 떠나 있고, 동시에 평정과 지복의 느낌을 나타내고 있다. 그 미소는 '영원을 명상하고 있는' 모습으로 묘사할 수 있을 것이다. 사람들은 붓다의 미소를 처음으로 볼 때 당혹감과 호기심이 뒤섞인 기이한 느낌을 느낀다. 그것은 기억 속에 희미하게 사라져버린 한 방울의 그 무엇을 상기시켜주기 때문이다. ― 대양과 하나인 느낌 말이다.

오랜 옛날의 합일 상태를 상기시켜주는 모든 것은 영혼의 예민한 줄을 당겨준다. 인간의 언어가 출현한 이후로는 영혼의 언어는 서서히 시들어갔다. 사람들은 마음의 언어에 너무 멀리 떠밀려갔다. 그리하여 시간과 함께 마음이 표면으로 올라왔다. 이 과정을 묘사하는 이야기조차 마음의 관념이 주무르고 왜곡시켜놓았다. 나는 지금 바벨탑의 전설에 관해 이야기하고 있다. 신들은 천국에 닿을 탑을 짓겠다고 덤비는 인간에게 분노했다. 그래서 신들은 인간들의 언어를 뒤섞어놓아 서로를 이해하지 못하게 만들었다.

사실 대부분의 신화와 전설은 진실이지만 그것은 마음이 자신의 관념을 사용해서 만들어낸 버전이다. 아마도 높은 탑은 한때 인간들이 지녔던 힘을 상징하는 비유일 것이다. 그들은 마음의 언어로써 자신의 의지를 의식적으로 형성시키는 능력을 계발했던 것이다. 이미 말했다시피, **영혼은 외부의도의 바람을 감지할 수 있다. 하지만 영혼은 이 바람을 이용할 돛을 올리지 못한다. 돛은 마음의 의지로써 올릴 수 있다. 의지는 깨어 있는 의식의 한 속성이다.**

무의식적인 영혼이 외부의도의 바람을 타고 나는 일은 임의로, 저절로 일어난다. 의지를 의도적으로 표현할 기회를 제공해주는 것은 깨어 있는 의식이다. 영혼과 마음의 언어가 다르지 않았던 최초의 시기에는 영혼과 마음의 일치를 이루기가 비교적 쉬웠다. 나중에 마음은 자신만의 꼬리표와 정의로써 자신만의 세계관을 구축함으로써 그로부터 멀리 떠밀려갔다. 이것은 다시 마음을 외부의도의 배후에 있는 최초의 본질에 대한 이해로부터 멀리 멀리 떼어놓았다.

마음은 엄청난 지적 노력의 결과로 물질적 현실의 기술세계에서 대단한 업적을 이뤄냈지만 그 대신 현실화되지 않은 가능태 공간과 관련된 모든 것을 잃어버렸다. 마음은 외부의도와 관계된 모든 것에 대한 이해로부터 너무 멀어져버렸다. 트랜서핑이 주장하는 많은 것들이 믿을 수 없어 보이는 것도 이 때문이다. 그럼에도 우리의 마음은 잃어버린 것을 회복할 능력이 있다. 영혼과 마음 사이의 관계를 바로잡기만 하면 되는 것이다.

어려운 점은, 마음과 달리 영혼은 생각하지 않는다는 사실에 있다. 영혼은 안다. 마음이 받아들인 정보를 자신의 세계관이라는 형틀의 분석필터로 여과하면서 생각하고 있는 동안에 영혼은 분석 없이 정보장으로부터 직접 지식을 얻어낸다. 이와 정확히 동일한 방법으로 영혼은 외부의도에게 직접 말할 수 있다. 영혼의 이 호소가 당신의 목적과 부합되게 하려면 마음의 의지와 영혼의 열망을 조율시켜서 서로 일치되게 해야 한다. 이 일치에 도달하면 영혼의 돛은 외부의도의 바람을 듬뿍 받아 목표를 향해 곧장 미끄러져갈 것이다.

내면의 마법사

영혼은 당신의 욕망을 이루는 데 필요한 모든 것을 가지고 있다. 당신은 오즈의 마법사 이야기를 기억하는가? 그 이야기에서 영리한 허수아비는 뇌를 갖기를 꿈꿨고 용감한 양철나무꾼은 심장을 갖기를 원했고 용기 있는 사자는 용감해지기를 원했고 소녀 엘리는 집에 돌아가기를 원했다. 그러나 이들은 모두 이미 자신이 원하는 것을 가지고 있었다. 하지만 오즈의 마법사가 그렇게 말해봤자 그런 식의 말은 얼른 믿기가 어려웠을 것이다. 그래서 오즈의 마법사는 마법의식을 치르는 척한다.

하지만 사실은 허수아비나 양철나무꾼이나 사자가 해야 했던 일은 단지 (가슴속에 이미 있는) 원했던 덕목을 자신이 '가지도록 스스로 허용하는 것'이었다. 엘리의 경우도 이보다 별로 복잡하지 않았다. 그녀가 집으로 가기 위해서는 '가지겠다는 확고한 결정'이 필요했다. 마법의식은 그녀로 하여금 절대적인 믿음을 얻게 했고 외부의도의 바람이 그녀를 집으로 데려다주었다.

말했다시피 외부의도와 관계된 모든 것은 마음의 관념틀에는 들어맞지 않는다. 마음은 자신을 현재의 상황 속으로 스스로 몰고 왔고, 거기에 이르는 데에는 펜듈럼의 작용이 컸다. 외부의도에 대한 지배력을 가지는 것은 인간에게 자유를 주며, 그것은 펜듈럼의 이익에 배치된다.

펜듈럼은 당신이 그 괴물을 위해 일하는 어리석고 둔한 자가 될 때 이익을 얻는다. 누구든 깨달음을 얻는 것은 펜듈럼에게는 치명적인 화가 된다. 자유로운 개인은 펜듈럼을 위해서가 아니라 자신의 발전과 번영을 위해서만 일하기 때문이다. 그래서 펜듈럼은 사람들로 하여금 널리 수용되는 규칙과 기준을 믿게 만든다. 그것은 사람들을 이용해먹기 쉬운 충성스러운 지지자로 만들어주므로.

한편으로는, 인간에게 이 세상에서 정상적으로 존재하는 방법을 가르쳐야 할 긍정적인 이유가 있다. 널리 수용되는 기준을 깨는 사람은 패배자나 버림받는 사람이 되기 때문이다. 하지만 다른 한 편으로 그런 암시는 사람의 개체적 독자성을 심히 억압한다. 그 결과, 사람들은 자신이 삶에서 진정 무엇을 원하는지를 정확히 알 수 없게 된다. 게다가 그들은 자신이 무엇을 할 수 있는지조차 모른다.

인간에게서 외부의도를 제어하는 능력을 빼앗으려면 마음을 영혼으로부터 떼어놓기만 하면 되었다. 인류역사를 통틀어서, 마음을 영혼으로부터 떼어놓기 위한 노력이 엄청나게 기울여졌다. 마음은 영혼의 언어로부터 갈수록 더 멀어져서 자신만의 꼬리표의 언어를 끊임없이 발전시켜왔다. 종교의 펜듈럼도 과학의 펜듈럼과 마찬가지로 마음을 영혼의 실질적 본질로부터 가능한 한 멀어지는 쪽으로 이리저리 끌고 다녔다. 지난 몇 세기 동안에 일어난 산업기술과 정보기술의 발전은 영혼과 마음의 연결을 완전히 끊어놓았다.

모든 사람이 책을 읽고 라디오를 듣고 텔레비전을 시청하고 인터넷을 하는 지금은 펜듈럼의 영향력이 특히 커졌다. 인류는 엄청난 양의 지식을 쌓았고, 동시에 오도하는 정보도 엄청나게 쌓았다. 오도하는 정보는 진정한 지식만큼이나 오래간다. 인류의 가장 중요한 손실은 영혼과 마음 사이의 관계가 깨어진 것이다. 오직 선택된 소수만이 사업, 과학, 예술, 스포츠 등의 전문 분야에서 진정한 성공을 거둔다. 사람들은 그것이 당연한 세상 이치라고 여기고, 아무도 그것을 이상하게 생각하지 않는다.

당신과 나에게 인류를 구원한다는 것은 부질없는 일이다. 나는 다만 존경하는 구도자인 당신에게, 이렇게 스스로 자문해보기를 권한다. "왜 그는 되고 난 안 된다는 거야? 저 선택받은 소수 중 하나가 되려면 나에게 무엇이 필요할까?" 나는 오즈의 마법사가 아니다. 그러니 나는 마법의식 따위는 치르지 않을 것이다. 나는 그저 답을 제공하겠다. **당신은 선택받은 소수 중 한 사람이 되는 데 필요한 모든 것을 갖추고 있다. 그저 그것을 활용하기만 하면 된다. 당신은 무엇이든 할 수 있다. 지금까지 아무도 이 사실을 말해주지 않았을 뿐이다.**

당신은 환상적인 걸작품을 창작할 수도 있고 천재적인 발명을 할 수도 있으며 스포츠, 사업, 그 밖의 어떤 전문 분야에서도 뛰어난 결과를 성취할 수 있다. 이 중 무엇이든지 이루려면 단지 영혼에게 주의를 돌리기만 하면 된다. 영혼은 그 어떤 종류의 지식과 창조와 성취에도 이를 수 있다. 단지 당신이 이 중 어떤 것도 영혼에게 요청해본 적이 없을 뿐이다. 예술, 과학, 사업의 위대한 천재들은 모두 자신의 영혼에게 자문을 청했기 때문에 걸작을 남길 수 있었던 것이다. **당신의 영혼은 그들의 영혼보다 못하단 말인가? 그렇지 않다!**

모든 걸작품은 우리에게 영혼의 언어로 말을 걸어온다. 당신이 어떤 일을 하고 있건 간에 그것은 영혼으로부터 우러나올 때만 감동을 줄 수 있다. 마음은 단지 낡은 벽돌로 새로운 형태의 집을 지을 수 있을 뿐이다. 하지만 그것은 아무도 놀라게 하지 못한다. 마음은 감쪽같은 모조품을 만들어낼 수 있지만 독창적인 작품을 창작하는 것은 오로지 영혼만이 할 수 있다.

당신에게 필요한 것은 단지 영혼이 모든 것을 할 수 있다는 것을 사실로 받아들이고 자신이 그 지식을 활용하도록 허용하는 것뿐이다. 그렇다. 그것은 이토록 쉬우면서도 동시에 상상하기 힘든 일이다. 하지만 그래도 당신은 이런 호사를 누릴 수 있도록 자신을 스스로 허락해야만 한다. 가지겠다는 결정은 오직 당신에게 달려 있는 일이다. 당신은 무엇이든 할 수 있다.

이 주장은 약간의 의심을 불러올 수 있을 것이다. 하지만 누군가가 당신에게는 능력도 자질도 자격도 없어서 남들이 당신보다 훨씬 더 낫다고 말해도 당신은 거기에는 아무런 의심도 품지 않는다. 당신은 목표를 향한 길에 육중한 담벼락을 쳐올리는 주장을 쉽사리 믿어버린다. 그렇다면 당신 자신에게(나에게 말고!) 부탁을 하나만 들어주라. ― 당신이 최고의 것을 모두 누릴 자격이 있으며, 온 가슴으로 원하는 모든 것을 이뤄낼 능력이 있음을 알도록 자신을 허락하라.

당신에게 최고의 것을 모두 누릴 자격이 있으며 모든 것을 해낼 능력이 있다는 사실은 당신의 눈에서 철저히 감추어져 있다. 당신은 자신의 능력이 무한하다고 믿는 것은 순진한 짓이라고 여기도록 꼬드겨져 왔다. 그러나 사실은 그와 정반대다. 깨어나서 당신에게 덮어씌워진 이 착각을 떨어내라. 깨어 있는 의식으로써 자신의 권리를 행사한다면 게임은 당신이 정한 룰을 따라 펼쳐질 것이다.

아무도 그것을 가로막지 못한다. 하지만 상식적인 세계관과 펜듈럼은 당신에게 그것이 불가능한 것임을 확신시키려고 온갖 짓을 다 할 것이다. 당신의 능력이 한정되어 있다고 설득하는 온갖 그럴듯한 주장이 다 있을 것이다. 그런 주장들을 물리치라. 그리고 다음의 '불합리하고 근거 없는' 주장을 당신의 병기고에 추가하라. **영혼과 마음이 합치면 못할 일이 없다.** 사실 이것은 밑져야 본전이다. 손해 볼 일이 없다. 어디, '근거 있는' 주장의 틀 속에서는 당신은 얼마나 대단한 성취를 이뤘는가?

이 삶은 단 한 번밖에 없다. 이제 당신의 고정관념들을 점검해볼 때가 아닌가? 그것이 틀렸음이 밝혀질지도 모르지만 당신은 그것을 까맣게 모르고 살아갈 수도 있다. 어쩌면 그런 사실을 밝혀낼 시간조차 없을 것이다. 삶은 지나가고 모든 가능성도 지나가버리고, 인생이 선사하는 좋은 것들은 당신이 아닌 다른 사람들이 모두 다 차지해버릴 것이다.

당신의 권리를 행사할 것인지 말 것인지는 당신의 선택에 달렸다. 스스로 가지도록 허용한다면 당신은 가질 것이다. 영혼의 무한한 가능성을 믿고, 마음을 영혼에게로 향하게 함으로써 그것을 시작해야 한다. 그릇된 신념들이 그 길을 가로막고 있으나 트랜서핑 모델 안에서는 이 중 많은 것들이 제거될 것이다.

그런 그릇된 믿음 중의 하나는 이런 것이다. "자신을 극복하는 것이야말로 가장 어려운 일이다." 혹은, "가장 어려운 것은 자신과의 싸움이다." 게다가 이것은 또 얼마나 자학적인가. ― "자신의 창조성을 자제할 줄 알아야 한다." 이것은 인류의 가장 큰 실수 중 하나다. 우리 안에 살고 있는 이토록 멋지고 놀랍고 훌륭한 존재와 어떻게 싸울 수 있으며, 왜 싸워야 한단 말인가? 나쁜 것은 우리 안에 살고 있는 것이 아니라 표면에서 살고 있는 것들이다. 그것은 명화를 덮고 있는 한 꺼풀의 먼지와도 같다. 먼지를 쓸어내면 순수한 영혼이 드러날 것이다.

당신이 걸치고 있는 겹겹의 가면과 의상 뒤에 숨겨져 있는 존재는 진실로 멋진 성품을 지니고 있다. **당신이 할 일은 당신 자신이 되도록 자신을 놔주는 것이다.** 당신이 걸친 그 가면들이 당신을 성공적이고 부유하고 행복한 사람으로 만들어주었는가? 자신을 변화시킬 필요는 없다. 그래봤자 그것은 또다른 가면임이 밝혀질 것이다. 그 모든 가면을 벗어던지면, 파괴적 펜듈럼의 강요로 영혼 깊은 곳에 감춰져 있던 보석이 당신의 눈앞에 모습을 드러낼 것이다. 당신은 진정으로 최고의 것을 모두 누릴 자격이 있다. 왜냐하면 당신은 실로 멋지고 놀랍고 독특한 생명이기 때문이다. 그저 자신이 그런 생명이 되도록 허용해주기만 하라.

당신은 예술과 과학과 영화의 천재들이 만들어놓은 작품들을 좋아하는가? 당신도 그들 중의 한 사람이 될 수 있다. 당신이 그 천재들의 작품을 좋아하는 이유는 그것이 그들의 영혼으로부터 우러나온 것이기 때문이다. 당신의 작품도 똑같이 사람들의 사랑을 받을 것이다. 그것이 당신의 고유한 영혼으로부터 우러나온 것이기만 하다면 말이다. '정상적'이고 평범한 것들은 모두 누군가의 마음이 만들어낸 것이다. 마음이 만들어낸 것은 마음 자체와 마찬가지로 개성이 없다. **오로지 영혼만이 개성을 지니고 있다.** 당신은 진정한 보물을 자기 안에 지니고 있다. 천재적 작품은 오로지 영혼을 통해서만 나올 수 있다. 당신의 마음으로 하여금 영혼이 천재적 작품을 낳도록 내버려두게 하라.

신기루

우리는 성공과 부와 명예는 선택받은 자의 몫이라고 믿도록 일평생 꼬드김을 당한다. 학교에 입학하거나 온갖 콘테스트와 자격시험 등을 치를 때마다, 당신은 결코 완벽과는 거리가 멀며 다른 사람들이 당신보다 훨씬 더 자격이 높다는 사실이 더욱 분명해진다. '그것을 믿기를 거부한' 사람들은 성공과 부와 명예를 차지한다. 이치는 이렇게 간단하다.

간단하지 않은 단 한 가지는, 누구나 그것을 차지할 자격이 있으며 이를 능력이 있음을 '믿는' 것이다. 하지만 그럴 '의도'만 있다면 당신도 정말 그것을 믿을 수 있다.

많은 사람들이 스타가 되어 큰 성공을 이루기를 원한다. 성공의 모델은 일반에 널리, 극성맞게 선전되고 있다. 펜듈럼은 자신의 총아들이 이룬 바를 다른 지지자들에게 내보이기를 좋아한다. 펜듈럼은 자신의 총아들을 성공의 모델로 제시한다. 인생의 단맛을 다 누리려면 열심히 노력해서 그와 같은 사람이 되어야 한다는 것이다. 스타는 이 생에서 누릴 수 있는 모든 것을 얻는다. 그들은 부와 명예의 찬란한 영광으로 목욕을 한다. 그것을 뉘라서 거절하겠는가? 세계적인 명성이나 사치는 원하지 않는다고 할지라도 자신의 성취의 결과로 따라오는 만족과 안락한 삶을 거절할 사람은 없을 것이다.

스타는 스스로 태어난다. 하지만 그들에게 조명을 비춰주는 것은 펜듈럼이다. 내 말은, 스타를 숭배하는 풍조는 다분히 펜듈럼 덕분에 생겨나서 지금과 같은 전성기를 구가하고 있다는 것이다. 펜듈럼은 의도적으로 그렇게 한다. 영화관과 무대, 경기장, 텔레비전 스크린 등에서 끊임없이 우리는 선택받은 자, 최고 중의 최고를 바라본다. 스타를 만나 황홀해하는 팬들, 스타들의 화려한 모습과 눈부신 성취 등은 펜듈럼이 특별히 조명하는 부분이다. 우리는 한 가지 의심할 수 없는 사실을 믿도록 끊임없이 꼬드김을 당한다. ― 모든 사람이 스타를 좋아하고, 그것이야말로 우리가 추구해야 할 목표다.

자신의 총아를 단 위에 모실 때, 펜듈럼은 무슨 꿍꿍이로 그러는 것일까? 혹시 지지자들 개인의 성취와 행복을 위해서? 결코 아니다. 펜듈럼은 자신의 총아가 성취한 바를 선전함으로써 다른 지지자들이 이

전보다 더 열심히 펜듈럼을 위해 일하도록 부추기려는 것이다. 사실, 평범한 사람이 스타가 되는 방법은 열심히 노력하는 것뿐이다. 최고 중의 최고만이 스타가 될 수 있는 것이다. 누구나 스타가 될 수 있지만, 그러려면 열심히 노력해야만 한다. 그들을 본받아서 그들이 하는 대로 따라 하라. 그러면 당신도 성공을 거둘 것이다. 스타는 자신만의 재능과 장점을 지니고 있다. 그런 것은 아무나 타고 나는 것이 아니다. 그러니 당신이 성공하려면 그보다 훨씬 더 노력해야만 한다.

이것이 펜듈럼이 내거는 슬로건이다. 그들은 누구나 성공할 수 있다는 것을 부정하지 않는다. 하지만 실제로 누구나 예외 없이 고유의 재능과 장점을 지니고 있다는 사실은 철저히 감춘다. 모든 사람이 자신의 고유한 재능을 발견한다는 것은 펜듈럼에게는 완전한 재앙이 될 것이다. 그렇게 되면 모든 지지자가 자유로운 개인이 되어서 펜듈럼의 손아귀를 빠져나가고 펜듈럼은 파산해버릴 것이다. 펜듈럼은 반대로 지지자들이 외통수로 생각하고 행동하는 것을 가장 좋아한다. 1권 2장의 내용을 기억하시겠지만, 펜듈럼이 생겨나고 존속하게 하는 첫째 조건은 지지자들의 생각이 하나로 획일화되는 것이다. 스타의 돋보이는 개성은 예외다. 그것은 예외여서 오히려 하나의 규칙이 되어준다. 그 규칙이란 이것이다. ― "내가 하는 대로 따라 하라!"

이것이 많은 젊은이들이 펜듈럼이 쳐놓은 함정에 걸려드는 이유다. 이 젊은이들은 자신의 우상을 닮고 싶어해서 그들을 흉내 내고 방에다 그들의 사진을 붙여놓는다. 펜듈럼은 그들의 마음을 묶어놓고, 그들의 마음은 펜듈럼을 맹목적으로 따른다. 흐리멍덩해진 마음은 영혼이란 완전하지 않은 것이라고 못 박는다. 마음은 영혼에게 이렇게 말한다. "나의 이런 능력으로도 성공을 못 하는데 네가 뭘 하겠어? 하지만 이 사람들을 봐, 이건 완전히 다른 이야기야. 그들이 얼마나 멋진지 봐! 우린 저들을 본받아야 해. 그러니 조용히 앉아 있어 이 불완전한 것아. 내가 그들을 닮기 위해 최선을 다해볼 테니까."

우상을 닮으려고 애씀으로써 젊은이들은 신기루를 잡고 싶어한다. 성공한 모델을 따르고 닮고자 하는 열망은 유리창에 몸을 부딪는 파리의 내부의도가 하는 짓이다. 이 젊은이들은 타인의 섹터에 동조하려고 애쓰고 있다. 거기서 자신은 패러디밖에 되지 않는데도 말이다. 마음은 온갖 모습을 흉내 낼 수 있다. 하지만 모조품으로는 아무도 놀라게 하거나 감동을 주지 못할 것이다. 스타가 스타가 된 것은 정확히 자신만의 개성과 독창성 때문이고 여느 사람과 다르기 때문이다. 모든 사람의 영혼은 저마다 독특하다. 독특한 영혼은 가능태 공간에 자신만의 섹터를 가지고 있고, 거기서는 그 독특한 자질과 품성이 유감없이 빛을 발할 수 있다.

모든 영혼은 각자의 '스타' 섹터를 가지고 있다. 그런 섹터는 무한히 존재할 수 있는 것이 분명하지만, 일단 각 영혼에게는 그만의 목표나 길이 되는 고유의 한 섹터가 있다고 하자. 펜듈럼의 미끼에 걸려든 멍청한 마음은 다른 누군가의 섹터 주변을 어슬렁거리면서 남의 개성을 흉내 내거나 남의 성공 시나리오를 베끼려고 애쓴다. 하지만 남의 시나리오를 아무리 베껴봤자 그것은 한갓 패러디에 그칠 뿐이다. 남의 섹터에서는 영혼이 자신을 실현시키지 못한다. 그렇다면 나만의 섹터는 어떻게 찾을 수 있을까? 그것은 마음이 걱정할 바가 아니다. **영혼이 자신을 표현할 길을 스스로 찾아낼 것이다.** 마음이 해야 할 일은 남의 인생에 대해서는 관심을 끄고 자신의 영혼이 자신만의 독특한 것임을 인정하고 그것이 자신의 길을 따라가도록 허용하는 것이다.

십대들은 특히 펜듈럼의 작용에 무방비로 노출되어 있다. 그들은 그 세계에 처음 발을 들여놓았고, 무엇을 어떻게 해야 할지를 모른다. 자신을 드러내지 않고 다른 사람들처럼 군중 속에 몸을 싣고 사는 편이 더 쉽고 안전하고 마음이 놓인다. 군중심리는 안전한 느낌을 주지만 그 것은 개성의 싹을 잘라버린다. 많은 젊은이들이 같은 옷을 입고 같은 표현을 쓰는 것을 볼 수 있다. "쩡이야, 멋져…" 그들은 행동하는 것도 똑같다. 겉보기에는 독립적인 것 같지만 그들은 펜듈럼의 규율에 충성스럽게 복종한다. — "내가 하는 대로 따라 하라!" 십대들은 자신들이 신세대의 모더니즘을 실천한다고 생각한다. 하지만 그중 누가 이 새로운 것을 '창조해내고' 있는가?

십대의 우두머리나 이단아들은 언제나 자기 영혼의 독특한 개성이 드러나도록 허용한 소수의 아이들이다. 그런 아이들은 자신의 개성을 키움으로써 결국 패션을 선도하고 새로운 풍조를 만들어내고 새로운 관점과 가능성을 개발해내는 사람이 된다. 그들은 남의 경험을 모방하지 않았고 규칙을 따르지 않았다. 대신 그들은 자기 영혼의 고유한 개성을 실현하도록 자신을 허락했다. **펜듈럼은 개성을 당해내지 못한다. 하지만 그들로서는 떠오르는 스타를 받아들이고 총애하는 수밖에는 선택이 없다.** 펜듈럼은 총애받기에 손색없는 이들을 단 위에다 모신다. 자신의 총아들을 평범한 지지자들에게 본보기로서 제시하는 것이다.

한 어린 소년이 힘 있는 영웅이 되고자 하는 것에는 잘못된 것이 없다. 한 소녀가 여주인공처럼 아름다운 여자가 되고 싶어하는 데에도 아무런 잘못이 없다. 다만 남들에게서 좋아하는 것을 모방하지만 말라. 예컨대 다른 사람과 똑같은 근육을 만들려고 한다든가, 똑같은 식으로 말하고 행동하고 노래하고 연기하려고 하는 것 말이다. 당신은 다름 아니라 그가 자신의 고유한 섹터에서 자신만의 개성을 실현시켰기 때문에 좋아하게 된 것이다.

물론 일종의 원조격 모델은 있어야 할 것이다. 그것이 최종의 완벽한 모델이라든가 당신이 닮고 싶어 안달하는 누군가가 아닌 한 시범적 본보기 같은 것은 있어야 할 것이다. 그러나 당신의 완벽한 모델은 당신의 영혼이다. 그저 당신의 영혼이 자신만의 섹터에서 자신의 모든 성품을 드러내게 하라. 슈퍼스타의 사진 대신 자신의 사진을 벽에 걸어두고 감탄하는 것이 훨씬 낫다. 자신을 사랑하는 것은 매우 유용하고 좋은 일이다. 자신을 향한 사랑은 타인에 대한 경멸로 이어지지 않는 한 자기만족으로 변질되어 균형력의 벌을 받게 되지는 않을 것이다.

당신은 실로 독특한 개인이다. 그 점에서만은 아무도 당신과 경쟁할 수 없다. 그저 당신 자신이 되라. 독특한 존재로서 존재할 권리를 잊지만 않는다면 당신은 남의 경험을 흉내내려고 애쓰는 사람들보다 엄청난 이점을 얻을 것이다. 다른 사람처럼 되려고만 애쓰는 것은 당신을 아무 데도 데려다주지 않을 것이다. 당신 자신이 되라. 그런 호사를 자신에게 허락하라. 당신이 다른 스타의 가면을 덮어쓰고 있다면 그것은 그 스타의 아류나 패러디밖에 안 된다. 다른 사람처럼 되려고 애쓰는 것으로는 스타가 될 수 없다.

다른 사람처럼 되려고 하는 헛된 노력을 그만두면 만사가 저절로 풀려나갈 것이다. 다른 사람의 시나리오를 베끼려는 헛된 노력을 그만두면 역시 만사는 당신에게 유리하게 풀려나갈 것이다. 당신의 개성이야말로 멋진 것임을 스스로 인정하면 다른 사람들은 당신에게 동의하는 수밖에는 아무런 도리도 없을 것이다. 담대하게 가질 수 있도록 자신을 허락하라.

위대한 배우들은 모두 자신을 연기한다. 배역이 수시로 바뀌는데 무슨 말이냐고? 하지만 그 인물의 개성과 매력은 역할과는 상관없이 동일한 사람의 것이라는 것을 쉽게 알 수 있다. 가장 어려운 것은 자신을 연기하는 것이다. 가면을 벗고 자신이 되는 것이다. 다른 사람을 연기하는 것은 쉽다. 왜냐하면 가면을 쓰는 편이 훨씬 더 쉽기 때문이다. 하지만 그것은 단지 배우로서의 연기, 전문적인 연기력의 과시일 뿐이다. 가면을 벗는 것은 그보다 훨씬 더 어렵다. 그리고 한 배우가 그것을 해내면 그것은 더이상 연기가 아니라 사람들이 '무대 위의 삶'이라 부르는 것이 된다.

그것은 어렵게만 보이지만, 사실 가지기로 결정하는 것은 꽤 쉽다. 단지 펜듈럼이 당신에게 들씌워놓은 고정관념의 틀만 떨쳐내면 된다. 그리고 마지막으로 그저 영혼의 무한한 가능성을 믿기 시작하기만 하면 된다. 당신이 타인의 경험으로부터 관심을 돌려 스스로 스타가 되도록 허락하기만 하면 펜듈럼은 당신의 길을 가로막지 못할 것이다. 펜듈럼은 단지 당신의 머릿속에다, "스타는 아름다워야 하는데 난 그렇지 못해. 스타는 노래를 잘 불러야 하고 악기도 잘 다뤄야 하고 춤도 잘 춰야 하는데 난 아무것도 못해. 스타는 재능이 있어야 하는데 난 아무것도 가진 게 없어. 난 해내지 못할 거야. 다른 사람들은 어떻게 하는지를 봐야겠어" 하는 식의 절망적인 생각을 집어넣어주는 짓밖에는 못한다.

그렇다면 실제로 음악의 스타들, 과학과 스포츠와 사업과 기타 등등의 스타들을 살펴보라. 다는 아니라도 그들 중 많은 사람들이 스타는 어때야 한다는 일반적인 기준에 전혀 들어맞지 않는다. 유명인들도 저마다 자신의 장점을 가릴 만큼 많은 결점을 지니고 있다. 예컨대 이 스포츠 스타는 코가 너무 긴데도 사람들은 잘 생겼다고 생각한다. 그리고 이 스타는 노래를 잘 못 부르는데도 모든 사람이 그녀의 노래에 푹 빠진다. 저 여배우는 연기력이 없고 감독들도 좋아하지 않는데도 어쨌든 여전히 스타 대접을 받는다. 이 배우는 키가 작고 뚱뚱한데도 여자들에게 인기가 그토록 좋은 이유가 뭘까? 저 친구는 아무것도 아닌데도 왜 아무튼 모든 사람이 그를 지켜보고 있는 걸까? 그리고 또 저 멍청한 친구는 어떤가? 저런 녀석이 어떻게?

개성은 "내가 하는 대로 따라 하라"는 룰에는 맞지 않아 보인다. 하지만 당신은 이 사실이야말로 스타를 만들어내는 데 필수적인 조건이라고 생각하지 않는가? 밝고 영민한 개성이 룰을 깨뜨리면, 고정관념의 틀이 위력을 떨치고 있더라도 펜듈럼은 그것을 예외로 받아들일 수밖에 없게 된다. 모든 스타는 예외적인 존재들이다. 그리고 당신 또한 공통의 고정관념으로부터 하나의 예외가 될 것이다.

훌륭한 목소리를 가지고 무명으로 남아 있을 수도 있다. 또 노래를 형편없이 부르면서도 독창적인 공연으로써 사람들로 하여금 당신을 위대한 스타로 여기도록 만들 수도 있다. 번득이는 날카로운 지성을 가지고도 아무것도 이루지 못할 수 있고, 요상한 생각만 하는 불쌍한 천덕꾸러기가 조만간 위대한 발견을 해낼 수도 있다. 몸매가 아무리 끝내주더라도 스포츠 스타는 되지 못할 수도 있다. 하지만 틀에 박힌 고정관념을 과감히 깨는 자는 놀라운 방법으로 자신을 연기하여 승리자가 될 것이다. 감을 잡은 것이다. **당신만의 독창적이고 개성적인 영혼을 향하여 마음을 돌리는 모험을 감행하라. 펜듈럼의 고정관념을 깨기를 겁내지 말라.**

펜듈럼이 만들어놓은 또 하나의 함정에 빠지지만 말라. 펜듈럼은 당신을 꼬드겨 타인의 목표를 좇게 할지도 모른다. 타인의 목표는 당신에게 실망밖에는 안겨줄 게 없다. 당신에게 왜 타인의 목표가 필요한가? 마음 말고 영혼의 소리에 귀를 기울이라. 당신의 영혼은 당신이 어느 분야에서 스타가 될지를 더 잘 알고 있다.

펜듈럼의 세계에 작용하는 법칙이 한 가지 있다. — 단지 소수만이 총애를 받는다는 것이다. 다른 사람들은 모두 시스템이 정한 룰에 복종하여 평범한 지지자로서의 의무를 행해야 한다. 트랜서핑은 이 법칙을 깰 수 없다. 하지만 당신이 원하기만 한다면 특별히 당신만을 위해서는 법칙을 깰 수 있다. 당신이 당신 영혼의 고유한 개성을 이용하고자 하기만 한다면 펜듈럼은 당신을 소수의 총아로 만들어줄 수밖에 없을 것이다.

수호천사

많은 사람들이 수호천사가 자신의 영혼을 인도해준다고 믿는다. 당신도 수호천사를 믿는다면 좋다. 그것은 수호천사가 존재한다는 뜻이다. 당신은 수호천사를 생각하고 그에게 희망을 걸고 그에게 감사하고, 이런 생각들은 수호천사를 진짜로 만들어준다. 그것을 의심하지 말라. 가능태 공간에는 그야말로 모든 것이 존재한다. 당신은 심지어 당신의 생각이 독자적인 에너지적 존재를 창조해낸다고 믿어도 된다. 그 편이 편하다면 말이다. 사소한 일에도 더욱 진지하게 감사와 사랑을 표할수록 당신의 작은 천사는 더욱 강해질 것이고 그는 당신을 더욱 잘 도와줄 수 있게 될 것이다. 사실 그가 당신의 생각과는 무관하게 존재하는지, 아니면 당신의 생각이 그를 만들어낸 것인지는 중요하지 않다.

수호천사를 믿지 않는다고 해도 아무런 잘못이 없다. 수호천사가 없는 편이 더 편하다면 아무래도 상관없다. 어쨌든 간에, 당신은 당신이 믿는 것을 가진다. 내가 당신이라면 이제부터라도 수호천사를 믿겠다. 왜냐하면, 그가 당신의 믿음과 상관없이 존재한다면 어쩌겠는가? 그가 당신을 사랑하고, 자신이 할 수 있는 모든 방법으로 당신을 돌봐주고 있는데 당신은 그를 잊어버리고 버린 것이라면 어쩌겠는가? 그래서 그가 약해져서 에너지를 잃고 자신의 담당인 당신을 도와줄 수 없게 되었다면 말이다. 게다가 당신은 온갖 파괴적 펜듈럼에게 자신의 에너지를 다 내어주고 있다. 펜듈럼이 당신을 도와줄 수도 있지만 그것은 그들에게 이익이 되는 한도 내에서만이다. 그들은 개인의 행복에는 관심이 없다. 당신의 수호천사는 오로지 당신만을 돌본다.

가능한 모든 방법으로 그를 상상해보라. 날개 달린 천사로, 혹은 작은 구름으로, 새로, 아니면 당신이 좋아하는 어떤 이미지로든 말이다. 수호천사는 특별한 모습을 지니고 있지 않다. 당신이 상상으로써 그에게 형상을 부여하는 것이다. 그러니 당신이 가장 편하게 느끼는 모습으로 그를 그리라. 심지어 수호천사를 당신의 영혼이라고 생각해도 된다. 당신이 심령적 능력을 가지고 있다면 수호천사와 대화해보라. 능력이 없어도 걱정할 필요 없다. 그는 당신을 올바른 길로 인도할 방법을 찾아낼 것이다. 기억해야 할 가장 중요한 것은 결코 그를 원망해서는 안 되며, 그에게 화를 내서도 안 된다는 것이다. 그는 당신을 무엇으로부터 보호해야 할지, 어느 쪽으로 가야 할지를 더 잘 안다. 왜냐하면 그에 비하면 당신은 눈도 못 뜬 새끼고양이와도 같은 존재이기 때문이다. 당신은 그에게 비평을 가할 입장이 아니다. 당신은 그가 어떤 위험으로부터 당신을 지켜주려고 하는지를 꿈에도 알지 못한다.

천국에서 신을 만난 한 사내의 이야기가 있다. 신이 그가 걸어온 한 평생을 보여주었다. 그의 곁에는 늘 함께 걸어온 신의 발자국이 나 있었다. 그런데 그가 가장 어려움을 겪었던 시기에는 발자국이 한 사람의 것밖에 보이지 않았다. 그래서 그는 신을 향해 원망스럽게 따졌다. "제가 가장 어려웠던 때 당신은 날 버렸군요!" 그러자 신이 대답했다. "오해 마라. 그건 네 발자국이 아니란다. 난 널 안고 있었지."

수호천사의 역할은 아무리 과대평가해도 지나치지 않다. 모든 능력으로써 당신을 돌봐주고 보호해주는 존재가 있다는 생각을 품는 것만으로도 이미 당신은 한층 자신감과 안정감을 느낀다. 그리고 평온과 고요를 가져다주는 자신감은 사람의 삶에 매우 중요한 역할을 한다. 당신이 외롭다면 그 외로움을 수호천사와 나눌 수 있다. 삶에서 좋은 일이든 나쁜 일이든 일어나면 그것도 수호천사와 얼마든지 나눌 수 있다. 그런데 당신의 수호천사는 당신이 이용할 수 있는 또 하나의 장점을 지니고 있으니, 그것은 **당신과 달리 그는 균형력으로부터 자유롭다**는 점이다.

자신의 성공에 스스로 기뻐하고 있다면 당신은 자신을 떠벌리고 자만심에 차게 된다. 좋다. 그것은 자신을 비난하는 것보다는 백 배 낫다. 한 가지 나쁜 점, 자신을 떠벌리는 동안 당신은 작지만 남아도는 잉여 포텐셜을 만들어내고 있다는 것이다. 그리하여 균형력이 영혼의 경사를 훼방하려 들 것이다. 자신을 떠벌린 대가로 당신은 나중에 실수를 저지르거나 약간의 불미스러운 일을 겪을 것이다. 그래서 어쨌다는 건가? 그러니까 자신의 성취를 몰래 자축하면서 기뻐하는 것조차 조심해야 한다는 뜻인가?

잉여 포텐셜을 만들어내지 않고 자신을 자랑스러워하고 기뻐할 수

145

있는 방법이 또 하나 있다. **당신의 행복과 자랑을 수호천사와 함께 나누라.** 사실 그야말로 당신이 성공하도록 돌보고 도와준 장본인이다. 그도 약간의 칭찬과 감사를 누릴 자격이 있는 것이다. 당신의 성공에 기쁨을 느끼고 자신이 자랑스러울 때, 수호천사를 기억하고 행복을 나누라. 그에게 말을 걸라. 당신의 감사와 칭찬을 전하라. 자신을 칭찬하기보다는 그를 칭찬하는 편이 낫다. 척해서는 안 되겠지만 진심으로 당신의 상을 그에게 주라. 손해 볼 것도 없다. 당신은 이미 원하는 것을 가졌으니 이제 칭찬과 감사를 수호천사에게 주라.

당신의 성공이 천사의 공로임을 생각하라. 그러면 어떤 일이 일어날까? 자만의 잉여 포텐셜이 사라져버린다. 동시에 당신은 영혼의 축하연을 벌일 약간의 공간을 안전하게 확보할 수 있다. 원하는 만큼 얼마든지 행복해하라. **행복한 느낌은 자신에게 남겨놓고 자랑은 수호천사에게 줘버리라.** 어쨌든 당신의 성취를 뺏어갈 사람은 아무도 없으니까.

자만심의 잉여 포텐셜을 만들어내는 대신, 혹은 당신을 행복하게 해준 펜듈럼에게 감사하는 대신, 당신의 상과 감사를 수호천사에게 주는 편이 훨씬 낫다. **그가 당신의 에너지를 요구하지는 않지만 그에게는 그것이 필요하다.** 당신이 펜듈럼으로부터 도움을 받았다고 생각한다면 거기에도 감사할 수 있다. 그것은 아무에게도 해가 되지 않는다. 다만 수호천사를 잊어버리지만 말라. **당신이 그에게 감사하고 사랑한다는 사실을 끊임없이 알려주라.** 그러면 그는 더욱 강해지고, 백 배로 되갚아줄 것이다.

상자 속에 갇힌 영혼

당신의 영혼은 크게 뜬 눈으로 신뢰와 희망을 가득 품고 이 세상에 왔다. 하지만 펜듈럼이 영혼을 단번에 낚아채어서는, 아무도 이 세상에서 영혼을 기다리고 있지 않으며 아무도 영혼을 반가워하지 않으니 한 조각 빵을 얻기 위해서는 더럽고 힘든 일을 해야만 한다고 믿게끔 만들어 놓았다. 물론 모든 사람이 가난하게 태어나지는 않는다. 하지만 부富도 저 나름의 문제를 안고 있다. 가난과 부는 단지 종류만 다를 뿐이다.

당신의 영혼은 고생을 위해 물질세계에 온 것이 아니다. 하지만 펜듈럼은 생존을 위해 싸우는 것이 일상이 될 때 이득을 본다. 기억하시다시피, 펜듈럼은 일단의 사람들이 공통의 생각과 행동을 함으로써 만들어지고, 에너지 정보체의 법칙에 따라 고유의 존재를 개시한다. 펜듈럼은 에너지-정보의 교환을 통해 지지자들을 복종하게 만들고 그들이 펜듈럼의 이익에 부응하는 생각과 행동을 하도록 강요한다. 사람들은 불만, 분노, 근심, 짜증 등을 표하거나 펜듈럼의 싸움에 참여함으로써 자신의 에너지를 펜듈럼에게 준다.

우리는 이 펜듈럼 세계의 삶에 푹 빠져 있어서, 좌절과 적의와 싸움과 온갖 경쟁적 관계가 우리의 일상이 되어버렸다. 이 중 어느 하나라도 정상이 아니라서 뭔가 달라질 수 있다는 생각조차 우리에게는 일어나지 않는다. 이 세상을 펜듈럼의 관점에서 한 번 바라보라. 에너지를 향한 펜듈럼의 채워질 수 없는 갈증의 표현들을 낱낱이 살펴보라. 그리고 펜듈럼 없는 세상은 어떤 모습일지를 상상해보라. 에너지-정보의 교환이 없다면 남의 에너지를 자기 것으로 만들려고 애쓰는 구조도 존재하지 않을 것이고, 경쟁도 사라질 것이다. 펜듈럼이 없는 세상은 상상하기가 힘들지만, 그런 세상이라면 고통은 거의 없고 행복만이 넘쳐날 것이라고 말해도 좋으리라. 그런 세상에는 모든 사람이 얼마든지 나눌 수 있는 자연자원과 부와 기회가 있을 것이다.

우리는 적자생존을 위한 투쟁과 자연도태가 생명의 진화에 기여하는 두 가지 필수적인 과정이라고 믿도록 부추김을 받아왔다. 그것은 사실이다. 그런 과정은 공격적인 세계에서는 정말 진화를 촉진해준다. 하지만 자연도태는 생명진화를 위해 필수적인 조건이 아니다. 생명은 이보다 더 인간적인 법칙을 따라 진화해갈 수 있다.

펜듈럼의 세계에서 자연도태는 부정적 시나리오에 따라 전개된다. 이를 따르자면 **잘 못하는 자는 죽는다.** 도태는 억압과 파괴의 방법을 채용한다. 이와는 다른, 긍정적인 시나리오가 존재할 수 있다는 생각을 당신은 해본 적이 있는가? 긍정적 시나리오에 따르자면, **잘 하는 자는 살아남는다.** 이 두 시나리오는 긍정과 부정이 다른 만큼이나 그 방향이 완전히 다르다. 자연도태에는 이 두 시나리오가 다 작용하고 있다고 반박할 수도 있다. 하지만 그래도 자연도태에서는 부정적 시나리오가 더 지배적인 요인으로 작용한다. 잘 못하는 자는 죽는다. 어쨌든 펜듈럼은 인간의 세계에는 자연의 세계보다 더 가혹한 질서를 구축해놓았다.

자연의 세계에서는 생존투쟁도 인간세계만큼 처절하고 공격적이지는 않다. 인간의 펜듈럼은 자연의 펜듈럼보다 훨씬 더 강력하고 공격적이다. 자연에는 언제나 먹고 먹히는 자가 있다는 사실이 곧 자연에는 언제나 싸움이 일어나고 있다는 뜻은 아니다. 소가 풀을 뜯어먹듯이 사자는 소를 잡아먹는다. 동물과 식물에게는 중요성이라는 개념이 없다. 그래서 자연의 균형은 흔들리지 않는다. 중요성은 인간에게만 있는 속성이다. 중요성이라는 교회첨탑으로부터 자연현상을 바라보는 인간은 생명체의 정상적인 공존을 폭력적 투쟁으로 해석한다.

민족들 간에 끊임없이 일어나는 인간의 싸움에 비하면 영토와 짝을 차지하기 위한 동물왕국의 싸움은 너무나 정상적인 성질의 것이다. 동물들은 사냥의 경우가 아니면 서로 간에 물리적인 상처는 거의 입히지 않는다. 대부분의 경우, 울음소리가 가장 크거나 가장 사납게 이빨을 드러내는 쪽이 이기는 것으로 결말을 낸다. 어쩌다 피를 볼 수도 있지만 그들은 발톱이 날카로우니 어쩌겠는가? 동물들은 증오나 악의 같은 감정을 품을 줄 모른다. 그들에게는 용기도 비겁함도 없다. 오로지 자기보존 본능밖에 없는 것이다. 용감한 늑대와 비겁한 산토끼는 오로지 인간의 상상 속에만 존재한다.

어쨌든 우리는 이 세계를 변화시킬 수 없다. 우리에게 달려 있지 않은 것들을 우리는 있는 그대로 받아들여야 한다. 무수한 제약과 조건들이 문자 그대로 우리의 영혼을 상자 속에 가둬놓고 있다. 이 모든 조건에 사로잡혀 있는 마음은 영혼의 감옥지기가 되어서, 영혼이 그 재주를 펼칠 수 있도록 놔주지 않는다. 인간은 오로지 펜듈럼의 세계가 요구하는 방식으로만 행동하게끔 강요받고 있다. ― 불만을 토하고 짜증내고 두려워하고 경쟁하고 이런저런 것들을 차지하기 위해 몸부림친다. **사람의 생각과 행동은 펜듈럼에 얼마나 의존하는가에 달려 있다.** 앞장에서 보았듯이, 이런 조건들이 사람으로부터 에너지를 뺏어가고 균형력이 그를 대적하게 만들며, 진정한 목표로부터 멀어져 그릇된 목표를 추구하게 만든다. 이에 더해서, 외부의도는 우리가 가장 두려워하는 것이 실현되도록 작용한다. 그러니 당신은 이 모든 조건과 의존성으로부터 자신을 해방시키고 싶을 것이다. 단지 그 방법을 모를 뿐이다.

이제 당신은 펜듈럼의 힘이 우리의 잠들어 있는 의식과 중요성에 의지하고 있음을 알고 있다. 인간은 부지불식간에 펜듈럼의 자극에 반응한다. 인간은 불안과 두려움과 짜증 앞에 자동적으로 굴복한다. 습관적으로 불만을 토하고 분노를 터뜨린다. 인간은 쉽게 좌절하고 길 위에 놓인 장애물이 그의 모든 신경을 곤두세워놓는다. 그는 펜듈럼이 부여한 시나리오에 복종하여 마치 꿈꾸듯이 살고 있다. 그는 자신이 시나리오를 마음대로 고를 수 있다는 사실을 깨닫지 못한다. 그에게 진정 마음대로 할 수 있는 일이란 거의 없어 보인다. 중요성은 그를 펜듈럼의 게임 속으로 빠져들게 하고 잠든 의식은 시나리오에 미칠 수 있는 최후의 영향력조차 앗아가 버린다. **게임은 펜듈럼의 룰에 따라 전개된다.**

　보시다시피 나는 똑같은 말을 계속 반복해야 한다. 왜냐하면 내가 하는 말은 너무나 명백함에도 불구하고 이해하거나 감 잡기가 어렵기 때문이다. 이것은 일반적인 세계관이 우리의 의식 속에 얼마나 뿌리를 깊이 박고 있는지를 보여준다. ― 펜듈럼이 만들어놓은 세계관 말이다. 트랜서핑의 원리를 따르기만 하면 당신은 조건의 상자를 깨고 나올 수 있다. 펜듈럼의 힘이 아무리 강하다고 해도 당신이 중요성을 버리고 의식적으로 선택권을 행사하여 당신의 시나리오를 스스로 정하면 펜듈럼도 당신의 길을 가로막을 수 없다.

　펜듈럼은 사람들을 자신의 손아귀 안에 가두어놓음으로써 이익을 얻는다. 그들은 오로지 자신만의 목표를 추구한다. 그들에게 인간이란 단지 에너지를 얻기 위한 도구, 줄에 매달린 꼭두각시에 지나지 않는다. 당신의 영혼은 잔칫집에 오는 기분으로 이 세상에 왔다. 그러니 자신에게 이 잔치를 즐기게 하라. 다른 누군가의 펜듈럼의 이익을 위해 일하면서 평생을 보낼 것인지, 자신을 위해서, 자신만의 즐거움을 위해서 살 것인지는 오로지 당신에게 달린 문제다. 잔치를 즐기기로 선택했다면 당신은 당신을 조종하고 있는 펜듈럼으로부터 자신을 해방시켜 자신의 목표와 그곳으로 가는 문을 찾아내야 한다.

당신의 마음은 파괴적 펜듈럼이 당신을 마음대로 끌고 다니도록 내 버려둘 필요가 없다는 것을 깨달아야 한다. 마음을 영혼과 일치시키라. 그러면 당신은 말 그대로도, 비유적으로도, 영혼이 원하는 모든 것을 얻을 것이다. 오로지 펜듈럼으로부터 자신을 해방시키고 영혼과 마음 사이의 불협화음만 제거하라. 자신에게 최고의 호사를 누릴 자격을 선 사하라.

누군가가 당신에게, 보다 더 큰 선을 위해서 일해야 한다고 설득하 려 든다면 그 말을 믿지 말라. 이 세상에서 뭔가를 얻으려면 많은 노력 이 필요하다는 것을 보여주려고 애쓰는 사람이 있다면 그 말도 믿지 말 라. 세상에서 살아남기 위해서는 치열하게 싸워야 한다고 주장하는 사 람이 있다면 그 말도 믿지 말라. 당신이 어디에 속하는지를 알려주려는 사람이 있다면 그 말도 믿지 말라. 누군가가 당신을 어떤 종교단체나 모임에 끌어들이면서 대의명분을 위해 기여할 것을 요구한다면 그 말 도 믿지 말라. 당신이 가난하게 태어났으며 평생 가난하게 살아야 한다 고 말하는 사람이 있다면 그도 믿지 말라. 당신의 가능성에는 한계가 있다고 말하는 사람이 있다면 그 말도 믿지 말라.

펜듈럼은 당신을 가만히 내버려두지 않는다는 것을 당신은 직접 보 게 될 것이다. 당신이 가슴에 품을 결정의 싹이라도 보이면 그 즉시 펜 듈럼은 당신의 가능성에는 한계가 있음을 분명히 보여줄 상황을 온갖 수를 다 동원해서 만들어낼 것이다. 당신이 게임의 시나리오를 골라잡 을 수 있다는 사실을 깨달으면 그 즉시 펜듈럼은 당신의 계획을 훼방하 려 달려들 것이다. 당신이 자신감에 차서 침착해지면 그 즉시 펜듈럼은

151

당신을 집적거리려 달려들 것이다. 그 도발에 말려들지 말라. 그것들이 당신의 균형을 깨도록 내버려두지 말라. 중요성을 최소로 유지하고 의식적으로 행동하라. 노력이나 인내는 필요 없다. 단지 중요성을 제로로 유지하려는 의식적인 의도가 필요하다.

이 게임에서 당신의 가능성은 오로지 당신 자신의 의도에 의해서만 한정된다. 펜듈럼의 힘은 오로지 중요성과 당신 의식의 각성도에 의해서만 한정된다. 기억하라. 내가 텅 비어 있으면 펜듈럼은 낚싯바늘을 걸 곳을 찾지 못한다. 게임의 속셈을 알아차리고 있으면 펜듈럼도 내게 시나리오를 강요하지 못한다. 펜듈럼이 당신을 어떻게든 좌절시키고 상처 입히고 균형 잃게 만들었다면 자신을 돌아보아 어딘가에서 중요성의 도가 지나치지 않았는지를 점검해봐야 한다.

당신의 균형을 흔들어놓은 그것에 대한 당신의 태도를 바꾸라. 당신의 중요성을 필요로 하는 것은 당신이 아니라 펜듈럼임을 기억하도록 하라. 당신의 영혼을 가두고 있는 상자는 중요성으로 만들어져 있다. 그 어떤 것에도 지나친 중요성을 부여하지 말라. 그저 당신의 것을 가지라. 주장하지 말고 평온한 태도로 그렇게 하라. 아직 그것이 잘 되지 않는다면 그 사실에도 아무런 의미를 부여하지 말라. 펜듈럼은 당신이 넋을 놓는 순간만을 기다리고 있다. 뭔가가 당신을 성가시게 하거나 다치게 하면 그것에서 중요성을 제거하라. 그것이 단지 펜듈럼의 놀음이라는 사실을 알라. 그렇다. 그들은 싸우는 것이 아니라 놀고 있다. 그것은 펜듈럼의 싸움이 아니다. 펜듈럼은 사실은 흙인형과도 같으므로.

그들의 게임은 악랄하다. 그것은 인간의 약점을 노린다. 중요성 줄이기를 게을리하면 당신은 당장 싸움에 진다. 하지만 중요성이 제로가 되면 펜듈럼은 텅 빈 당신을 헛발질하고 나가떨어질 것이다. 그러면 흙

인형은 산산조각난다. 당신은 게임의 룰을 간파했다는 사실에 힘을 얻을 것이다. 펜듈럼이 당신을 집적거리며 균형을 잃게 만드는 것을 알아차리면 그저 미소 지으며 중요성을 제거하라. 당신은 여기에 점차 익숙해질 것이다. 그러면 당신은 자신의 힘을 느끼게 될 것이다. 당신이 게임의 시나리오를 스스로 결정할 수 있음을 깨달을 것이다. 펜듈럼과의 게임에 승리함으로써 당신은 '선택의 자유'를 얻을 것이다.

프레일레*

우리는 지금까지 어떤 특성, 혹은 매개변수를 지닌 가능태 공간의 섹터에 대해 이야기해왔다. 편의상 우리는 이 특성을 주파수로 생각하기로 했다. 당신의 사념 에너지 주파수가 특정 섹터의 주파수와 맞고, 영혼과 마음이 일치하면 외부의도의 힘이 전이를 일으킨다. 달리 말해서, 특정 섹터의 시나리오와 무대장치가 당신 세계의 층 속에 물질화되는 것이다.

영혼도 저마다 고유한 매개변수의 조합을 지니고 있다. 이것을 영혼의 프레일레라고 부르자. 이 모델을 가능한 한 단순화하기 위해서 여기서도 프레일레를 그 사람의 주파수 특성이라고 생각하기로 하자. 눈의 결정이 형태가 같은 것이 하나도 없이 저마다 다 다르듯이, 사람의 프레일레도 저마다 다르다. 프레일레가 영혼이 지닌 저마다의 개성을 결정한다.

---

* 저자가 만들어낸 말로 특별한 본래의 뜻은 없음. 역주.

이 정의를 더이상 발전시키는 것은 의미가 없다. 프레일레는 모든 사람이 이런저런 식으로 걸치는 마음의 가면 뒤에 숨어 있어서 분명하지 않으므로, 그것이 정말 무엇인지는 다만 추측해볼 수 있을 뿐이다. 사람이 누구나 독특한 개성을 지니고 있음은 의심의 여지가 없다. 우리는 아는 사람의 성격과 버릇과 태도와 생김새를 묘사할 수 있지만, 이 모든 성질 뒤에는 어떤, 말도 필요 없이 파악되는 하나의 통합적 이미지가 있다. 우리는 말이 없이도 파악되는 이 개성적 핵심을 프레일레라고 부를 것이다.

설명할 수 없는 매력을 지닌 사람을 만나본 적이 있을 것이다. 더욱 묘한 것은, 이들이 신체적으로는 매력이 없는 사람일 수도 있다는 점이다. 하지만 그가 입을 열기만 하면 당신은 그의 신체적 결함에 대해서는 금방 까맣게 잊어버리고 그의 매력에 넋 놓고 빠져든다. 그의 무엇이 그토록 매력적이냐고 누가 묻는다면 당신은 다른 설명을 찾지 못하고 그저, "그에겐 뭔가가 있어"라고만 중얼거릴 것이다. 그처럼 매력적인 사람은 만나기가 힘들다. 주변에서 이런 사람을 떠올리지 못한다면 스타 연예인 중에서 그런 사람을 찾을 수 있을지도 모른다. 그들의 가장 두드러진 특징은 영혼 깊은 곳으로부터 우러나오는 비범한 아름다움과 매력이다. 이것은 인형의 차가운 아름다움이 아니다. 당신은 그것을 금방 알아차릴 수 있을 것이다. 인형의 아름다움은 단지 신체적으로 요구되는 기준에만 부합한다.

그러니까, 그 매력적인 아름다움이 감추고 있는 비밀은 그가 아름다운 영혼이나 모종의 영적 품성을 지녀서가 아니다. 당신은 트랜서핑의 또 한 가지 역설적 결론을 받아들여야(혹은, 정 싫다면 거부해야) 할 것이다. ― 소위 영적 아름다움 같은 것은 존재하지 않는다. 오로지 영혼과 마음의 조화가 있을 뿐이다.

자기 자신을 좋아하지 않고 불만족을 느끼면, 하기 싫은 일을 하고 있으면, 혹은 마음이 영혼과 갈등을 겪고 있으면 영적으로 아름다워질 수가 없다. 영혼과 마음 사이의 모든 갈등은 그 사람의 신체적 외모와 성격에 영향을 미친다. 하지만 자신에 대해 만족해하고 자신의 삶을 즐기고 좋아하는 일을 하고 있으면 그는 마치 내면으로부터 빛을 뿜어내는 것처럼 보인다. 이것은 그의 마음이 '영혼의 프레일레에 맞추어져 있음'을 뜻한다.

영혼과 마음의 일치는 그 사람의 사념 에너지를 외부의도와 성질이 같아지게 만든다. 자신에게 만족하고 영혼과 마음이 조화로운 상태도 이와 비슷한 상태를 만들어낸다. 영혼의 정서적 평안은 내면에 빛을 비춰주고, 그것은 영혼으로 하여금 그 본래의 성품을 되찾게 한다. 그리하여 그 조화의 아름다움이 사람들의 눈에 매력, 혹은 영적 아름다움으로 느껴지는 것이다. 그러한 아름다움은 사람들로 하여금 이 빛나는 사람을 남몰래 부러워하게까지 만든다. "저 사람은 어쩜 저렇게 온통 빛이 날 수가 있을까?"

마음이 영혼을 마음의 상자 속에 가두어 숨 막히게 하지 않고 온실의 장미처럼 사랑스럽게 돌보고 키워 작은 꽃잎들이 제대로 펼쳐지도록 주의 깊게 보살펴주면 영혼은 좋은 기분을 느낀다. 이것이 우리가 흔히 행복이라 부르는, 흔치 않은 일이다.

프레일레는 취미와 관심사, 그리고 사랑과 기쁨으로 하는 모든 일로서 나타난다. 프레일레의 현絃은 흔히 오랜 시간 동안 소리를 내지 않고 침묵해 있다. 가끔 어떤 신호가 그 현을 울리게 만든다. 이것은 어떤 이유로 당신의 영혼 속에서 뭔가가 움직이게 만든, 지나가는 말일 수도 있다. 아니면 그것은 당신이 발견한 무엇, 마치 모종의 자력과도 같이 당신의 영혼을 단번에 끌어당긴 어떤 것일 수도 있다. 당신이 희미하게 느끼고 있는 그 매력은 곧 당신 앞에 거듭거듭 나타날 것이다. 이것은 영혼의 외부의도의 작용이다. 하지만 그것은 영혼이 자기도 모르게 이 끌리고 있는 것이기 때문에 외부의도는 특별한 목적도 없이 작용하고 있다. 이때 당신은 영혼이 하라고 시키는 것에 귀를 단단히 기울이고 있다가 마음이 그것을 포착하게 해야 한다. 이것은 외부의도를 포착하여 원하는 것을 재빨리 얻어낼 수 있는 기회다.

그렇다면 영혼과 보조를 맞추지 못하도록 마음을 훼방하는 것은 무엇일까? 다름 아닌 중요성, 다름 아닌 펜듈럼이다. 이것들은 사람들에게 그릇된 목표와 가치를 강요한다. 앞서 보았듯이 아름다움과 성공과 행복의 기준을 정하는 것은 펜듈럼이다. 내적, 외적 중요성은 사람들로 하여금 이 기준에다 자신을 비교하고 맞추게 만든다. 물론 사람들의 마음은 숱한 결점과 불완전성을 발견하고는 자신을 미워하기 시작하고, 결국 그는 자신의 영혼까지 미워하기 시작한다. 마음은 모든 가면을 총동원해서 그의 프레일레를 기존의 기준틀에 구겨 넣으려고 애쓴다. 하지만 거기서는 좋은 일이 일어나지 않는다. 마음과 영혼 사이의 부조화만 커질 뿐이다. 이런 지경에서 영혼의 편안한 기분을 어떻게 논할 수 있겠는가! 마음은 자신의 장미에 비난과 불만의 물을 주고 있고, 장미는 갈수록 시들어간다.

마음은 보물을 찾아 영혼만 빼고 모든 곳을 돌아다닌다. 영혼이 마음에게 자신의 멋과 재주를 부끄럽게, 작은 소리로 말해주려고 애쓰는 동안 펜듈럼은 유혹적이고 시끄러운 목소리로 손님을 끈다. 마음은 프레일레를 바꾸려고만 애쓰지, 영혼의 목소리에는 귀를 기울이지 않는다. 물론 그것은 좋은 결과를 전혀 가져오지 못한다. 결국 마음과 영혼은 자신의 '불완전성'을 받아들이지 않기로 의견을 모은다. 외부의도는 '불완전성'이 문자 그대로 현실화되어, 갈수록 심해지기만 하는 인생트랙으로 그를 곧장 데리고 간다.

마음은 가면을 쓰면 자신을 기존의 틀에 맞게 고칠 수 있으리라고 생각한다. 아시겠지만 그것은 신기루를 잡으려는 거나 마찬가지의 헛수고다. 그는 자기 프레일레의 귀한 개성을 활용하지는 않고 남의 성공을 뒤좇다가 눈먼 사람처럼 자꾸만 유리창에 몸을 부딪는다. 하지만 스타의 성공은 다름 아니라 그의 마음이 영혼의 프레일레에 맞춰져 있었기 때문에 이루어진 것이다. 신기루를 좇는 사람은 실패한다. 그는 결국 자신에게 더욱 실망할 뿐이다. **자신에 대한 불만만 토하는 사람은 결코 자신에게 만족스러운 인생트랙에 이르지 못할 것이다.** 그가 방사하는 에너지의 매개변수는 자신에게 불만족할 이유가 널려있는 인생트랙의 조건에 맞아떨어진다.

펜듈럼은 이런 백해무익한 게임을 사람들에게 강요한다. 하지만 펜듈럼에게는 이 게임이 특별한 의미가 있다. 불만은 펜듈럼이 즐겨 먹는 에너지인 것이다.

어떻게 하면 마음을 영혼의 프레일레에 맞출 수 있을까? 그 유일한 방법은, 다른 누구보다도 영혼을 사랑해야 한다는 것을 마음에게 가르치는 것이다. 당신은 맨 먼저 자신을 사랑해야 하고, 그다음에는 다른 사람들의 덕목에 눈을 돌려도 좋다. 자신을 사랑한다는 것을 자기도취나 잘난 척하기와 혼동하지 말라. 후자는 자신을 다른 사람들보다 우월한 위치에 놓음으로써 생기는 것이고, 이런 태도는 가장 위험한 잉여 포텐셜을 만들어낸다. 자신을 사랑한다는 것은 자신의 고유한 개성을

157

이해하고, 모든 결점을 포함하여 있는 그대로의 자기 자신을 받아들이는 것을 뜻한다. 자신에 대한 사랑은 무조건적인 것이어야 한다. 그렇지 않으면 그것은 잉여 포텐셜로 변질해버릴 것이다. 당신은 자신에게 무조건 사랑받을 만한 가치가 있지 않은가? 사실은 당신 자신이야말로 당신이 가진 유일한 것이다.

자신의 프레일레와 갈등의 골이 깊어진 사람은 자신을 사랑하기 시작하는 일만도 버거울 것이다. "내가 나 자신을 좋아하지도 않는데 어떻게 자신을 사랑할 수가 있겠어?" 마음이 지키고 있는 이 태도를 살펴보라. "내가 내 마음에 든다면 나를 사랑해줄 거야." 이것은 내적, 외적 중요성이 커짐으로써 만들어진 가장 전형적 형태의 잉여 포텐셜이다. 외적 중요성은 타인이 정한 기준이 나에게 불가침의 진리가 될 때 커진다. 내가 남들의 덕목을 너무 높이 사고 있는 것은 아닐까? 내적 중요성은 내가 자신으로 하여금 다른 사람의 기준을 따르게 만들 때 커진다. 하지만 내가 그들보다 못하다고 누가 말했는가? 나밖에 없다. 내가 그랬다. 그렇다면 나의 자기평가는 너무 형편없이 낮은 게 아닐까?

자신을 사랑하기 시작하려면, 외적 중요성을 단 위에서 끌어내리고 다른 사람들의 기준을 숭배하기를 그치라. 당신만의 기준을 세우지 못하도록 누가 막기나 한단 말인가? 다른 사람들이 당신의 기준을 좇게 하는 편이 더 낫지 않은가? 내적 중요성을 버리고 자신을 놓아 보내라. 다른 사람의 기준에 맞추거나 따를 필요가 없다. 당신의 중요성을 필요로 하는 것은 펜듈럼이지 당신이 아니라는 점을 언제나 명심해야 한다. 온 마음으로 당신의 영혼을 사랑하기 시작하면 외부의도가 당신을 스스로 온전히 만족하는 그런 인생트랙으로 데려다줄 것이다. 그 모든 어려움에도 불구하고 자신을 좋아하기 시작한다면 당신은 외부의도를 움직여 당신이 상상하지 못했던 내면의 품성을 드러낼 수 있을 것이다. 당신의 사념이 자신에게 만족하는 에너지를 방사하기 시작하면 외부의 도는 당신을 붙잡아 정말 자긍심을 느낄 만한 인생트랙으로 데려다줄 것이다.

황금률은 이렇게 말한다. "네가 대접받고자 하는 대로 남을 대접하라." 어떤 이유가 있어서이겠지만, 타인을 사랑해야 할 필요성은 누구나 강조한다. 그러나 이 황금률은 맨 먼저 자기 자신부터 사랑해야 한다는 사실을 암시하고 있다. 펜듈럼이 강요하는 게임은 제쳐두고, 당장 자신을 사랑하는 일부터 시작하라. 당신이 받고 싶어하는 대접을 자신에게 하면서 즐기고 기뻐하라. 자신을 돌보고 가꾸라. 누군가가 음흉하게 웃으면서 이렇게 덧붙일지도 모른다. "달콤한 것과 나쁜 습관에 빠져들라." 이것은 펜듈럼의 꼬임이다. 이에 대해서는 나도 더이상 길게 말할 필요가 없다고 생각한다. 자신을 사랑한다는 것이 무슨 뜻인지는 당신이 잘 안다. 반면에 달콤한 것과 나쁜 습관은 사실 펜듈럼이 인간을 꼬여서 만들어낸 것이다.

성배聖杯를 찾아 밀림 속을 헤맬 필요가 없다. 성배는 당신 내면에 있다. ― 당신 영혼의 프레일레가 바로 그것이다.

영혼과 마음의 일치

영혼은 마치 아이처럼 신뢰의 팔을 벌리며 이 세상에 온다. 하지만 알고 보면 이 세상은 펜듈럼이 판치는 곳이다. 펜듈럼은 세상을 정글로 만들어놓았다. 펜듈럼은 즉시 영혼으로 하여금, 이 세상에는 영혼을 기다리고 있는 사람이 없으며 세상에서는 모두가 생존을 위해 싸워야 하고 펜듈럼에게 세금을 바쳐야 한다고 믿게끔 만들려고 애쓴다. 펜듈럼은 순진무구한 영혼을 곧장 좌절 속으로 빠뜨리려든다. 영혼은 자신의 소망을 돌봐줄 사람은 아무도 없으며, 세상에는 기쁨보다는 고통이 더 많고 작은 빵 덩어리 하나를 얻기 위해서는 정해진 휴일을 빼고는 날마다 열심히 일해야 한다는 말을 듣는다. 그게 전부다. 영혼의 작은 귀는 힘없이 늘어지고 슬픔이 눈물을 자아낸다. 혹은, 영혼은 분개한다. 이건 옳지 않아! 이건 부당한 일이야! 영혼은 털을 곤두세운다. 영혼에게 선택이란 둘 중에 하나밖에 없어 보인다. 실의에 빠진 채 펜듈럼이 강요하는 길을 정처 없이 가든가, 아니면 누구든 무엇이든 필사적으로 부여잡고 자신의 길을 찾아가든가 말이다.

펜듈럼은 인간의 마음을 세 가지 차원의 함정에 빠뜨린다. — 정신적, 감정적, 에너지적 차원이 그것이다. 인간의 일상적 세계관과 행동 방식은 펜듈럼에 의해 형성된다. 인간은 누구도 아닌 펜듈럼에게 가장 이득이 될 방식으로 생각하고 행동한다. 마음을 따라 영혼도 조건의 상자 속에 갇힌다. 어떤 일을 하든지, 거기에는 조건이 있다. 그리하여 인간은 무수한 제약을 받아들이도록, 그리고 배정된 게임 속의 정해진 역할을 수행하도록 강요받는다. 그런 조건들에 옭매인 영혼은 점차 배경으로 밀려나고 마음이 전권을 장악한다.

마음은 철모르는 아기를 가르치듯이 영혼을 가르친다. "무엇을 해야 할지는 내가 더 잘 알아. 그리고 너의 더듬대는 말은 전혀 도움이 되지 않아." 대부분의 사람에게 영혼은 이처럼 모든 권리를 뺏기고 겁에 질린 채 슬픈 눈으로 마음이 미쳐 날뛰는 꼴을 지켜보면서 구석에 꼼짝없이 박힌 신세가 되어 있다. 때로는 영혼과 마음이 일치를 이루기도 한다. 그런 순간에 영혼은 노래를 부르고 마음은 손을 비비며 흡족해한다. 하지만 그런 일은 좀체 자주 일어나지 않는다. 대부분의 경우, 두려움과 증오에 싸여 현실을 받아들이지 않으려는 태도에 이르러서야 마침내 영혼과 마음은 일치를 이끌어낸다.

선택을 해야 할 순간에서 영혼은 자기 의견을 피력할 권리가 없다. 마음은 영혼을 장난감 가게에서 장난감을 사달라고 떼쓰는 어린아이처럼 대한다. 마음의 대답은 언제나 정해져 있다. 예컨대, "우린 그런 거 살 돈이 없어." 이것이 꿈의 씨앗을 짓밟는 당신의 방식이다.

어떤 일이 일어나는지를 보자. 아이는 지금 당장 장난감을 원한다. 당신이 정말 장난감 사줄 돈이 없다면 아이에게 안 된다고 대답하는 것이 이상할 것은 하나도 없다. 하지만 영혼은 얼마든지 기다릴 준비가 되어 있다! 그런데도 마음은 백치와도 같은 확신으로 논의를 끝장내버린다. "우린 돈이 없어!" 결국 꿈은 근본적으로 실현이 불가능해진다.

마음은 펜듈럼에게서 강요받은 자기만의 사고방식을 가지고 있다. (펜듈럼은 지지자들에게 꿈을 선택할 자유조차 주지 않고 족쇄를 채워 놓음으로써 이익을 취한다.) 영혼에게는 논리 같은 것이 없다. 영혼은 모든 것을 문자 그대로 받아들인다. 마음은 영혼에게 돈이 없다고만 말한다. 하지만 영혼은 돈을 달라는 것이 아니다! 영혼은 장난감을 원한다! 그러나 마음은 돈이 없다고만 하면서 장난감을 금지한다.(그런 일은 일어나지 않을 거야, 그건 가지기가 힘들어…) 그리하여 영혼은 장난감이 없는 인생의 운명을 지고 자기 안으로 들어가서는 장난감 이야기는 다시 입 밖에 꺼내지도 않게 된다. 이리하여 꿈은 깊숙이 파묻혀 버린다.

마음은 이 꿈이 어떻게 실현될 수 있을지를 상상하지 못한다. 그래서 마음은 그것을 자기 세계의 층에 들여보내지 않는다. 인생이란 매사에 논리가 정연해야 하는 것 아닌가. 하지만 장난감을 사주기로 동의하기만 했다면 외부의도가 알아서 장난감 살 돈을 구해줬을 텐데. 그러나 펜듈럼이 만들어놓은 평범한 세계관은 그런 기적을 허락하지 않을 것이다. 지지자들에게 선택의 자유가 생긴다는 것은 펜듈럼의 이익에는 전혀 보탬이 되지 않는다.

인간은 합리적 세계관을 불가침의 법칙으로 떠받드는 어리석음을 범하고 있다. 그러나 이 법칙은 '짜가'라서 '깨부술' 수 있다. 세상에는 설명할 수 없는 '기적'이 일어난다. 그렇다면 그중 하나가 당신의 삶에서도 일어나도록 놔두지 못할 이유가 뭐란 말인가? 당신이 할 일이란 단지 당신의 영혼이 원하는 것을 가지도록 내버려두는 것이다. 펜듈럼이 당신에게 들씌워놓은 선입관과 제약의 거미줄을 벗겨내기만 한다면, 자신이 꿈을 이룰 자격이 있음을 진심으로 믿기만 한다면, 그리고 원하는 것을 가지도록 자신을 허용하기만 한다면 — 당신은 그것을 가질 것이다. **소원을 이루는 가장 중요한 조건은 자신이 그것을 가지도록 스스로 허락하는 것이다.**

장난감 가게에서 마음이 할 수 있었던 다른 대답들이 있다. "말도 안 되는 소리 마! 네게 무엇이 필요한지는 내가 더 잘 알아. 우린 보통 사람들이야. 이건 불가능해. 그건 아무나 가지는 게 아니야. 넌 그걸 가질 자격도 재주도 없어. 그건 네겐 너무나 과분한 것이야. 넌 보통사람처럼 살아야 해…." 이런 식의 생각들을 모두 펜듈럼이 만들어냈다는 사실을 몰랐다면 우리는 마음에게 멍청하기 짝이 없다고 욕을 퍼부었을 것이다. 하지만 이제 이 글을 읽는 동안, 마음이 그 오랜 착각에서 깨어나 자신의 '합리적' 주장이 전혀 터무니없는 것이었음을 깨닫기를 희망해보자.

영혼 없이는 마음이 이 세상에서 할 수 있는 일이 거의 없다. 반면에 이들이 힘을 합치기만 하면 못할 일도 없다. 왜냐하면 그들이 하나로 합치면 마법의 힘, 곧 외부의도가 생겨나기 때문이다. 하지만 영혼에게 는 외부의도를 부려서 목적을 이룰 능력이 없다. 영혼과 마음이 하나가 되면 외부의도를 제어할 수 있게 되고 정해진 목표에 이르는 데 이용할 수 있게 된다.

어렵거나 비현실적으로 보이는 일들은 합리적 세계관의 비좁은 울 타리 안에서는 해내기가 정말 어렵다. 여기에는 아무도 이의를 달지 않 는다. 당신이 눈앞에 어떤 목표를 세웠든 간에 나는 합리적 세계관의 틀 안에서 그 목표를 이루는 것은 힘들다는 데 동의한다. 하지만 무엇 이 현실적이고 무엇이 비현실적인지를 정할 권리를 어떤 가짜 권위가 장악하고 있다는 사실만을 이유로 당신의 꿈을 버리지는 말아야 한다. 당신도 자신의 기적을 이루어낼 권리를 행사해야만 한다.

행복의 비밀은 불행의 비밀만큼이나 간단하다. 그것은 단지 영혼과 마음이 서로 조화로우냐 부조화로우냐 하는 문제일 뿐이다. 사람이 나 이를 먹어갈수록 부조화는 커진다. 마음은 펜듈럼의 힘에 굴복하고 영 혼은 비참해진다. 당신이 어린아이였을 때, 영혼은 아직 장난감을 가질 꿈을 꾸고 있었다. 하지만 세월이 갈수록 그 희망은 점점 시들어간다. 마음은 그 꿈이 전혀 이룰 가망이 없다는 증거만 더욱 많이 발견해내고 그 실현을 자꾸만 뒤로 뒤로 미룬다. 이 미룸은 대개 남은 생 내내 이어 진다. 삶이 종착역에 이르도록 꿈은 먼지 덮인 서랍 속에 그대로 남아 있다.

영혼과 마음의 일치를 이루려면 먼저 영혼과 마음이 뜻을 모을 주제부터 정해야 한다. 달리 말해서 당신의 목표를 찾아야 한다. 그것은 너무나 명약관화한 일처럼 보일 수도 있지만 목표를 정한다는 것은 결코 만만한 일이 아니다. 사람들은 대개 자신이 원하지 않는 것은 정확히 알지만 자신의 진정한 소망이 무엇인지는 쉽사리 알아차리지 못한다. 펜듈럼이 사람들에게 가짜 목표를 강요하여 자신의 이익에 종사하게 만들 수 있다는 사실이 이것을 잘 설명해준다. 영혼은 전혀 다른 것을 원하는데 마음은 펜듈럼의 유혹을 좇아 달려가고 있다면 영혼과 마음의 일치는 논한다는 것 자체가 불가능한 일이다.

게다가 사람들은 펜듈럼이 시키는 온갖 일에 너무나 깊이 빠진 채 골몰해 있어서 잠시나마 앉아서 영혼이 정말 무엇을 원하는지를 제대로 생각해볼 시간조차 없다. 어렸을 때 영혼이 무엇을 원했었는지를 기억 속에서 더듬어보려면 따로 시간을 내야만 한다. 당신은 무엇을 좋아했는가? 무엇을 가지고 싶어했나? 무엇이 정말 당신을 매혹했는가? 그리고 세월이 가면서 당신은 무엇을 포기해야만 했는가? 자신에게 이렇게 물어보라. ─ 이전의 목표가 아직도 매력적인가? 당신이 정말 원하는 것이 무엇인지를 생각해보라. 그 목표가 거짓된 것일 가능성은 없는가? 당신의 온 영혼이 진심으로 그것을 원하는가, 아니면 그저 그것을 '원하기를' 원하는가?

자신의 목표에 대해 생각할 때 내적, 외적 중요성을 제거할 필요가 있다. 외적 중요성을 높여놓으면 그 목표는 성취하기 어렵고 칭송받을 일이라는 생각으로써 당신을 사로잡을 것이다. 당신은 펜듈럼의 미끼를 삼킨 것이다. 내적 중요성을 높여놓으면 당신은 이 목표에 이른다는 것은 당신의 능력을 넘어서는 일이라고 생각할 것이다. 목표는 다시 그 도달의 불가능성으로써 당신을 매혹한다. 하지만 그 목표는 정말 당신에게 필요한 것일까?

　목표를 생각할 때, 그것이 얼마나 중요하고 얼마나 칭송받을 일인지에 대해서는 생각지 말라. 도달 불가능성의 단 위에서 목표를 끌어내리라. 그렇게 함으로써 당신은 외적 중요성을 제거한다. 목표를 생각할 때 그것을 이룰 방법에 대해서는 생각지 말라. 그렇게 함으로써 당신은 내적 중요성을 제거하는 것이다. 자신의 기분 상태에만 주의를 기울이라. 목표가 이루어진다면 영혼이 좋은 기분을 느끼는가? 아니면 영혼을 짓누르는 짐의 무게를 느끼는가? 소망이 성취될지에 대해 의심이 있다고 하더라도 아직 그것이 당신에게 그 소망이 필요하지 않음을 뜻하는 것은 아니다. 중요한 것은, 당신이 오랫동안 소망해왔던 목표를 생각하고 있을 때는 영혼이 노래를 부른다는 것이다. 목표가 아무리 찬란하고 매혹적이더라도 뭔가 잘못되었다는 느낌이 있다면 당신의 목표는 그릇된 것일 수 있다. 이런 문제는 다음 장에서 자세히 다루기로 하자.

　특별한 목표가 없고 진정으로 원하는 것이 없다면 그것은 당신에게 에너지가 없는 것이거나, 아니면 마음이 영혼을 상자 속으로 완전히 몰아넣어 가두어버렸거나, 둘 중 하나일 것이다. 전자의 경우라면 건강을 돌봄으로써 활기를 회복할 수 있을 것이다. 어쩌면 당신은 건강하다는 것이 어떤 것인지조차 모를 수도 있다. 그것은 삶이 기쁨을 가져다주는 상태이며, 당신은 모든 것을 원하고, 그것도 한꺼번에 다 원하는 상태이다. 영혼이 아무것도 원하는 것이 없는, 그런 일은 있을 수가 없다. 사실이지, 영혼에게 이 삶은 하나뿐인 기회인 것이다.

　후자의 시나리오라면 당신의 선택은 한 가지밖에 없다. — 자신을 사랑하는 것이다. 당신은 남들을 위하는 일에 너무 멀리 떠밀려 가버린 것이 아닐까? 자신을 최우선 순위에 갖다놓으라. 당신 자신의 영혼이 뒷전 신세라면 다른 사람들도 당신에게서 좋은 것을 얻지는 못할 것이다. 펜듈럼은 말할 것도 없지만 사랑하는 사람을 위해서라고 하더라도 타인을 위한 봉사에 자신을 온통 바치는 것은 자신의 삶을 헛되이 낭비하는 짓이다. 당신의 삶은 다른 누군가에게 봉사하라고 주어진 것이 아니라 한 개인으로서 자신을 실현하라고 주어진 것이다. 영혼을 상자 속에 가두어놓는 것은 속으로 감추어진 불만족의 엄청난 잉여 포텐셜을 만들어내는 짓이다. 그리고 그것은 당신과 당신이 사랑하는 사람들에게 온갖 문제를 가져다줄 것이다. 당신은 자신이 오로지 그들의 행복만을 원한다고 생각하겠지만 실제로는 당신의 모든 노력이 그들에게 해를 줄 것이다.

자신을 잘 돌보라. 관심과 주의로써 자신을 대하라. 그러면 당신의 영혼은 온기를 얻어 작은 날개를 펼칠 것이다.

성공을 거두려면 당신이 '변해야만' 한다고 말하는 사람을 믿지 말라. 이 말은 당신도 이미 들은 적이 있을 것이다. 그렇지 않은가? 이것은 펜듈럼이 아주 전문적으로 써먹는 수법이다. 이 말은 당신이 어떤 일을 잘 풀리게 만들지 못한다면 그것은 곧 당신 자신에 대해 뭔가 조치를 해야 한다는 뜻인 것 같은데, 그렇다면 펜듈럼은 당신이 어떻게 변해야 한다고 생각할까? — 당신은 자신을 등지고 펜듈럼을 향하여, 펜듈럼의 요구를 만족시키기 위해, 펜듈럼의 이익에 부합하는 행동을 하기 위해 "내가 하는 대로 따라 하라"는 룰을 따라야 한다는 것이다. 그리고, 자신을 변화시키기 위해서는 자신과 싸워야 한다. 하지만 자신을 받아들이지 않는다면, 자신을 사랑하지 않는다면, 자신과 싸운다면, 어떻게 영혼과 마음의 일치가 일어날 수 있단 말인가? 영혼은 가짜 목표를 받아들이지 않는다. 영혼은 자신만의 관심사와 요구를 가지고 있다. 가짜 목표를 좇음으로써 당신은 아무것도 이루지 못하거나, 아니면 좇던 목표를 이루고 나서야 그것이 자신에게 진정으로 필요한 것이 아니었음을 깨달을 것이다.

트랜서핑은 어떤 식으로도 펜듈럼과는 무관하다. 그 때문에 완전히 다른 길을 제시할 수 있는 것이다. 자신을 바꾸려 하지 않고 있는 그대로 받아들이는 길 말이다. 펜듈럼이 강요하는 쓰레기로부터 등을 돌려 마음으로 하여금 영혼을 대면하게 하는 길 말이다. **영혼의 지시에 귀를 기울이라. 의식적으로 중요성을 제거하고 자신으로 하여금 가지게 하라. 그러면 당신은 영혼이 소망하는 모든 것을 얻을 것이다.**

영혼과 마음을 일치시키려면 영혼의 기분 상태에 자주 주의를 기울여야 한다. 당신을 괴롭히거나 실망시키는 것이 없고 평안하고 포근한 느낌일 때 당신은 기분이 좋아진다. 불편한 기분은 이와 반대의 경우다. — 뭔가 거북하고 뭔가가 짓누르고 있고 뭔가 두렵고 기분이 우울하고 가슴이 무겁다. 그런 느낌이 뚜렷하고 그것이 어디서 오는 것인지를 안다면 불편을 느끼고 있는 것은 당신의 마음이다. 마음은 대개 무엇이 자신을 겁주는지, 무엇이 걱정을 끼치는지, 무엇이 실의에 빠지게 하는지를 안다. 이런 상황이라면 마음에 의지해도 된다. 마음이 올바른 해결책을 제공해줄 것이다.

불편을 느끼고 있는 것이 당신의 영혼이라면 문제가 좀더 복잡해진다. 그 성질이 분명하지 않기 때문이다. 그것은 마치 모호한 징후와도 같은 느낌이다. 마음은 계속, 만사가 아주 좋아, 만사가 잘 굴러가고 있어, 걱정할 필요 없어, 하고 지껄여댄다. 하지만 마음의 주장에도 불구하고 당신은 어딘가 찜찜하다. 이것이 새벽별의 속삭임이다. 영혼의 목소리를 듣는 것은 크게 어렵지 않다. 해야 할 일은 단지 그것을 '알아차리는 것' 뿐이다. 논리적인 마음의 목소리가 너무나 커서 우리는 모호하고 애매한 징후에다 별다른 의미를 부여하려 하지 않는다. 마음은 논리적으로 분석하고 사건의 예후를 관찰하느라 바빠서 영혼의 느낌을 듣는 데는 주의가 미치지 않는다.

새벽별의 속삭임에 귀 기울이는 방법을 터득하려면 영혼의 기분에 관심을 기울이는 습관을 기르는 것밖에는 다른 방법이 없다. 어떤 결정을 내려야 할 때마다 먼저 마음의 목소리에 귀를 기울이고, 그다음에 영혼의 목소리를 들으라. 마음이 결정을 내리면 영혼이 즉시 거기에 긍정, 혹은 부정으로 반응할 것이다. 그것이 후자의 반응이라면 당신은 뭔가 기분이 불편한 느낌을 느낄 것이다.

영혼의 기분에 제때 주의를 기울이기를 잊어버렸다면 나중에라도 그 당시에 어떤 기분이었는지를 회상해보라. 그 결정을 내릴 때 당신은 뭔가 스쳐가는 기분을 느꼈었다. 그 순간에 마음은 자신의 꿍꿍이에 몰두해 있어서 영혼의 기분을 고려할 시간이 없었다. 이제 그때 최초로 스쳐간 기분이 어떤 것이었는지를 떠올려보라. 마음의 낙관적인 생각 뒤에서 무거운 느낌이 느껴졌었다면 당신의 영혼은 분명히 "안 돼"라고 말한 것이다.

영혼의 예감을 어디까지 신뢰할 수 있을까? 미래의 사건에 대한 어떤 징조를 느끼고 있다고 믿는다면 그런 것은 무시해도 좋을 것이다. 영혼이 제공하는 정보를 마음이 정확히 해석할 수 있다는 보장은 없다. **단 한 가지 안전하게 해석할 수 있는 것은, 마음이 내리는 결정에 대한 불편한 기분이다.**

기분이 편안하다고 해서 그것이 반드시 영혼이 "좋다"고 말하고 있음을 뜻하지는 않는다. 그것은 그저 영혼이 대답을 가지고 있지 않다는 뜻일 수도 있다. 하지만 영혼이 '안 돼'라고 말할 때는 그것을 분명히 감지할 수 있다. 앞장에서 말했지만, 영혼은 가능태 공간의 섹터를 볼 수 있다. 당신 마음의 결정이 효력을 발휘하면 그 섹터는 실현될 것이다. 영혼은 그 결과를 보면서 그에 대한 긍정, 혹은 부정의 태도를 표현하고 있는 것이다. 아무튼 간에 당신도 직접 경험해보면 영혼이 "안 돼"라고 할 때 그것은 언제나 옳았다는 것을 훗날 알게 될 것이다.

그러니 결정을 내려야 할 때 그것이 옳은지를 판명해줄 안전한 기준이 있다. — 영혼의 기분 말이다. 영혼은 "안 돼" 하는데 마음은 "좋아" 한다면 가능한 한 결정을 당장 철회하라. 영혼은 자신에게 해로운 소원을 빌지 못한다. 마음이 '넌 해야 되고, 할 거야'라고 말한다면 당신은 상황이 요구하는 대로 행동해야 한다. 살다 보면 간혹 피할 수 없는 것은 받아들여야 한다. 어느 경우든, 불편한 기분은 결정이 망설여지는 문제에 분명한 판단의 기준을 제공해준다.

선택한 목표에 대해 영혼과 마음의 일치에 이르렀으면 '가지겠다는, 그리고 행동하겠다는 결정의 일치'만 이루면 된다. 마음의 내부의도는 영혼의 외부의도와 융합되어야 한다. 당신이 내부의도의 경계 안에서 행동하고 있고 외부의도도 동시에 같은 방향으로 작용하고 있다면 목표는 이미 당신 호주머니 속에 들어 있다고 봐도 된다. 내부의도가 아직도 좀 불분명하다면, 다시 말해서 목표에 이를 분명한 방법을 모를 때는 가지겠다는 결정을 더욱 확고하게 하라. 외부의도는 내부의도보다 훨씬 더 강력하다. 그러니 외부의도는 당신에게 적당한 기회를 스스로 찾아낼 것이다.

강한 감정을 느끼고 있을 때도 실현된 것을 가지겠다는 결정에서 영혼과 마음이 이와 같은 일치를 이룬다는 것은 중요한 사실이다. 영혼과 마음은 대개 찬탄이나 경멸, 두려움 등에서 일치를 보인다. 우리는 온 가슴으로 사랑하고 미워하고 두려워한다. 영혼과 마음이 하나가 될 때 열정이 피어난다. "미워할 줄 모르는 자는 사랑도 배우지 못하리." 유명한 러시아의 작가 니콜라이 체르니셰프스키가 한 말이다.

목표를 올바로 선택했다면 영혼과 마음은 모두 기뻐할 것이다. 그 기쁨이 흐려지는 것은 목표가 매우 이루기 힘들 것이라는 생각 때문이거나, 아니면 안락지대가 너무 좁기 때문이다. 슬라이드를 이용하면 다음 상황을 바꿀 수 있다. — 당신의 마음은 그것이 과연 가능하기나 할지를 의심하고 있고, 영혼은 '새 의자'에서 긴장된 기분을 느끼고 있다. 당신은 이미 슬라이드를 이용하는 법을 안다. 안락지대가 넓어지면 당신은 영혼이 노래를 부르고 마음은 손을 비비면서 흡족해하는 일체감의 강렬한 기쁨을 얻게 될 것이다.

이것을 한 번 더 말해둬야겠다. — **목표를 생각할 때, 그것이 얼마나 칭송받을 만한 것인지, 얼마나 이루기 힘든 것인지, 그것을 이룰 방법이 무엇인지에 대해서는 생각지 말라. 다만 영혼의 기분에 관심을 기울이라.** 당신은 기분이 좋은가, 나쁜가? 그것만이 중요하다. 최악의 시나리오에서는 영혼의 긴장된 기분과 불편한 기분을 구분하지 못할 수도 있다. 긴장감이나 조심스러움은 영혼이, "이 모든 게 정말 나를 위한 것이란 말이야?" 하고 말하는 것만 같이 상황이 온통 너무나 생소할 때 생긴다. 한편 불편감은 져야 할 짐이 있다는 무거운 기분, 모종의 무거운 의무감, 슬픔, 두려움, 괴로운 걱정거리의 느낌을 준다. 슬라이드가 긴장감을 해소시켜주지 못한다면 당신이 겪고 있는 것은 분명히 불편한 기분이다. 그럴 때는 자신을 속이려들지 말고 다시 생각해봐야 한다.

— 이 목표가 정말 나에게 필요한 것일까, 하고 말이다.

청각적 슬라이드

사람은 시각, 움직임, 청각 등 세 가지 인식 형태 중 한 가지에 더 익숙할 수 있다. 어떤 사람들은 시각적 이미지를 사용하는 것을 더 편하게 느끼고 또 어떤 사람들은 육체적 감각이 더 예민하며, 또 어떤 사람들은 소리를 더 잘 듣는다. 지금까지 우리는 시각적, 감정적 이미지를 포함하는 슬라이드를 가장 권할 만한 것으로 이야기해왔다.

어떤 영적 수행에서는 확언 기법을 사용한다. 이것은 특정한 목표의 내용을 계속 반복해서 말한다. 예컨대, "나는 최고의 건강과 활력과 정서적 상태를 지니고 있다. 나는 평온하고 자신감이 넘친다." 이런 확언을 마음속으로, 혹은 소리 내서 반복하는 것은 청각적 인식 타입에 속하는 사람들에게 가장 좋다. 하지만 어느 한 가지에만 고정된 타입은 없으므로 누구든지 확언 기법을 잘 활용할 수 있다.

확언은 슬라이드와 같은 방식으로 작용한다. 하지만 확언을 할 때는 영혼과 마음의 언어가 다르다는 점을 고려해야 한다. 무엇보다도, 영혼은 말을 알아듣지 못한다. 무엇을 무심하게 그저 계속 되뇌는 것으로는 아무것도 이루지 못한다. 영혼은 말 없는 생각과 느낌만을 이해한다. 말은 어느 정도까지는 생각과 느낌을 옮길 수 있다. 하지만 그것 자체가 이미 아니다. 왜냐하면 말이란 생각과 느낌에 비하면 부차적인 것이기 때문이다. 무엇을 수천 번 되뇌는 것보다는 한 번 느끼는 것이 훨씬 더 효과적이다. 그러므로 **당신이 되뇌는 그것을 동시에 느끼려고 애써**

171

야 한다.

둘째로 **각각의 확언은 어떤 한 가지에 초점이 좁혀져야 한다.** 몇 개의 목표를 한 데다 뭉뚱그려서는 안 된다. 예컨대 앞의 확언은 내용이 꽤 괜찮아 보인다. 거기에는 당신이 원하는 것이 다 들어 있다. 하지만 이런 확언을 되뇔 때는 요구되는 느낌을 모두 한꺼번에 불러올 수가 없을 것이다.

셋째로, **단조로운 반복을 피해야 한다.** 확언이 바뀔 때는 새로운 경험과 느낌이 수반되어야 한다. 예컨대 "나는 평온하고 자신감에 넘친다"는 확언을 계속 반복해서 되뇌고 있으면 이 말은 이내 의미를 잃게 된다. 자신감은 자신을 가지려는 의도가 있을 때 나타나는 것이다. 욕망은 오랜 시간에 걸쳐 자신에게 확신을 심어주는 동안 무르익어야만 한다. 반면에 의도는 즉석에서 작용한다. ─ 자신 있기를 원한다면 자신 있으라.

그리고 마지막으로, 원인은 제거하지 않은 채 **결과와 싸우는 것을 확언해서는 안 된다.** 예컨대 걱정과 두려움의 원인이 아직도 남아 있는 상태에서는 "나는 걱정할 것도, 두려워할 것도 없다"고 되뇌어 봤자 아무런 소용이 없다. 뿐만 아니라 확언은 긍정적인 내용이어야 한다. 피하고 싶은 것을 끝없이 되뇌고 있지 말고 이루고 싶은 결과를 위해 자신을 프로그램하라. 예컨대 앞의 부정적 확언을 이렇게 바꾸는 것이 좋다. "매사가 나에게 유리하게 풀려나간다." 잘 풀려나가기를 바라는 것이 무엇인지가 구체적일수록 걱정을 덜 수 있다.

"매사가 잘 풀려간다"고 해야지, "매사가 잘 풀려갈 것이다"고 해서는 안 된다는 점을 주의하라. 확언을 미래 시제로 하면 그 미래는 결코 현재가 되지 않고 언제까지나 저 앞의 오아시스로 남아 있을 것이다.

당신은 마치 '주문하는 그것을 이미 가진 것처럼' 방사 에너지의 매개 변수를 맞춰야 한다.

영혼의 편안한 기분을 주문하는 것도 소용없는 일이다. 영혼의 편안한 기분이란 어떤 동떨어진 문제의 해결 여부와는 상관없는, 영혼과 마음이 조화될 때 일어나는 현상일 뿐이다. 이 조화는 '두루뭉술하게', 말하자면 추상적인 자기암시로써 이룰 수 있는 것이 아니다. 영혼은 구체적인 슬라이드를 사용해야만 길들여서 평온해지게 만들 수 있다.

확언은 당신이 감정적으로 '제로 상태'일 때, 곧 잉여 포텐셜이 없을 때만 효과를 발휘한다. 잠재의식에 확신을 심어주거나 명령을 내릴 수는 없다. 어떤 종류든 감정적 입력이 있다면 당신은 균형을 깨뜨리고 있는 것이다. 머릿속에 똑같은 생각을 자꾸만 반복해서 밀어 넣고 북을 두드리면 영혼은 '귀를 닫아버릴' 것이다. 확언을 하는 가장 효과적인 방법은 느긋한 상태에서 초연하게 하는 것이다. 아마 그럴 때에야 당신의 마음이 잠재의식의 귀에 들릴 것이다. 하지만 당신의 마음이 영혼에 확신을 심어주려고 날뛰고 있다면 그것은 마음 자신도 그것을 믿지 않고 있다는 뜻이고, 반복이 그 의심을 쫓아내주지도 못할 것이다.

마음으로 하여금 영혼에 압력을 가하게 하는 것으로는 아무것도 이루지 못한다. 가지겠다는 결정은 감정이 날뛰는 배경 앞에서는 형성되지 않는다. 당신이 가지고 있는 것들은 평범하고 자연스럽게 보인다. 당신은 우편함에서 우편물을 꺼내듯이 평온하게, 억지 부림 없이 자신의 것을 가진다. 가지겠다는 결정을 무조건 밀어붙이는 것으로 생각하고 있다면 당신은 펜듈럼의 손을 잡고 제자리만 맴돌고 있는 것이다. 때가 되면 펜듈럼은 당신을 놓아버릴 것이고, 당신은 이전의 우유부단함의 구덩이 속으로 다시 처박힐 것이다. 그러나 당신의 '가지겠다는 결정'이 '가지고자 하는 욕망'으로부터 해방되면 펜듈럼도 갈고리를 걸 데를 찾지 못하게 될 것이다.

아시겠지만, 확언은 일종의 '청각적 슬라이드'인 셈이다. 당신은 영상 슬라이드와 확언을 둘 다 활용할 수 있다. 이 둘이 합치면 최상의 효력을 발휘한다. 이 복합 슬라이드의 예를 보자. 당신의 새집의 모습이 담겨 있는 슬라이드다. 당신은 벽난로 앞에 앉아 있다. 흔들의자가 삐걱인다. 장작은 소리를 내며 타오른다. 불꽃을 바라보면서 앉아 있는 것은 너무나 멋진 일이다! 밖에서는 빗방울이 유리창을 때리고 찬바람이 소리를 낸다. 하지만 집 안은 따뜻하고 포근하다. 간이테이블에는 당신이 좋아하는 간식이 놓여 있고 텔레비전에서는 재미있는 쇼가 진행 중이다. 당신은 이 모든 것을 보고 듣고 느낄 수 있다. 당신은 자신에게 이렇게 되뇐다. "나는 편안하다." 당신은 슬라이드를 보고 듣는 것이 아니라 그 속에서 살고 있다.

가능태 공간으로 난 창

인간의 머릿속에는 제어 가능한, 혹은 제어되지 않는 온갖 잡다한 생각들이 어지럽게 돌아가고 있다. 어떤 이는 그것을 내면의 대화라고 하지만, 사실 그것은 독백이다. 마음은 자신 말고는 이야기할 다른 상대가 없다. 영혼은 생각하거나 말할 줄을 모른다. 영혼은 단지 느끼고 알 수 있을 뿐이다. 마음의 독백은 영혼의 고요한 느낌에 비하면 엄청나게 시끄럽다. 그래서 직관은 거의 드러나지 않고, 우리도 그것을 거의 알아차리지 못한다.

내면의 독백이 멎을 때 마음은 직관적 정보를 접하게 된다고 한다. 이것은 사실이지만 깨어 있는 상태에서 마음을 완전히 침묵시키는 것은 불가능한 일이다. 예컨대, 당신이 정신을 집중하여 생각과 말이 지나가지 못하도록 마음을 완전히 멈췄다고 하자. 그것은 말이 없는, 내면이 거의 텅 빈 상태와 같지만 그래도 그것은 독백을 완전히 멈춘 것과는 같지 않다. 마음은 잠들어 있지 않다. 사실 마음은 그와는 정반대의 상태다. 마음은 정신을 아주 바짝 차리고 깨어 있지만 뭔가를 하고 있다. ― 생각지도, 말하지도 않는 일 말이다. 그것은 이렇게 말하는 것과 같다. "좋아, 난 입을 다물 거야. 그러면 어떻게 될지 보자구."

이것은 착각이다. 독백이 멈춘 것처럼 보일 뿐인 것이다. 독백은 마음이 통제력을 꺼버리거나 최소한 방어태세를 내려놓아야만 멈춘다. 하지만 가짜로 독백이 멈추면, 마음은 방어태세를 그대로 유지하고 있고 영혼의 느낌은 마음의 '시끄러운' 침묵 속으로 더 깊이 빠져든다고 말할 수 있다.

마음이 통제력을 꺼버리면 당신의 인식은 가능태 공간 속으로 떨어질 것이다. 실제로 마음이 멈추는 일은 잠들었을 때나 깊은 명상에 들어갈 때만 일어난다. 이를 통해 어떤 실질적 소득을 얻을 수 있는 경우는 오직 자각몽을 꿀 때나, 아니면 깊은 명상 속에서 의식이 깨어 있는 경우이다.

자각몽은 하나의 흥미로운 실험으로서, 외부의도를 다루는 연습의 기회로서도 활용할 수 있다. 그렇다면 의식이 깨어 있는 중에 내면의 독백이 멈춘 상태는 어떻게 활용할 수 있을까? 바로 여기에 열쇠가 있다. 마음의 통제력이 느슨해지면 작은 '창문'이 저절로 열리고, 그곳을 통해 영혼의 직관적 느낌이 당신의 의식으로 뚫고 들어오는 것이다.

직관은 내면의 목소리라고도 불리는 희미한 예감으로서 나타난다. 마음이 힘을 잃으면 그 순간에는 영혼이 느끼고 아는 그것을 감지하기가 쉬워진다. 당신은 새벽별의 속삭임, 말 없는 목소리, 생각 없는 명상, 소리 없는 소리를 들은 것이다. 당신은 뭔가를 깨닫지만 그것은 희미한 통찰이다. 당신은 생각하는 것이 아니라 직관적으로 느낀다. 모든 사람이 삶의 한 순간에 직관이라는 것을 경험한다. 예를 들어, 당신은 누군가가 집으로 찾아올 것 같은 느낌을 느끼고, 어떤 일이 일어날 것 같은 예감을 느끼고, 어떤 일을 해야겠다는 무의식적인 충동을 느끼고, 뭔가를 그냥 안다.

생각이 난무할 때는 마음의 분석기능이 심판 역할을 한다. 마음은 모든 데이터에 재빨리 꼬리표를 달아 분류하고 정리한다. 그래야 만사가 합리적이고 논리적으로 돌아가는 것이다. 내면의 독백을 멈춘다는 것은 마치 심판에게서 호루라기를 뺏고 벤치에 앉혀 놓는 것과도 같다. 마음은 눈앞의 광경을 지켜보지만 이제는 게임을 통제하지 못한다.

마음은 데이터를 바쁘게 처리하면서도 틈틈이 짧은 휴식시간을 만들어내고 있다. 그것은 마치 마음이 잠시 짬을 내어 벤치에 앉아 쉬는 것과도 같다. 이때가 직관적 정보를 향해 창문이 열리는 때다. 이런 때 당신은 문자 그대로 잠들어 있다. 이것은 당신에게는 어쩌면 정말 놀라운 사실일지 모르지만, 실제로 그렇다. 모든 사람이 낮 시간에도 몇 번씩 잠에 빠진다. 다만 창문이 열리는 순간이 매우 짧기 때문에 그것을 알아차리지 못할 뿐이다.

꿈속에서 영혼은 이리저리 멋대로 날아서 어디로든 갈 수 있다. 깨어 있는 상태에서 열린 창문에서는, 꿈속과 달리 영혼은 가능태 공간의 특정 섹터에 초점을 맞추고 있다. 이 섹터는 그 순간에 마음을 스쳐갔던 생각과 관련된 것이다. 생각의 맥락이 영혼의 시선을 돌려 그와 관련된 섹터를 바라보게 한 것이다. 거기서 영혼은 현재의 생각의 내용과 관계된 지식을 발견한다. 창문이 열리면 이 지식이 곧장 마음속으로 뚫고 들어온다. 영혼이 감지하는 이 인상에 깨어 있는 마음이 주의를 돌리면, 다시 말해서, 마음이 이 짧은 찰나의 꿈을 기억하면, 마음은 바로 이 '직관적 지식'을 얻게 되는 것이다.

직관적 깨달음이란 보통 마음속에서 절로 번쩍 떠오르는 통찰이라고 여겨진다. 한편에서는 '위로부터' 하나의 결정이 마음에 내려왔다고 하고, 다른 한 편에서는 마음이 혼자서 그 결정을 찾아냈다고 한다. 그렇다면 이 '난데없는 지식'의 출처는 어디일까? 사람들은 이 기이한 사실을 대수롭지 않게 여기고 그저 그것이 마음의 속성이라고 말한다.

트랜서핑 모델로부터 우리는 깨달음의 메커니즘이 이와는 전혀 다른 성질의 것임을 알 수 있다. 마음은 논리적 사고로써 결론을 찾아낸다. 하지만 현재의 논리적 정보의 사슬로부터는 결코 얻어낼 수 없는 행방불명의 연결고리인 깨달음은 영혼을 통해 가능태 공간으로부터 오는 것이다.

영혼이 느끼는 모호한 기분은 불안, 좌절, 혹은 영감, 열의 등으로 나타난다. 이 모든 느낌은 한마디로 묘사될 수 있다. ― 의기소침. 영혼은 마음에게 뭔가를 전하고 싶어하지만 설명할 능력이 없는 것 같다. 번민과 초조, 죄책감, 무거운 의무감, 실의 등이 당신이 가장 두려워하는 현실로 나타난다. 영혼과 마음은 이 모든 기분에 동감한다. 그리하여 우리가 가장 두려워하는 것이 외부의도와 그 작용에 의해 현실화된다.

불행은 한꺼번에 찾아온다는 말이 있다. 이 같은 에너지 매개변수를 지니고 있으면 우리는 '불행이 한꺼번에 몰려오는' 최악의 인생트랙으로 끌려간다. 때로는 유도전이가 우리를 인생의 암흑기로 몰고 간다. 거기서 빠져나오는 데는 오랜 세월이 걸린다. 기가 죽어 있을 때는 가장 두려워하는 일이 즉석에서 현실화하는 것을 당신도 목격할 수 있을 것이다. 외부의도가 상황이 거의 눈앞에서 악화되는 그런 인생트랙으로 당신을 데려가는 것이다.

영혼은 문제를 감지하는 한편으로, 마음이 영혼과 일치하도록 도움으로써 실제로 그 임박한 문제가 실현되도록 돕고 있다. 이 일치를 당신이 가장 바라는 목적에 적용시킬 수 있다면 당신은 외부의도를 이로운 쪽으로 돌릴 수 있다. 이 때문에 트랜서핑은 당신에게 중요성과 부정적태도를 거부하고 목표를 이루는 쪽으로 사념 에너지를 의식적으로 돌리도록 권하는 것이다. 아시다시피 슬라이드가 사념 에너지의 매개변수를 조정하도록 도와준다. 당신은 깨어 있는 의식 상태에서 슬라이드를 활용해야 한다. 창문이 열리는 순간을 포착한다면 이때도 같은 방법을 활용할 수 있다.

직관적 지식과 예감은 저절로 떠오른다. 이때 마음은 소극적으로 영혼의 능력을 이용한다. 마음은 그저 그 순간 영혼이 가 있는 섹터로부터 정보를 얻어내는 것이다. 그렇다면 우리의 과제는 '의도적으로 직관적 예감을 불러낼 수 있게 되는 것'이다. 영혼의 돛을 올바른 방향으로 향하게 하기 위해서는 이것을 할 수 있어야만 한다.

이것을 과연 어떻게 할 수 있을까? 마음이 힘을 잃는 순간을 포착해야 한다. 이때만은 영혼의 기분을 감지하려고 애쓸 필요가 없다. 대신 그 기분을 일부러 유도해내야 한다. 즉, 열린 창문에다 순간적으로 슬라이드를 끼워야 하는 것이다. 그 슬라이드에는 당신이 그 속에서 느끼는 느낌이 담겨 있어야 한다. 열린 창문에 슬라이드를 끼울 때, 당신은 영혼에게서 정보를 얻어내는 것이 아니라 영혼을 가능태 공간의 특정 섹터로 향하게 하는 것이다. 이것을 해내면 당신의 마음은 외부의도와의 접점을 찾게 될 것이다.

잠들기 전에 침대에 누워서 슬라이드를 상영하면 이와 비슷한 효과를 얻을 수 있으리라고 생각할 수도 있다. 그러면 슬라이드는 부드럽게 꿈으로 바뀌고, 영혼과 마음의 일치가 일어날 것이다. 그러나 의아하게 들릴지는 몰라도 이것은 효과가 없다. 그 이유는 곧 말해줄 것이다. 그동안에 이 의문에 대한 답을 찾아보라. — **꿈속에서 슬라이드를 상영하는 것은 왜 소용이 없을까?**

프레임Frame

외부의도에 의해 형성된 사건과 직관적 느낌이 예고한 사건 사이에는 일종의 과도구역이 있다. 달리 말해서 어떤 일이 일어날 것처럼 느껴질 때, 당신은 은연중에 지나치는 생각으로써 그 사건을 스치고 있는 것이다. 이런 사건은 대개 현실화된다. 특히 마음이 영혼의 직관적 느낌에 동의할 때는 더 그렇다. 여기 질문이 있다. — 당신은 단지 어떤 일이 일어나리라는 느낌을 느낀 것뿐일까, 아니면 당신의 잠재의식적 생각이 외부의도처럼 작용하여 이 사건을 끌어들였을까?

이 의문에는 간단하게 답할 수가 없다. 두 가지가 다 일어날 수 있다. 꿈속에서는 어떤 일이 일어날지가 더 분명하다. 뭔가에 대한 생각이 슬쩍 스치기만 해도, 혹은 어떤 일이 어떻게 일어나리라는 예감만

179

느껴도 그것이 그대로 이루어진다. 꿈에서는 외부의도가 거침없이 실현된다. 그렇다면 여기서 우리는 무엇을 알 수 있을까?

마음속의 시나리오가 꿈속에서 실현된다는 사실 뿐이다. **꿈은 물질적 현실에는 아무런 영향도 미치지 않는다.** 가상현실로만 남아 있을 것이다. 그렇다면 꿈의 외부의도는 왜 가상 섹터를 물질적으로 실현시키지 않을까? 그것은 물질현실의 불활성과 관계가 있으리라고 생각될 것이다.

실제로, 꿈을 물질현실과 비교한다는 것은 작은 종이배를 프리깃함(전투용 대형 범선)과 비교하는 것과도 같다. 작은 종이배는 외부의도가 입김을 살짝 불기만 해도 순식간에 날아가 버린다. 하지만 프리깃함을 움직이려면 대형 돛과 긴 시간이 필요하다.

하지만 꿈의 외부의도가 가상섹터를 물질현실로 실현시키지 못하게 막는 것은 불활성만이 아니다. 당신은 원하는 만큼 마음대로 슬라이드를 상영할 수 있고, 심지어 그것을 자각몽 속에서도 상영할 수 있을 것이다. 하지만 그것은 목표를 향해 한 걸음도 데려다주지 못한다. 문제는, 꿈에서는 외부의도가 단 한 가지 기능밖에 못 한다는 것이다. — 영혼을 한 가상 섹터로부터 다른 섹터로 옮겨주는 것 말이다. 꿈에서 일어나는 일은 이것이다. — 마음은 자신의 기대에 따라 영혼의 깃털 돛을 올리고, 외부의도는 즉시 작은 종이배를 해당 섹터로 데려다놓는다. 이것이 전부다. 외부의도의 임무는 완수됐다.

현실에서는 외부의도의 작용이 단숨에 완수되지 않는다. 의도의 바람이 불어도 프리깃함은 움직이지 않는다. 영혼과 마음의 일치가 일어나면 돛이 제 방향을 향한다. 돛의 크기는 일치의 정도에 따라 달라진다. 바람은 프리깃함을 금방 해당 섹터에 데려다주지 못한다. 사념 에너지의 매개변수는 이미 당신의 목표가 있는 섹터에 맞추어져 있지만 물질적 실현은 그 앞의 섹터에서 지체되고 있다. 그러므로 목표 섹터가 실현되려면 의도의 바람이 당분간 좀더 불어줘야 한다.

그러나 꿈의 외부의도는 프리깃함을 전혀 움직이게 하지 못한다. 종이배에 달린 깃털 돛밖에 없기 때문이다. 프리깃함의 돛은 올려져 있지 않다. **의도의 바람은 꿈속의 작은 종이배만을 움직일 수 있을 뿐, 물질적 실현의 프리깃함은 움직이지 못한다.**

그래서 꿈에서 슬라이드를 상영하는 것은 물질적 실현을 일으키는 데는 도움이 되지 않는다. 영혼의 돛은 영혼이 가상공간 속을 날아다닐 수 있게 해주지만 물질적 실현점의 이동과는 실질적으로 아무런 상관이 없다. 자각몽 속에서 슬라이드가 가진 유일한 기능은 영혼의 안락지대를 넓혀주는 것뿐이다. 하지만 그것만으로도 대단한 것이다. 그러니 당신이 자각몽을 연습하고 있다면 꿈속에서 슬라이드를 상영하는 것은 영혼의 안락지대를 넓혀주는 이상적인 방법이다.

깨어 있을 때는 의식과 잠재의식이 모두 물질세계의 울타리 안에 있다. 마음은 영혼의 전반적 경로를 물질적으로 실현된 섹터 안에 한정시킨다. 앞에서 이야기했듯이, 마음은 정해진 틀에다 자신의 인식을 끊임없이 끼워 맞춘다. 깨어 있는 상태에서 마음속에 슬라이드를 상영하는 것은 사념 에너지의 매개변수를 아직 실현되지 않은 섹터에다 동조시키는 것이다. 영혼과 마음이 목표를 향해 일치를 느끼는 정도에 따라 당신의 돛은 외부의도의 바람을 안기 시작하고 프리깃함은 당신의 목표 섹터를 향해 서서히 움직여가기 시작한다. 물질적 실현점이 목적지에 이르면 외부의도의 작용은 완수된 것이다.

차이를 알겠는가? 꿈속에서 외부의도의 작용은 결말을 보고, 깨어 있을 때 외부의도의 작용은 계속 이어진다. 꿈속에서는 매개변수가 즉시 당신의 욕망에 맞추어지고, 그로서 끝이다. 하지만 현실에서는 그것이 느리고 점진적인 과정이 된다. **깨어서 슬라이드를 상영할 때는 물질적 실현의 돛이 올려진다. 그리하여 외부의도는 꿈의 작은 종이배가 아닌 프리깃함을 움직인다.**

내가 이 모든 복잡한 의문을 단순한 비유로써 설명한다는 이유로 혼란스러워하지 마시기 바란다. 우리의 마음이 보유한 이름표 중에서는 이보다 더 적절한 비유를 찾을 수가 없다. 아무튼 이 방법으로써 그 모든 것의 핵심이 더 분명히 전달된다.

마음이 잠시 잠에 떨어질 때 가능태 공간을 향해 열리는 창문은 인식의 초점을 현재의 물질적 현실의 맥락 속에 남아 있게 한다. 그래서 보통의 꿈에서와는 달리 창문 속의 프리깃함의 돛은 그대로 올려져 있다. 바로 그 순간에 당신이 슬라이드를 창문에 끼운다면 외부의도의 돌풍이 물질적 실현점을 상당히 멀리까지 옮겨다줄 것이다. 창문이 지닌 힘은, 창문이 열리는 순간에는 영혼과 마음의 일치가 극치에 달한다는 데에 있다. 졸고 있는 마음은 통제력을 놔버리고 꿈속에서처럼 비현실을 자신의 인식틀 안으로 들여보낸다. 영혼의 돛은 팽팽히 부풀고 외부의도는 최대의 힘으로 작용한다.

이 방법은 좀 어렵긴 해도 시도해볼 만하다. 자신을 관찰하면서 직관적 느낌에 늘 주의를 기울이는 것부터 시작해야 한다. 그러면 창문이 낮 시간에도 꽤 자주 열린다는 사실을 깨닫게 될 것이다. 마음은 수시로 자신의 수다와 통제에 스스로 지친다. 그래서 잠시 잠깐씩 경각심을 놓치는 것이다. 그 순간, 당신이 끌어오고 싶은 사건의 느낌을 의도적으로 창문 속으로 끼워 넣는 것이다. 그것은 말이 아니라 느낌이어야 한다.

당신이 소원했던 것이 실현된다면 어떤 느낌일지를 상상해보라. 목표에 도달하는 슬라이드를 머릿속에서 몇 번 상영하라. 그리고 우리가 '프레임'* 이라고 부를 전체 슬라이드를 한바탕 시연해보라. 예컨대 당신은 계약서에 사인을 하고 흡족해한다. 아니면 시험을 잘 통과하여 교수가 당신에게 악수를 청한다. 혹은, 당신이 일등으로 결승 테이프를 끊는다. 당신은 이런 식의 영화를 반쯤 열린 창문에다 끼워 넣어야 한다. 프레임은 한 단어로 된 제목을 가질 것이다. 예컨대, "이겼다!", "그래!", "멋지다!" 또는 뭐든지 당신이 원하는 대로 말이다. 이 제목이 그 프레임의 이름이 될 것이다.

창문을 포착하는 것은 어려운 일이다. 왜냐하면 그것을 해야 하는 것은 졸고 있는 마음이기 때문이다. 마음은 창문을 포착하고는 깨어나는데, 그러면 창문은 즉시 닫혀버린다. 당신은 조금씩 요령을 터득하게 될 것이다. 여기에는 확고한 의도와 인내심이 필요하다. 먼저 마음의 도움을 받아, 목표가 실현된 것을 느끼는 프레임을 만들어내야 한다. 마음이 이 과정에 적극적으로 참여하게 하라. 그다음에, 아직은 창문을 포착하려 애쓰지 말고, 마침내 목표를 이뤘을 때 느낄 기분의 핵심을 확실히 잡을 수 있을 때까지 이 프레임을 상영하라. 핵심적인 느낌을 창조하라. 그런 다음에는 기회가 찾아올 때 열린 창문에 그 프레임을 즉시 끼워 넣는 시도를 해볼 수 있을 것이다.

이렇게 해야 한다. ― 졸고 있던 마음이 자신이 졸고 있음을 알아차

---

* frame 창틀, 영화의 한 화면이란 뜻. 여기서는 이 두 가지 의미가 복합적으로 사용되므로 우리말로 옮기지 않고 저자가 사용한 영어 단어 그대로 사용했다. 역주.

리는 순간, 아직 깨어나지 않은 상태에서 즉시 창문에 프레임을 끼워 넣어야 하는 것이다. 이것이 내면의 독백이 멈췄을 때 외부의도가 할 기능이다.

성공하지 못하더라도 자꾸만 시도해보면 이것은 차차 습관이 되고, 당신의 마음은 열린 창문에다 자동적으로 프레임을 끼우는 법을 터득하게 될 것이다. 마음이 아직 깨어나지 않은 상태에서 자동적으로 프레임을 작동시킬 수 있어야 한다는 것이 핵심이다.

프레임 방법이 당신에게 너무 어렵다면 실망에 빠져 있지 말고 한쪽에 미뤄두라. 이 방법은 단지 정보의 차원에서 언급한 것뿐이다. 처음 해봐서 잘 되지 않는다면 당신에게는 그것이 필요 없다. 평소의 슬라이드 작업과, 과정을 심상화하는 일을 계속하라.

어쨌든 창문에 주의를 기울이는 습관을 들이는 것은 유용한 일이다. 창문이 열리는 순간을 포착하는 법을 터득해놓으면 생활 속에서 직관적 통찰이 더 자주 일어날 것이다.

요약

- 마음은 의지를 갖고 있지만 외부의도를 감지하지 못한다.

- 영혼은 외부의도를 감지하지만 의지가 없다.

- 영혼과 마음의 일치가 외부의도를 당신의 의지에 복종시킨다.

- 당신의 영혼은 어느 모로도 다른 사람들의 영혼에 뒤지지 않는다.
  당신은 최고의 것을 모두 누릴 자격이 있다.

- 당신은 필요한 것을 다 가지고 있다. 그것을 쓸 줄만 알면 된다.

- 스타들은 스스로 태어나지만 그들을 조명해주는 것은 펜듈럼이다.

- 펜듈럼은 모든 사람이 저마다 고유한 능력을 지니고 있다는 사실을 감춘다.

- "내가 하는 대로 따라 하라"는 룰이 보편적으로 용인되는
  펜듈럼의 틀을 만들어낸다.

- 모든 영혼에게는 자신만의 개인적 '스타' 섹터가 있다.

- 마음이 허용하기만 하면 영혼은 스스로 자신의 섹터를 찾아낼 것이다.

- 당신 영혼의 무한한 가능성을 믿는 대담성을 자신에게 허용하라.

- 당신의 환상적 개성을 주장하는 대담성을 자신에게 허용하라.

- 기쁨은 자신에게 남겨놓고 자부심은 수호천사에게 주라.

- 사람의 생각과 행동은 그가 펜듈럼에 얼마나 의존하는가에 좌우된다.

- 중요성을 최소화하고 깨어 있는 의식으로 행동하라.

- 어떤 것에도 지나친 의미를 부여하지 말라.

- 중요성을 필요로 하는 것은 당신이 아니라 펜듈럼이다.

- 끈질김과 노력이 아니라, 깨어 있는 의도가 중요성을 제로로 유지시켜준다.

- 프레일레는 한 사람의 영혼이 지닌 개성의 진수를 나타내준다.

- 마음은 남의 기준을 좇느라 영혼으로부터 자꾸만 멀어져 간다.

- 마음을 영혼의 프레일레에 맞추면 당신은 숨겨져 있던

  엄청난 미덕을 발굴해낼 것이다.

- 영혼과 마음이 일치를 이루면 영혼은 노래하고

  마음은 흡족함에 손을 비빈다.

- 목표를 어떤 방법으로 이룰지를 고민하는 마음은

  안 그래도 성취하기 어려운 목표에 치명타를 가한다.

- 자신에게 가지게끔 허락하는 것이 소원을 이루는 가장 중요한 조건이다.

- 목표에 대해 뭔가 마뜩치 않은 느낌이 든다면

  그것은 아무리 흥미가 끌리더라도 그릇된 것이기 쉽다.

- 자신을 바꾸라고 부추기는 사람을 믿지 말라.

- 괴롭고 우울한 느낌이거나 짐을 진 느낌이라면

  영혼이 불편을 느끼고 있음을 알아차리라.

- 영혼이 좋은 기분이라고 해서 확실히 "좋다"는 대답은 아니다.

- 영혼이 불편한 기분이라면 그것은 확실히 "안 돼"라는 대답이다.

- 목표를 생각할 때, 그것이 얼마나 성취하기 어렵고 칭송받을 만한 것인지,

  목표에 어떻게 이를지에 대해서는 생각지 말고

  단지 영혼의 기분 상태에만 주의를 기울이라.

- 확언에는 그에 어울리는 느낌이 수반되어야 한다.

– 각각의 확언은 긍정적인 것이어야 하고 목표를 구체적으로 겨냥해야 한다.

– 확언은 결과가 아니라 원인을 겨냥해야 한다.

– 확언의 시제를 현재로 하라.

– 가지겠다는 결정에 욕망이 개입되어 있지 않으면

  펜듈럼도 갈고리를 걸 곳을 찾지 못한다.

– 무엇을 고집하지 않는 평온한 마음으로,

  우편함에서 우편물을 꺼내듯 가지라.

제4장 목표와 문

사람에게는 저마다 진정한 행복을 얻을 수 있는 자신만의 길이 있다. 어떻게 하면 그 길을 찾을 수 있을까? 당신은 이제 그것을 찾으려 하고 있다. 하지만 당신의 욕망이 늘 당신의 가능성과 일치하는 것은 아니니, 당신이 정해놓은 목표에 도달하려면 과연 어떻게 해야 할까? 당신의 가능성은 오로지 당신의 의도에 의해서만 한정된다는 사실을 당신은 직접 목격하게 될 것이다. 고정관념의 틀을 깨부수면 이전에는 다가갈 수 없었던 문을 열게 될 것이다.

나만의 선택

이 장에서 우리는 펜듈럼이 끊임없이 강요해오는 가짜 목표로부터 영혼의 진정한 열망을 구별해내는 방법에 대해 이야기할 것이다. 문제는, 아무리 매력적일지라도 가짜 목표는 실망밖에는 아무것도 가져다주지 못한다는 것이다. 가짜 목표를 좇다가는 당신의 모든 노력이 펜듈럼을 살찌우는 데만 바쳐지고 정작 당신은 아무것도 얻지 못하든지, 아니면 목표에 도달하고 나서야 그 목표가 사실은 당신에게 아무런 소용도 없는 것임을 깨닫든지 하게 될 것이다. 삶이 준 유일한 기회를 잃고 그 실수를 바로잡는 데 귀한 시간을 낭비하는 것이 가치 있는 일일까? 한평생은 긴 세월처럼 느껴질지 몰라도 정신 차리고 보면 어느새 쏜살같이 지나가 있다. 그러니 진정한 나의 목표, 나만의 행복을 가져다줄 목표가 무엇인지를 알 필요가 있다.

골치 아픈 이론으로 이 장을 시작하고 싶지는 않다. 당신은 이미 복잡한 이론적 배경에 지쳤을 것이다. 무거운 주제를 조금이라도 쉽게 이

해시키려고 최선을 다하긴 했지만 언제나 성공적이지는 못했다는 것을 나도 알고 있다. 하지만 어떡하겠는가? 우리는 몇 가지 별난 의문들을 다뤄봤고, 그 결론 또한 놀라운 것이었다. 내가 이렇게 약간의 이론적 바탕을 제시하지 않았다면 당신의 마음은 트랜서핑의 원리와 같은 것을 진지하게 생각해볼 일이 없었을 것이다. 아무튼 이제 가장 복잡한 내용이 기다리고 있으므로 나는 이 장을 실질적인 문제로부터 시작해서 풀어나가려고 한다.

목표를 정하는 방법을 설명해줄 가장 단순하고도 인상적인 비유는 옷 고르기다. 그리고 이것은 목표를 정하는 기술을 익히기 위한 훈련법으로도 활용할 수 있다. 당신도 아마, 잘 어울릴 것 같은 옷을 사왔는데 그것이 갑자기 싫어졌다든가, 아니면 더이상 어울리지 않았다든가, 또 아니면 그 옷에 어떤 문제가 생겼던 일을 몇 가지쯤 기억해낼 수 있을 것이다. 그리고 어떤 옷이 눈에 띈 즉시 마음에 들어서 샀는데 그것을 아직도 즐겨 입고 있는, 그런 일도 있을 것이다. 이 두 가지 경우 사이에서 다른 점은, 앞의 옷은 다른 사람의 것이고 뒤의 옷은 당신의 것이라는 사실이다.

당신에게 어울릴 것 같았던 첫번째 옷은 다른 사람을 위한 것이었다. 어쩌면 당신은 그것을 친구나 어떤 모델이 입고 있는 것을 보았을 수도 있다. 어떤 옷이 다른 사람에게 잘 어울려 보인다고 해서 그것이 반드시 당신에게도 어울리리라는 뜻은 아니다. 그리고 그것은 당신의 신체적 결점의 문제가 아니라 개성의 문제다. 모든 옷이 잘 어울리는 것은 모델로서는 아주 좋지 못한 결점이다. 사람들에게 강한 인상을 주는 것은 보편적인 아름다움이 아니라 세련되게 부각된 개성인 것이다.

이것은 굳이 이처럼 장황하게 이야기할 필요도 없을 정도로 분명한 사실이라는 것을 나도 안다. 하지만 당신은 실제로 뭘 사야 할지를 정하지 못해 고민하면서 기웃거리느라 쇼핑에 많은 시간을 허비하곤 한다. 여러 가지 스타일에 대해 안다거나 패션 지식이 있다거나 심지어 감각이 있다는 것조차도 별 도움이 되지 않는다. 오랫동안 헤매 다닌 끝에 마침내 옷을 골라도 마음에 쏙 들지는 않는다. 당신에게 꼭 어울리는 옷을 언제나 찾아낼 수 있게 되려면 당신의 옷과 다른 사람을 위한 옷을 구별해내는 비법을 터득해야만 한다. 그런 묘기는 어떻게 부릴 수 있을까? 그것이 얼마나 간단한 일인지를 안다면 당신은 놀랄 것이다!

우선, 선택의 문제로 절대로 고민하지 말라. 그런 상황에서는 균형이 여지없이 흔들린다. 그 문제로 자신을 괴롭히면 괴롭힐수록 결과는 더욱 엉망이 된다. 여러 가지 옷을 놓고 어느 것이 좋고 나쁜지를 따질 필요가 없다. 마음이 선택에 끼어들어서는 안 된다. 마음과 마음이 하는 생각은 당신이 아니기 때문이다. 그것은 펜듈럼의 영향력이 남겨놓은 껍질일 뿐이다. 그저 전시회에 온 것처럼 아무 생각 없이 느긋한 마음으로 둘러보라.

우선은 당신이 가지고자 하는 것이 무엇인지를 대략적으로 정의하라. 시시콜콜한 내용까지 상상할 필요는 없다. 어떤 종류의 옷을 사고 싶은가 하는 것만 정하면 된다. 예컨대, 코트를 사야 한다면 목표를 그저 코트를 고르는 것으로 정하라. 그것으로 충분하다. 더이상의 불필요한 조건을 내걸지 말라. 영혼이 옷을 고르게 하라. 사실은 영혼이 당신의 본질에 훨씬 더 가깝다. 영혼은 한 구석도 놓치지 않고 딱 어울리는 옷을 적절한 때에 틀림없이 골라낼 것이다. 옷의 홍수 속에서도 어떤 옷에 특별히 느낌이 끌린다면 당신은 그 즉시 드디어 물건을 찾아냈음을 깨닫게 될 것이다.

이것을 다시 한 번 강조하고 싶다. ─ 그 옷에 왜 끌리는지는 따질 필요가 없다. 당신은 그냥 그것을 좋아할 뿐이고, 그에 대해서 할 말은 단지 이것뿐일 것이다. ─ "이게 바로 내가 찾던 거야." 당신은 더이상 고민하지 않고 그것을 살 것이다.

오랫동안 찾아다녔지만 못 찾았다고 해도 걱정하지 말라. 당신의 물건은 이 가게 아니면 저 가게에 있을 것이다. 세번째 가게에는 없을 수도 있지만 열번째 가게에는 있을지 모른다. 그것은 참을성 있게 당신을 기다리고 있다. 그러니 당신도 참을성을 발휘하라. 허둥대며 우왕좌왕하지 말라. 의심으로 자신을 고문하지도 말고 자신을 나무라지도 말라. 당신에게 완벽한 확신을 심어주기 위해서, 당신의 것과 타인의 것을 구별하는 비결을 특별히 알려주겠다. 이것은 정말 믿을 만하면서도 간단하다.

이미 말했듯이, 옷을 고를 때 어느 것이 좋고 나쁜지를 따져서는 안 된다. 하지만 점원에게 "예스"든 "노"든 말을 해야만 할 때가 온다. 그 순간 당신은 아주 곤히 잠에 빠진다. 당신 생각엔 그게 아닌 것처럼 보이더라도 말이다. 점원이나 친구가 문제의 옷에 대해 말하고 있을 때, 당신의 잠은 유독 깊어진다.

물건을 고를 때마다 나서서 설치는 것은 마음뿐이다. 마음은 좋고 싫음을 따지고 결정이 합리적이고 확신이 드는지 생각의 잣대를 대보고, 동시에 주변사람들의 의견에도 귀를 쫑긋거린다. 마음은 그 과정에 너무나 깊이 빠져들어서 영혼의 기분 따위에는 아랑곳하지도 않는다. 이런 뜻에서 당신의 마음은 곤히 잠들어 있는 것이다.

좋다, 잠자게 내버려두라. 마음이 결정을 다 내릴 때까지 건드리지 말라. 하지만 결정이 내려지는 순간, 아무에게도 귀를 주지 말고 **깨어나서 다음을 점검하라.** ─ **결정을 내렸을 때 어떤 기분이었는가?** 영혼의 기분 상태는 마음이 내린 결정에 대한 영혼의 태도를 말해줄 것이다.

당신도 이미 알고 있듯이, 영혼의 기분이 편안하다는 사실 자체는 확실한 답을 제시해주지 못한다. 영혼은 자신이 무엇을 원하는지를 늘 확실히 알고 있는 것은 아니라서 머뭇거릴 수도 있다. 당신이 그 옷을 첫눈에 좋아했다면 영혼이 "좋다"고 한 것이다. 그러나 다음 순간 마음이 끼어들어서 따지고 살펴보기 시작한다. 마음이 상황을 따져보고 나서 "좋다"고 한다면 그 옷은 당신의 것이다. 하지만 처음부터 좋아한 게 아니라 그것이 살 만한 가치가 있어 보여서 사기로 했다면 당신은 영혼이 느끼고 있을지도 모를 아주 사소한 불편감에도 세심히 주의를 기울여보아야만 할 것이다. **영혼은 자신이 무엇을 원하지 않는지는 언제나 확실히 알고 있다.**

당신이 머뭇거리고 있다면, 그 옷의 어떤 점이 약간의 불편감이나 우려를 일으키고 있다면, 눈곱만큼의 의심이나 부정적 느낌이라도 든다면, 그것은 다른 사람의 옷이다. 마음은 그 옷의 좋은 점을 다 들먹이면서 멋진 말로써 당신을 설득하려고 애쓸지 모른다. 당신이 그 옷의 스타일이나 크기가 딱 맞는다고 자신을 '설득시키려고' 애쓰고 있는 것을 알아차린다면 그 옷은 미련 없이 던져버려도 된다. ─ 그것은 당신의 옷이 아니다.

선택의 확실한 기준은 다음의 단순한 진리 속에 있다. ─ **자신을 설득해야 한다면 그것은 다른 사람의 것이다.** 이것을 알라. ─ **그 옷이 당신의 것이라면 자신을 설득할 필요가 없다.**

자, 마지막으로, 옷을 고를 때 다른 사람들의 의견에 귀를 기울여야 할까? 나는 그래야 한다고 생각하지 않는다. 당신 외에는 그 누구도 당신의 것인 그 물건을 찾아낼 수가 없다. 당신이 그 옷을 정말 좋아한다면 다른 사람들도 당신이 그 옷을 입은 것을 보고 좋아할 것임을 확신해도 좋다.

가격에 대해서는 할 말이 딱 하나 있다. ― 당신의 옷을 호화로운 가게에서 찾아야만 할 이유는 전혀 없다. 하지만 어떤 옷이 비싼 것이라면 트랜서핑이 당신 삶에서 돈의 문제를 해결하도록 도와줄 것이다. 당신이 더 많은 돈을 갖는 목표가 아니라 자신만의 진정한 목표를 정하고 그것을 향해 간다면 돈은 저절로 들어올 것이고, 쓰고 남을 만큼 갖게 될 것이다.

보시다시피, 자신의 옷을 고르는 과정에는 트랜서핑의 중요한 원리가 다 적용된다. 당신은 마치 전시회에 온 것처럼 쇼핑을 한다. 무엇을 막무가내로 찾아내는 것을 목표로 삼지 않고 그저 관조하면서 말이다. 그럼으로써 당신은 목표에 도달하고자 하는 욕망을 뿌리친다. 당신은 자신의 옷이 어딘가에서 기다리고 있다는 사실을 차분히 의식하고 있고, 그것을 다른 사람의 것들 사이에서 어떻게 찾아낼지를 확실히 알고 있다. 그러므로 중요성은 최소화된다. 당신은 결정이 내려진 직후에, 깨어나서 전체 과정을 인식한다. 그러므로 당신은 깨어 있는 의식으로써 행동하고 있고, 게임의 시나리오를 결정하는 것은 당신이다. 마지막 결정을 내릴 때 당신은 영혼의 기분 상태에 주의를 기울인다. 그리고 당신은 틀리지 않을 것이다. 왜냐하면 이 불확실성의 세계 속에도 믿을 수 있는 든든한 탑이 하나 우뚝 서 있기 때문이다. ― 그것은 영혼과 마음의 일치라는 탑이다. 그리고 마지막으로, 철저한 계획으로 자신을 상황 속에다 꽁꽁 묶어놓고 누가 뭐라 하든 자기방식만을 고집하는 대신,

가능태 흐름에 몸을 맡기고 있으면 일은 훨씬 더 수월해질 것이다. 자신을 스스로 허락하기만 한다면, 사실상 삶은 하나의 가벼운 소풍이다. 당신의 것인 그것을 가지라. ― 주장을 내세울 필요도 없이 편안하게.

자, 이게 전부다. 이제 당신은 단순하고도 강력한 비법을 알았다. 이제 당신은 편안한 마음으로 쇼핑을 나갈 수 있다. 오늘 아무것도 사지 못했다고 할지라도, 당신은 이미 남의 물건을 사들이는 불상사로부터 자신을 구해낸 것이다. 당신의 물건이 어딘가에서 기다리고 있다는 것을 알므로 당신은 평온하고 확신에 차 있다. 그리고 당신은 그것을 틀림없이 찾아낼 것이다. 중요한 것은, "예스"나 "노"를 말하기 전에 깨어나서 자신의 느낌을 살펴보고 알아차리기를 잊지 않는 것이다.

다른 사람, 예컨대 아이들을 위해서 옷을 살 때는 이 방법은 먹히지 않는다. 사실 먹히기는 해도 자신의 옷을 살 때만큼 높은 정확도로는 아니다. 당신의 영혼이 다른 사람을 위한 물건을 찾아내지는 못한다. 그러니 실질적인 고려에 의지할 수밖에 없다. 하지만 동시에, 아이들에게 자신의 옷을 고를 기회를 주라. 어른과는 달리 아이들은 자신의 물건을 잘 찾아낸다.

물론 이 방법은 옷을 사는 데만 한정되는 것이 아니다. 자신을 위해 무엇을 골라야 할 때는 언제든지 이것을 활용할 수 있다. 그리고 나는 당신이 손에 들고 있는 이 책이야말로 당신의 것이기를 진심으로 희망한다.

유행의 리더

유행의 첨단을 달리고 싶은가? 사실 예전에는 당신이 할 수 있는 일이란 단지 다른 사람들이 옷을 어떻게 입는지를 살피고 가장 새로운 패션을 따르려고 애쓰는 일뿐이었다. 하지만 그 패션은 누가 만들어내는지를 생각해봤는가? 패션은 선도적인 패션 디자이너의 살롱에서 태어나는 것이 아니다. 그들은 단지 그것을 찾아낼 뿐이다. 새로운 유행 패션은 펜듈럼으로부터 비교적 자유로운 사람들에 의해 만들어진다. 이 사람들은 오직 자신의 독자적 판단과 기호에만 지배받는다. 그리고 그것이야말로 유행을 일으키는 사람이 되는 방법이다. 그들은 가슴이 시키는 대로 옷을 입는다. 그러면 그것이 정곡을 찌른다. 다른 사람들이 그들의 아이디어에 주목하고, 그것이 모방되어 절로 퍼져 나가는 것이다.

최신 유행만 맹목적으로 따르다가는 자신의 모습을 완전히 망가뜨려놓을 수 있다. 사람들의 옷 입는 모습을 관찰하다 보면 유행을 따르지 않는 소수의 고상한 사람들이 눈에 띈다. 그들의 옷 입는 방식에는 뭔가 다른 점이 있다는 것을 곧 알아차릴 수 있다. 그들에게는 아무도 패션에 처진다느니 하는 식의 흠을 잡지 못한다. 이와는 반대로, 최신 유행 옷을 입고 다니지만 전혀 어울리지 않아서 불쌍하게 보일 뿐인 그런 족속들도 끝없이 마주치게 된다. 모방자들은 패션이라는 펜듈럼이 내세워놓은 타인의 목표를 향해 내부의도의 길을 맹목적으로 따라간다. 그들은 멈춰 서서 자기가 좋아하는 것은 무엇인지를 생각해보지도 않고 "내가 하는 대로 따라 하라"는 펜듈럼의 규칙에 복종한다. 이 대목에서 프랑스의 속담이 하나 떠오른다. — "패션에 처질까봐 걱정하지 말고 바보처럼 보이지 않을까를 걱정하라."

외면적으로 패션은 스타일에 관한 것이지만 그 내적 본질은 그 스타일 안에서 특별히 당신에게 어울리는 그것이다. 당신은 단지 당신이 원하는 것이 무엇인지에 대한 분명한 아이디어만 있으면 된다. — 고상하게 보이고 싶은가, 아니면 멋지고 산뜻하게 보이고 싶은가? 이것은 같지 않다. 당신은 어느 쪽이 더 마음에 드는가? 시대에 완전히 뒤처진 구식 옷을 입을 수도 있다. 하지만 그것이 당신의 것이라면 모든 사람이 부러운 눈으로 바라보게 될 것이다.

유행을 따른다는 것은 패션 펜듈럼의 게임에 참여하는 것 이상의 아무것도 아니라는 것을 당신도 아마 진작 눈치 챘을 것이다. 패션의 유행은 금방 나타났다가는 어느새 자취를 감춘다. 그것은 수명이 짧은 펜듈럼 중의 하나다. 당신이 패션 펜듈럼의 영향 아래에 놓여 있는 것을 깨닫더라도 그것이 그리 큰일은 아니다. 흥미롭고 고상하게 보이기를 당신의 목표로 삼으라. 그 구체적인 모양에 대해서는 신경 쓰지 않아도 된다. 그저 여러 가게를 돌아다니면서 위에서 말한 방법들을 연습하면서 옷을 살펴보라. 현재의 유행 패션에 대해서는 신경을 *끄*라. 그 옷을 봤을 때 느껴지는 느낌에만 주의를 기울이라. 저울질하고 따지는 분석 기능을 완전히 멈추라. 따지고 계산하느라 바쁜 자신을 알아차리는 즉시 그 부질없는 짓을 그만두고 새벽별의 속삭임에 귀를 기울이라.

십중팔구 이것이 당장 잘 되지는 않을 것이다. 자신에게 시간을 얼마든지 주고, 목표를 실현시키려는 욕망을 뿌리치라. 잘 되지 않더라도 어쨌든 손해 볼 것은 아무것도 없다. 목표를 이뤄야 한다는 의무로부터 자신을 해방시키라. 중요성을 내려놓고 손아귀에서 힘을 빼라. 그저 느긋하게 거닐면서 다양한 옷을 구경하고, 단지 호기심으로 입어보라. 가능태 흐름에 몸을 맡기라.

동시에 마음속에서 목표의 슬라이드를 상영하는 것도 유용할 것이다. 하지만 그것은 당신의 구체적인 모습을 묘사하는 것이어서는 안 된다. 슬라이드는 당신이 독창적이고 흥미롭고 고상한 모습으로 사람들의 눈을 끌 때 느낄 기분을 담고 있어야 한다.

사치스럽거나 눈길을 사로잡는 것을 찾으려는 욕망을 버리라. 단지 별나게 보인다는 사실만으로는 그것이 당신이 바라는 결과를 가져오리라는 보장이 없다. 당신은 이미 몇 가지 놀라운 발견을 해내려 하고 있음을 믿으라. 좀 지나면 당신은 틀림없이 독창적이고 혁신적인 답을 발견할 것이다. 영혼과 마음이 일치를 이루는 즉시, 당신은 처음 맛보는 기분을 느낄 것이다. 그것은 놀라움과 기쁨의 뒤범벅일 것이다. 당신은 그것을 금방 알아차리지만 이렇게 말하지는 않을 것이다. ─ "이게 바로 내게 필요했던 거야." 대신 당신은 이렇게 외치고 싶을 것이다. ─ "믿을 수가 없어! 이건 충격이군!" 바로 그렇다. 당신의 가능성은 오로지 당신의 의도에 의해서만 한정되는 것이다.

성공의 비밀은 당신이 펜듈럼의 영향력에서 벗어나 자신만의 길을 갔다는 사실 속에 숨어 있다. 게다가 하늘에 떠오르는 새로운 별을 보면 펜듈럼은 어떻게 하는가? 앞장에서 말했듯이, 그들은 그것을 조명한다. 펜듈럼에게는 당신을 스타로, 그들의 총아로 만들어주는 것밖에는 선택의 여지가 없다. 펜듈럼은 모든 것을 자신의 통제권 안에다 가둬놓고 싶어한다. 그래서 펜듈럼은 심지어 당신의 성공을 도와주기까지 할 것이다. 그리고 운이 좋다면 당신은 자신만의 펜듈럼을 만들어내고, 그것의 총아가 될 것이다.

물론 지금까지 말한 모든 것은 단지 옷에만 해당되는 이야기가 아니다. 똑같은 원리가 당신이 하는 모든 일에 적용될 수 있다. 당신 자신이 된다는 것은 엄청나게 멋진 특권이다! 그리고 그것이야말로 바로 모든 사람이 가질 수 있는 특권이다. 하지만 오직 소수만이 감히 그렇게 할 수 있다. 그 이유는 하나밖에 없다. ― 사람들이 펜듈럼에 너무나 뿌리 깊이 의존해 있기 때문이다. 펜듈럼은 복종 잘하는 꼭두각시 인형을 필요로 하지, 독립적인 개인을 필요로 하지 않는다. 당신에게 남은 유일한 할 일은 불필요한 영향력으로부터 자신을 해방시켜, '자기 자신이 되는' 것이다.

달리 말해서 당신의 마음은 다음의 단순한 진리를 명심해놓아야 한다. ― **모든 사람이 귀한 보물을 지니고 있다. ― 자기 영혼의 고유한 개성 말이다.** 모든 사람이 내면에 성공의 열쇠를 가지고 있는데도 사용할 줄을 모른다. 당신의 마음이 영혼의 작은 손을 잡고 가게로 데려가게 하라. 영혼이 스스로 장난감을 고르게 하라.

영혼과 마음의 일치는 이토록 귀한 것이라서 문자 그대로 돈이 된다. 문화와 예술의 모든 걸작품이 이 일치의 소산이다. 스타들이 스타인 것은 단지 사람들이 자신에게서 찾아볼 수 없는 그것, 즉 영혼과 마음의 일치에 매혹되기 때문이다.

타인의 목표

지금까지 우리는 외부세계를 인생트랙들이 모여 이루어진 섹터들로 구성된 가능태 공간으로서 바라보았다. 사념파 에너지의 매개변수가 특정 섹터의 매개변수와 맞으면 그 섹터는 물질현실로 나타난다. 하지만 에너지 차원에서 인간은 고유한 스펙트럼의 방사파를 지닌 개체적 존재다. 각 개인은 가능태 공간 속에 '자기만의' 인생트랙을 가지고 있다. 그의 영혼의 프레일레에 잘 어울리는 인생트랙들 말이다.

자신의 인생트랙 위에 있으면 그는 장애물에 거의 부딪히지 않고, 모든 환경조건이 그에게 유리하게 돌아갈 것이다. 영혼의 프레일레가 자신의 인생트랙과 잘 맞아떨어지면 그는 목표를 쉽게 성취한다. 이와 똑같은 이치로 열쇠는 자물쇠에 잘 맞아 돌아가서 닫힌 문을 열어준다. 이것이 정확히 왜, 어떻게 그렇게 되는지는 우리가 알 필요가 없다. 중요한 것은 오직 각자에게 자기만의 길, 자기만의 문이 있다는 실질적인 사실이다. 자신의 문을 지나서 자신의 목표를 향해 가면 모든 일이 술술 잘 풀린다.

자신의 길을 등지는 최악의 경우에는, 온갖 불운이 몰려와서 삶은 생존을 위한 끝없는 투쟁으로 바뀐다. 그것은 영혼에게는 끔찍한 비극이다. 휴가 날에 날씨가 찌뿌드드하면 우울해지는 것은 당연하지 않은가? 이 삶이 주는 유일한 기회가 망쳐질 때 영혼이 어떤 기분일지는 당신도 상상할 수 있으리라.

펜듈럼에게 사로잡힌 마음이 자신의 삶을 망치는 것을 보면서도 영혼은 아무것도 바꿔놓지 못한다. 마음은 이 세상에 올 때 자신이 무엇을 해야 할지, 무엇을 원하는지, 무엇을 위해 살아야 할지를 모른다. 영혼은 확실히는 모른다고 할지라도 최소한 이런 것들에 대한 약간의 단서는 가지고 있을지도 모른다. 그러나 마음은 영혼의 말에 귀를 기울이지 않는다. 펜듈럼이 곧장 마음을 휘어잡고 자신의 목표와 게임의 규칙을 강요한다. 펜듈럼은 사람들로 하여금 타인의 목표를 택하고 타인의 문 앞에 몰려들게 만든다. 마음에 힘을 미쳐보려는 영혼의 가냘픈 노력은 허사가 된다. 펜듈럼의 힘은 이토록 막강하다.

많은 사람들이 어릴 때부터 성공이란 부단히 노력해야만 얻어지는 것이라는 생각을 주입받아왔다. 그뿐인가, 우리는 장애물을 극복하며 끈질기게 목표를 향해 걸어가야 한다. 인간의 가장 끔찍한 실수는 행복을 위해서는 싸워야 하며 인내와 끈기를 보여줘야 하고 수많은 장애물을 극복해야 한다고 믿는 것이다. 기본적으로, 우리는 자신의 자리를 차지하고 살아남기 위해서 싸워야만 한다. 이것은 매우 해롭고 잘못된 고정관념이다.

이런 고정관념이 어떻게 형성되었는지를 한 번 살펴보자. 사람은 대개 펜듈럼의 영향으로 자신의 길로부터 이탈한다. 물론 이런 경우 그는 많은 장애물에 부딪히게 되어 있다. 하지만 그는 행복을 얻고 싶어하고, 그래서 이 장애물들을 극복해야만 한다. 추측해보라, 그의 실수는 무엇이겠는가? 그가 다른 누군가의 문을 통해 다른 누군가의 목표를 향해 가고 있다는 사실일까? 아니다. 이 책의 다른 모든 것처럼, 그 답은 다시 한 번 당신을 놀라게 할 것이다.

그의 실수는 다음의 그릇된 믿음에 있다. ─ "장애물을 극복하면 거기에 행복이 기다리고 있을 거야." 그것은 한갓 착각일 뿐이다. 행복은 거기에 없다! 아무리 몸부림을 쳐봐도 그는 지는 해를 좇는 자일 뿐이다. **타인의 인생트랙 위에 서 있는 자에게 행복은 없다. ─ 가까운 미래에도, 먼 훗날에도.**

엄청난 노력 끝에 주어진 목표에 도달한 많은 사람들에게도 결국은 황폐한 느낌밖에는 남는 것이 없다. 그 행복은 어디로 갔을까? 그것은 애초부터 거기에 없었다. 사실 그것은 당신이 행복을 좇는 중에 펜듈럼에게 에너지를 헌납하도록 만들기 위해 펜듈럼이 만들어놓은 허깨비다. 다시 한 번 말하겠다. ─ **저 앞에는 행복이 없다. 그것은 지금 여기,**

현재의 인생트랙 위에 있지 않으면 애초부터 없었다.

트랜서핑 모델을 따르자면 행복이란 무엇일까? 자기만의 목표를 이룬다면 행복이 오지 않을까? 또 틀렸다. **행복은 당신의 문을 통해서 당신의 목표를 향해 가는 동안에 온다.** 어떤 사람이 자신의 인생트랙 위에, 자신만의 길 위에 있을 때, 목표는 저만치 앞에 놓여 있더라도 그는 이미 행복하다. 이것이 삶이 소풍이, 잔치가 되는 때다. 목표가 이루어지면 그것은 두 배의 기쁨이 될 것이다. 하지만 목표를 향해 움직여가는 것 자체가 이미 하루하루를 잔치로 바꿔놓는다. 타인의 목표를 향해 간다면 잔치는 어디까지나 존재하지 않는 미래의 것으로 남을 것이다. 다른 누군가의 목표를 이룬다면 실망과 황폐감만 남을 뿐, 행복은 결코 찾지 못할 것이다.

당신의 목표란 당신에게 진정한 기쁨을 가져다주는 것이다. 그것은 일시적 만족을 가져다주는 것이 아니라 '살아 있다는 기쁨'을 가져다주는 무엇이다. 당신의 문이란 당신을 당신의 목표로 인도하는 길이다. 당신의 길에서 당신은 열망과 열의를 느껴야 한다. 그 길에서는 모든 일이 쉽기만 하리라는 것은 아니다. **중요한 것은 목표를 향해 가는 것이 당신을 황폐화시키지 않고 오히려 늘 신명 넘치게 한다는 것이다.**

당신의 문을 지나 당신의 목표를 향해 가면 장애물은 쉽게 극복되고 어떤 노력도 당신에게 큰 짐이 되지 않는다. 하지만 늘 신경이 곤두서 있고 일에 신명이 나지 않고 목표를 향해 가는 일이 피곤하기만 하다면 그것은 당신이 다른 누군가의 목표를 좇고 있거나, 아니면 다른 누군가의 문을 통해 억지로 가려고 애쓰고 있는 것이다.

타인의 목표 ─ 그것은 언제나 당신을 압박하여 일을 하게 만든다. 그것은 의무다. 당신의 목표에서 '조금이라도 강요된 의무'를 발견한다면 그것을 미련 없이 던져버리라. 목표가 당신의 것이라면 자신을 설득할 필요가 없다. 자신의 목표를 향해 가는 것은 즐거운 소풍이다. 그것을 이루어가는 과정은 기쁨을 가져다준다. 다른 누군가의 목표를 향해 갈 때는 수많은 장애물을 넘어가야 한다. 타인의 목표를 향해 가는 길은 언제나 힘겨운 싸움이다. 펜듈럼은 모든 사람이 큰 기계의 일부로서 작은 톱니의 역할을 충실히 해낼 것을 요구한다. 아무리 발버둥 쳐도 당신은 그 일을 계속 하고 있을 것이다. 왜냐하면 펜듈럼은 당신으로 하여금 어떤 일이든 그것을 이룰 유일한 방법은 열심히 노력하는 길밖에 없다고 믿게끔 만들어놓았기 때문이다. 그러니 굳센 사람이라면 모름지기 자신을 이기고 만나는 장애물을 극복해야만 하고, 물과 불의 시련을 거쳐 자신의 입지를 쟁취해야만 한다. 그리고 만약 당신이 나약한 사람이라면, 그저 분수에 맞게 입 다물고 조용히 살라는 것이다.

타인의 목표는 호사와 특권이라는 가면을 쓰고 나타난다. 펜듈럼은 당신을 타인의 인생트랙으로 유인하기 위해 온갖 수단을 다 동원할 것이다. 당근은 아주 맛있어 보여야 한다. 그러면 마음은 아무런 생각 없이 달려들 것이다. 아무리 펜듈럼이라도 당신을 어떤 상황에서나 "내가 하는 대로 따라 하라"는 규칙을 따르게 만들 수는 없다. 당신 자신이 그것을 원해야만 한다. 성공한 스타들의 신화가 바로 이 목적을 위해 만들어진 것이다. 이 신화들은 그들의 성공 방정식을 보여주고 당신에게 선택을 부추긴다. ― 타인의 경험을 따를 것인지, 아니면 빈털터리로 남을 것인지를 말이다. 성공의 비결을 당신이 어떻게 알겠는가? 하지만 스타들은 안다. 그들이 이룬 결과야말로 그 생생한 증거다. 그러나 보셨다시피 스타들은 다름 아니라 "내가 하는 대로 따라 하라"는 룰을 깨고 자신만의 길을 갔기 때문에 성공을 이룬 것이다. **당신의 성공**

방정식은 당신의 영혼 외에는 아무도 모른다.

　타인의 목표는 단지 이루기가 너무나 힘들다는 이유 때문에 그처럼 유혹적인 것이다. 사람은 다음의 길을 따라간다. ― 자물쇠로 잠기어 있는 것은 언제나 유혹의 대상이다. 다가갈 수 없는 성질이 소유의 욕망을 부추긴다. 인간심리의 이런 속성은 유아시절로부터 싹튼다. 당신은 많은 것을 원하지만 가질 수 있는 것은 조금밖에 없다. 원하는 장난감을 가질 수 없게 되면 아이는 그것을 가지게 될 때까지 안달을 한다. 그러다가 마침내 장난감을 갖게 되면 그는 그것에 대한 흥미를 다 잃어버린다. 어른들은 다른 장난감을 갖는다. 하지만 그들도 어린아이처럼 행동한다. 예컨대, 귀가 멀고 벙어리인 '어른아이'는 자신이 노래 부르기를 좋아한다고 생각한다. 하지만 실은, 그것이 자신의 길이 아니라는 사실을 받아들이고 싶지 않은 것이다. 사실 다른 사람들은 다들 노래를 잘 하는데 내가 어떻게 그보다 못할 수가 있단 말인가? 목표에서 중요성을 떼어내 버리고 이 질문에 답하라. ― 당신은 이것을 정말 온 영혼으로 원하는가, 아니면 그저 원하기 위해서 원하는가? **목표를 이룸으로써 자신과 다른 사람들에게 뭔가를 보여주고자 한다면 그것은 그릇된 목표다.** 당신의 목표는 어깨를 짓누르는 무거운 짐이 아니다. ― 당신의 목표는 다만 진정한 기쁨을 선사한다.

　타인의 목표는 다른 사람들에 의해 강요된다. 당신의 목표는 당신 외의 누구도 정해줄 수 없다. 당신이 해야 할 일에 대해 설하는 '아는' 사람들의 가르침에 조용히 귀를 기울일 수도 있다. 다만 당신만의 결론을 내리고, 옳다고 느껴지는 것을 하라. 하지만 누군가가 당신에게 어떤 것을 필사적으로 추구해야만 한다고 가르치려 든다면 당신 영혼에 대한 그 무례한 간섭을 가차없이 거절하라. 영혼은 이미 마음의 온갖 희한한 생각들에 에워싸여 있다. 아무도 당신의 목표를 정해줄 수 없다. 하지만 한 가지 예외가 있다. ― 누군가가 지나가듯이 뱉는 말이다. 기억하시겠지만, 지나가는 말은 안내 신호가 될 수 있다. 그것이 신호라면 당신은 그것을 즉시 알아차릴 것이다. 누군가가 아무런 생각 없이 뱉은 말이 당신의 영혼에 문득 작은 섬광을 비춰줄 수 있는 것이다. 당신의 목표가 언급될 때 영혼은 생기를 띠고, 그것은 '당신에게 필요한' 것이 바로 그것임을 깨닫게 해줄 것이다. 하지만 그것은 당신을 설득시키려고 하거나 '올바른' 길에 올려놓으려고 애쓰는 사람이 아무도 없는 상황이라야만 한다. 그것은 어떤 사람이 그저 떠오르는 대로 아무렇지도 않게 모종의 제안이나 논평을 던지는, 그런 상황이다.

타인의 목표는 다른 누군가의 행복을 위해 봉사한다. 목표가 당신의 삶을 더 나아지게 해주지 않는다면 그것은 당신의 목표가 아니다. 진정한 목표는 언제나 당신에게, 당신의 행복과 성공에 기여한다. 당신의 목표는 당신에게만 필요하다. 만일 그것이 다른 누군가의 요구를 만족시키고 다른 누군가의 행복을 진작시키는 데에 직접적으로 기여한다면 그것은 타인의 목표다. 펜듈럼은 온갖 그럴 듯한 이유를 둘러대면서 당신으로 하여금 타인에게 봉사하게 만들려 들 것이다. 여기에는 온갖 다양한 술수가 있다. "해야만 한다", "하지 않으면 안 된다", "네 의무다" 하는 등의 말은 대부분의 사람들로 하여금 죄책감을 떠올리게 한다. 이런 사람들은 아닌 게 아니라 지워진 죄를 떨어내주는 일 속에서 위안을 찾는다. 또 어떤 이들은 "당신의 도움이 필요합니다"라는 구호에 흔들릴 수 있다. 이것도 잘 먹힌다. 아시다시피 이런 방법들은 내적, 외적 중요성에 의해 지탱된다. 당신이 다른 사람을 행복하게 해줄 수는 없다. 하지만 당신이 행복하지 않다면 남에게 해를 끼치는 것은 어렵지 않은 일이다.

타인의 목표는 영혼에게 불편한 기분을 불러일으킨다. 그릇된 목표는 대개가 아주 매혹적이다. 마음은 찬란한 수사로써 목표가 가져올 수 있는 모든 좋은 것을 묘사하면서 전율한다. 하지만 목표의 그 모든 매력에도 불구하고 뭔가가 당신을 불편하게 한다면 자신에게 더욱 정직해져야 한다. 물론 당신의 마음은 그 말을 듣고 싶어하지 않을 것이다. ─ 만사가 멋지게 잘 돌아가고 있지 않은가. 그렇다면 이 불편한 기분의 그늘은 어디서 드리워지고 있는 것일까? 앞장에서 말했던 중요한 규칙을 반복하겠다. ─ **목표를 생각할 때, 그것이 얼마나 성취하기 힘들고 칭송받을 만한 것인지에 대해서는 생각지 말라. 그것을 성취할 방법에 대해서도 생각지 말라. 다만 영혼의 편안한 기분 상태에만 주의를 기울이라.** 당신이 마침내 목표에 도달했다고 상상해보라. 기분이 좋은가, 나쁜가? 당신의 그 기쁨 속에 두려운 느낌이나 무거운 기분이 섞여 있다면 당신은 영혼의 불편한 기분을 감지하고 있는 것이다. 타인의 목표에 당신이 끼어들 필요가 있을까? 당신의 목표는 훨씬 더 매력적이고, 그 어떤 불편한 기분도 없이 더 큰 즐거움을 줄 것이다. 당신은 단지 펜들럼에게서 등을 돌려 자신의 목표를 찾기만 하면 된다.

당신이 현재 세상에서 차지하고 있는 자리가 불만스럽거나, 불운한 일이 잇달아 일어나고 있다면 그것은 언제부터인가 당신이 파괴적 펜들럼의 힘에 지배받아 다른 누군가의 문을 통해 다른 누군가의 목표를 향해 가기 시작했음을 뜻한다. 타인의 목표는 많은 에너지와 노력을 요구한다. 반면에 당신의 목표는 마치 저절로 이루어지듯이 이루어진다. 매사가 순조롭게 굴러간다. 타인의 목표와 문은 언제나 당신을 고난의 운명으로 몰아간다. 당신의 목표와 문을 찾으라. 그러면 모든 문제가 사라질 것이다.

당신은 이렇게 말할지도 모른다. — "내가 뭘 원하는지를 모른다면 그것을 어떻게 찾지요?" 그러면 이렇게 반문하겠다. — 당신은 자신이 무엇을 원하는지를 한 번이라도 진지하게 생각해봤는가? 희한한 일이지만 대부분의 사람들은 펜듈럼에게 충성을 바치느라 바빠서, 말 그대로 쳇바퀴를 돌리는 다람쥐처럼 바빠서 자신과 자신의 영혼을 위한 시간을 찾지 못하고 있다. 삶에서 진정 무엇을 얻고자 하는가 하는 의문은 삶을 짓누르는 그 모든 문제의 무게 밑에서, 생각해볼 겨를도 없이, 건성건성 급하게 지나쳐가 버린다. 하지만 그렇다고 그것을 위해 영혼을 깊이 파고들 필요까지는 없다. 그저 잠시라도 혼자 있을 장소를 찾아서 마음을 가라앉히고 새벽별의 속삭임에 귀를 기울이라.

그런데 만일 원하는 것이 아무것도 없다면 어떻게 하겠는가? 그것은 당신의 잠재에너지가 극도로 낮은 수준임을 말해준다. 무관심과 좌절 상태는 그저 존재를 간신히 유지할 정도의 에너지밖에 남아 있지 않다는 것을 보여주는 분명한 증거다. 그렇다면 당신의 에너지 보유량을 늘여야만 한다. 영혼이 아무것도 원하지 않는다는 것은 있을 수 없는 일이다. 단지 당신에게 영혼의 목소리를 들을 기운이 없는 것일 뿐이다.

고정관념 깨기

펜듈럼에 대해서는 이미 많은 이야기를 했지만 그것이 당신을 어떻게 미혹시킬 수 있는지에 관한 예를 몇 가지 더 들고 싶다. 자신에게 이렇게 물어보라. ― 펜듈럼이 그럴듯한 핑계로 나에게 타인의 목표를 강요하고 있는 것은 아닐까? 예컨대 펜듈럼은 '착한 영혼'에게 도움을 청할 수 있다. 말 못하는 동물, 부상당한 군인, 굶주리는 아이들, 혹은 그 밖의 관심이 필요한 사람들이 도움을 기다리고 있다. 아니면 어딘가에서 사람들이 자유를 위해 싸우고 있고, 그들은 당신의 용기와 도움을 필요로 한다. 착한 영혼은 자신이 필요한 곳이라면 어디든지 당장 날아갈 것이다.

하지만 날아가는 그것은 사실 착한 '영혼'이 아니라 착한 '마음'이다. 게다가 그것은 전혀 착한 것이 아니라 단지 '영혼이 없는' 것일 뿐이다. 이 마음은 자신의 영혼에 대해서는 까맣게 잊어버리고 타인의 영혼을 도우러 달려가는 것이다. 그것은 위험에 처한 자기 아이는 내버려두고 남의 아이를 구하러 가는 것과 똑같다. '착한 마음'은 자신의 영혼을 상자 속으로 몰아넣어 놓고는 자신의 '양식 있는' 생각과 마주앉아 있다. 이제 '내면의 공허'가 생겨났고, 그것은 뭔가로 채워져야만 한다.

펜듈럼은 즉시 온갖 보상책을 내놓는다. 타인의 이익을 위해 당신의 에너지를 허비할 수 있는 온갖 다양한 방법들이 당신 앞에 제시될 것이다. 하지만 사람이 타인의 호소에 그토록 열심히 응답하는 것은 다름 아니라 자신의 내면이 공허하기 때문이 아닐까? 틀에 박힌 통념이 친절과 상냥함으로 가장하고 있는 그것은 사실은 영혼이 떠나버린 빈자리의 느낌임이 밝혀질지도 모른다. 그 빈자리는 타인을 돌보는 것으로 보상될 수 있지만 영혼의 요구는 채워지지 않은 채 남아 있다. 펜듈럼은 타인을 돌보는 것이 곧 영혼의 자비인 것처럼 가장함으로써 자신의 이익을 챙긴다.

보시다시피 펜듈럼은 아주 그럴 듯한 고정관념을 교묘하게 꾸며내는 능력을 가지고 있다. 하지만 그것은 감쪽같은 선동일 뿐이다. 당신의 영혼은 어떤가? 당신의 마음은 타인을 위해 영혼을 정말 버릴 작정인가? 펜듈럼으로부터 등을 돌리고 영혼을 상자 속에서 구출해내라고 내가 이토록 강력하게 권고하는 것도 이 때문이다. 자신을 사랑하게 되면 당신은 자신의 목표를 찾아낼 것이다. 그 목표를 향해 가는 길에서 당신은 진정한 선행과 가치 있는 행위를 얼마든지 할 수 있을 것이다. 그리고 물론 당신은 더 훌륭한 수단을 가지게 될 것이므로 가난하고 불운한 사람들을 많이 도와줄 수 있을 것이다.

두 개의 펜듈럼이 서로 싸우려고 한다고 하자. 한편이 자신을 정의로운 해방자라고 내세우면서 상대편을 독재자에다 위험한 침략자로 몰아세운다. 기실, '정의로운' 펜듈럼은 단지 상대편의 석유 등 자원을 빼앗기 위해 그를 집어삼키고 싶은 것일 뿐이다. 하지만 진실은 비밀에 부쳐진 채 자유와 정의를 내세우는 대규모의 선전공략이 펼쳐지고 있다.

자신이 중요한 존재라는 착각에 빠져서 펜듈럼의 미끼를 삼킨 한 사내는 혼자 이렇게 말하고 있다. "내가 억압된 저 나라를 해방시키겠노라. 저 독재자에게 본때를 보여주겠노라!" 한편 상대편 펜듈럼은 자기편의 지지자들을 불러 모으고 있다. 독재자 펜듈럼은 자신이 좋은 편이며 해방군이라고 주장하는 그자야말로 실로 악랄한 침략자라고 주장한다. 중요성에 빠져 있는 또 한 사람의 사내는 분개에 떤다. "감히 나에게 제멋대로 선전포고를 하다니, 내 나가서 그들에게 뜨거운 맛을 보여주리라!" 그는 다른 누군가의 자유를 위해 전장에 나가서 자신의 목숨까지 내놓게 될지도 모른다.

보시다시피, 양쪽의 지지자들이 앞다투어 내적, 외적 중요성을 높여 놓음으로써 펜듈럼의 싸움에 말려든다. 지지자들의 영혼은 상자 속에 갇혀 있고 내면은 비어 있다. 그 빈자리를 채울 것은 아무것도 없고 그 것은 오히려 갈수록 커지기만 할 뿐이다. 이 지지자들은 싸움에 끼어들어서 무엇을 얻겠다는 걸까? 싸움을 부추기는 자들은 자신을 설득하려고 애쓴다. 하지만 그들은 속아 넘어간 것이다. 사실 싸움은 아무에게도 필요하지 않다. 그것은 양쪽 모두에게 불행만 가져다준다. 평화를 부르짖는 사람들도 결국은 다친다. 침략자 펜듈럼의 공격 앞에 방어력 없는 나라의 백성은 당장 패배한 지도자를 밀어내고 구호물자를 훔치고 침략자 앞에서 굽실거린다.

펜듈럼의 싸움에서 지지자들이 내세우는 드높은 이상들이 모두 한낱 물거품과 같은 것임은 두말할 여지도 없다. 속은 텅 비어 있지만 겉껍질은 부풀려진 중요성의 무지갯빛으로 치장되어 있다. 지지자들의 영혼에게는 이 모든 소동이 정말 필요하기나 한 것일까?

당신이 정한 목표가 당신에게 이롭지는 않고 엉뚱한 사람들에게만 이롭다면 그것이 당신의 목표인지 아닌지를 다음의 간단한 방법으로 알아볼 수 있을 것이다. **타인을 돌보는 그 일이 어떤 식으로든 외부로부터 주어진 일이라면 그것은 다른 누군가의 목표다.** 하지만 만일 타인을 돌보려는 마음이 내부로부터, 영혼 깊은 곳으로부터 우러나온 것이라면 그 목표는 당신의 것일 수 있다. 예컨대 이런 경우다. — "나는 내 강아지와 시간을 보내는 것이 그냥 좋아. 그건 전혀 부담스러운 일이 아니야.", 혹은 "난 내 아이들을 사랑해. 그들을 돌봐주면서 자라는 모습을 지켜보고, 즐거움을 함께 나누는 것이 너무 좋아." 그렇더라도 그들이 다 자라고 나면 당신은 다른 목표를 찾아야만 할 것이다.

211

당신 자신밖에는 그 누구도 당신의 목표를 정할 수 없다. 당신의 목표를 찾는 방법은 하나밖에 없다. — 중요성을 버리고 펜듈럼을 등지고, 당신의 영혼을 대면하라. 그리고 무엇보다도 먼저, 자신을 사랑하고 돌보라. 그런 연후에만 당신은 목표를 찾아낼 수 있을 것이다.

마음이 저지르는 또다른 실수는, 목표를 이루는 것이 현실적으로 가능한지를 당장 따져보고, 수단과 방법을 앞질러 계산하려 든다는 것이다. 아무튼 매사는 합리적이어야 하는 것 아닌가. 목표가 실제로 이루어질 가능성이 보이지 않으면 마음은 기본적으로 그것을 거부하거나 보류한다. 그러나 이런 태도로는 자신이 목표로 하는 인생트랙에다 주파수를 결코 동조시킬 수가 없다. **목표를 이룰 방법을 놓고 고민한다면 오히려 그는 실패의 트랙에 주파수를 동조하고 있는 것이다.** 결국 그는 실패를 가져다줄 모든 시나리오를 머릿속에 돌리고 있는 것이다. 목표가 평범한 방법으로는 이루어지지 않을 텐데, 그렇다고 기적이 일어나지도 않을 것이다. 아닌 게 아니라 그 힘겨운 목표는 평범한 세계관의 틀 속에서는 이루어질 가능성이 희박하다. 그리고 사실 그것이 이치다. 왜냐하면 의심하는 사람의 매개변수는 그가 목표로 하는 인생트랙과는 무슨 수로도 들어맞지 않기 때문이다.

오로지 일상적 고정관념의 틀을 깨고 나와, 목표를 이룰 방법이 아니라 목표 그 자체에 대해 생각하기 시작할 때만 기적이 일어날 것이다. 그러면 이전에는 불가능해 보였던 것들이 더이상 그렇게 보이지 않을 것이다. 마치 우연처럼, 목표를 이루어줄 너무나 실질적인 방법들이 당신 앞에 불현듯이 나타날 것이다. 일상적 세계관으로 보면 그것은 기적적인 우연처럼 보일 것이다. 그럴 때 마음은 그저 어리둥절할 뿐이다. — "이렇게 될 줄을 누가 알았겠어?"

트랜서핑의 관점에서 보면 기적은 존재하지 않는다. 당신은 그저 당신이 목표로 하는 인생트랙의 주파수에 동조했다. 당신은 가지기로 결정했고, 외부의도가 당신을 그 인생트랙으로 데려다준 것이다. 그리고 그 인생트랙 위에서는 이전의 인생트랙에서는 상상도 못했던 새로운 기회가 나타나고 문들이 열어젖혀진다.

당신은 고정관념에 너무나 젖어든 나머지, 그것을 마치 인류가 얻어낸 귀한 경험인 양 생각한다. 그러나 사실 고정관념은 펜듈럼이 만들어내고 사람들로 하여금 거기에 찬동하게끔 부추겨놓은 것이다. 이 사회 전체가, 스스로 태어나고 자신의 법칙에 따라 자라나는 펜듈럼 위에 기초해 있다. 그것은 지지자들을 그 밑에 복속시키는 에너지-정보체다. 인간에 대한 펜듈럼의 영향력은 너무나 커서, 인간의 마음은 문자 그대로 그 영향력의 구름에 가려서 독자적이고 의식적으로 사고하는 능력을 잃어버린다.

예컨대, 제2차세계대전 동안에 저질러진 나치 독일의 만행을 살펴보자. 그들은 끔찍한 일들을 저질렀다. 아마도 나치 당원들은 매우 잔인한 가학성 정신질환자들이어서 그랬을까? 아니다. 그들 대부분은 당신과 나처럼 그저 평범한 사람들이었다. 그들도 가족이 있었고 우리와 마찬가지로 가족을 사랑하고 돌봤다. 전쟁에서 돌아오자 그들은 다시 평화로운 삶을 이어가는 선량하고 정상적인 시민이 되었다.

그렇다면 이 존경할 만하고 가정적인 사람들이 왜 전쟁에서는 짐승으로 돌변한 것일까? 마음이 펜듈럼의 힘에 사로잡혔기 때문에 그런 일이 일어난 것이다. 펜듈럼의 싸움에 끼어든 지지자들은 문자 그대로 자신이 무슨 짓을 저지르고 있는지를 몰랐다. 이것은 특히 가끔씩 무모하고 잔인한 십대의 행동에서도 분명히 드러난다. 젊고 불안정한 마음은 특히 취약하여 영향력에 쉽게 휘둘린다. 이 십대의 아이들을 따로 떼어놓고 보라. 그중 누가 그토록 잔인한가? 전혀 그렇지 않다. 그들의 부모들도 맹세할 것이다. 하지만 예컨대 군중의 일부가 되어 펜듈럼의 영향력 하에 들어가면 십대의 소년과 소녀들은 자신이 무슨 짓을 하는지를 더이상 인식하지 못하게 된다. 군중의 마음은 문자 그대로 잠 속에 깊이 빠져 있다. 펜듈럼의 올가미에 사로잡혀 있기 때문이다. 유도 전이의 메커니즘이 기억나는가?

이 세상의 모든 폭력과 죄악과 잔혹성은 흔히 말하듯이 인류의 저급한 본성에서 비롯된 것이 아니다. 그것은 탐욕스러운 펜듈럼의 본성에서 나오는 것이다. 인간의 영혼은 악을 모른다. 모든 악은 파괴적 펜듈럼의 힘이 남겨놓은 껍질층이 인간의 마음속에 쌓여 있는 것이다.

펜듈럼은 사람을 자극하여 다른 사람들뿐만 아니라 자기 자신에게도 폭력을 휘두르게 만든다. 다음의 호기로운 구호를 당신은 어떻게 생각하는가? — "위험을 무릅쓰지 않으면 얻는 것도 없다." 이 구호는 다른 누군가의 생각에 당신의 행복과 생명까지도 내걸도록 찔러 부추기고 있다. 물론 그것이 다른 사람의 것이 아닌 당신의 생각이고, 그래서 모험이 정당화된다면 그것은 위험을 무릅쓸 만한 가치가 있을지도 모른다. 하지만 정당화되지 않은 모험에 당신의 건강과 목숨을 내거는 일만큼 바보 같은 짓은 없다.

펜듈럼은 사람으로 하여금 위험한 짓을 하도록 부추긴다. 왜냐하면 위험한 짓을 할 때 느끼는 두려움과 긴장과 흥분이야말로 펜듈럼이 가장 좋아하는 에너지 메뉴이기 때문이다. 펜듈럼은 지지자들을 동원하여 상투적인 거짓 용기를 부추겨서 먹이를 낚아채려고 애쓴다. "뭘 망설여, 사내 녀석이! 본때를 한 번 보여줘 봐! 겁쟁이가 되고 싶은 건 아니겠지, 안 그래?" 그러면 내적 중요성으로 가득 차 있는 사내는 선뜻 달려들어서는 결국 자신과 모든 사람 앞에서 그와는 반대의 모습을 보여주고 만다. 거짓된 고정관념으로 쳐놓은 함정 속으로 보기 좋게 떨어지는 것이다. 누구에게도 자신을 증명해보일 필요가 없으며 펜듈럼의 생각 따위에는 콧방귀도 뀌지 않고 자신의 길을 갈 수 있다는 생각은, 그로서는 감히 떠올리지도 못한다.

개인적 부족감이 사람으로 하여금 펜듈럼의 속박에 걸려들게 한다. 무모한 모험에 덤벼드는 짓은 용기를 보여주기는커녕 자신의 잘못된 콤플렉스를 감추려는 발버둥을 노출시킬 뿐이다. 마음은 제멋대로 영혼의 목숨을 미심쩍은 고정관념의 제단에 바치고 있는 것이다. 가엾은 작은 영혼은 웅크린 채 고삐 풀린 마음이 하는 짓을 겁에 질린 눈으로 바라보고 있지만, 속수무책이다. 마음은 기껏해야 만성적인 패배주의자, 나쁘게는 힘없는 아이를 때리는 술 취한 아버지처럼 영혼을 대한다.

당신의 마음을 이 악몽에서 깨어나게 하라. 마음은 그 어떤 것보다도 귀하고 멋진 보물인 영혼을 가지고 있다. 영혼과 마음이 하나가 되면 당신은 진정한 힘과 자유를 얻을 것이다. 두려워하지 말고 펜듈럼이 만들어놓은 고정관념을 깨부수라. 그러면 세상의 많은 것들이 그 본래의 모습을 당신 앞에 드러낼 것이다. **고정관념을 깸으로써 당신은 금단의 문을 여는 것이다.**

당신의 목표

처음부터 나는 당신이 은밀한 소망을 가지고 있고, 또 최소한 그것을 어떻게 실현시킬 수 있을지에 대한 약간의 아이디어를 가지고 있다고 간주하고 있다. 그 소망이 어떻게 이루어질지 당신은 전혀 모르겠다고 하더라도 그것이 세상의 종말은 아니다. 당신이 가지기로 결정만 내린 다면 길이 생길 것이다. 가장 중요한 것은, 당신의 가장 깊은 가슴속에서 진정한 소망을 찾아내고, 가지기로 결정하고 행동하기로 결정하는 것이다. 의도는 소망을 목표로 바꿔놓는다. 의도가 없는 소망은 결코 이루어지지 않는다. 하지만 먼저, 당신이 이 삶에서 실제로 원하는 것이 무엇인지를 스스로 분명하게 인식해야 한다. "나는 부자가 되어 행복하게 살고 싶다"는 식의 흐리멍덩한 소원은 듣지 않는다.

당신이 특별한 목적 없이 시내를 걸어가고 있다고 상상해보자. 당신은 아무런 목적도 없이 어슬렁거린다. 무슨 일이 일어날까? 아무도 모른다. 하지만 목적지가 있다면 당신은 설사 길을 모르고 있다고 해도 늦든 빠르든 거기에 도착할 것이다. 삶에서도 마찬가지다. 목표가 없다면 당신은 풍랑 속의 작은 종이배와 같다. 목표가 있다면, 그리고 그것을 향해 노력한다면 당신은 십중팔구 거기에 다다를 것이다. 아니면 다다르지 못할 수도 있다.

목표에 틀림없이 도달할 수 있는 딱 한 가지 경우가 있다. ─ 그 목표가 당신의 것이고, 당신의 문을 통해 그것을 향해 걸어가는 경우 말이다. 그런 경우에는 그 누구도, 그 무엇도 당신을 막을 수 없다. 왜냐하면 당신 영혼의 프레일레라는 열쇠는 당신의 길, 당신의 문의 자물통에 딱 맞기 때문이다. 당신의 것인 그것은 아무도 앗아갈 수 없다. 그러니 목표에 도달하는 데는 문제가 전혀 없을 것이다. 그것은 단지 당신의 목표와 당신의 문을 어떻게 찾느냐 하는 문제일 뿐이다.

무엇보다도, 목표는 일시적인 요구에 의해 정해지는 것이 아니다. 목표는 다음 질문에 답을 주는 것이어야 한다. ― **당신은 삶에서 무엇을 얻고자 하는가? 무엇이 당신의 삶을 즐겁고 행복한 삶으로 만들어줄까?** 이것만이 중요하다. 그 밖의 모든 것은 펜듈럼이 남겨놓은 쓰레기로 봐도 된다.

당신의 중요한 목표 하나를 찾아내라. **그 목표에 다다르면 결국은 다른 모든 욕망도 충족될 것이다.** 구체적인 목표를 찾을 수가 없다면 우선은 예컨대 다음과 같은 전반적인 목표를 가지고 시작해볼 수 있을 것이다. ― 당신은 삶에서 행복과 평안을 얻기 원한다. 당신에게 행복과 평안은 무엇인가? 집과 자동차와 멋진 옷과 그 밖에 안락한 삶을 위한 소도구들은 하나의 목표, 즉 벌이가 좋은 직업으로 대치될 수 있을 것이다. 하지만 아시겠지만, 그것은 목표라고 할 수도 없고 하나의 문이다. 그것도 문 치고는 모호한 문이다.

벌이가 좋은 직업은 그보다 좀더 구체적인 표현으로 바꿔놓을 수 있을 것이다. ― 당신의 분야에서 아주 뛰어난, 독보적인 전문가가 되는 것 말이다. **당신의 영혼은 무엇을 하기를 좋아하는가?** 그런데 한 가지 의문이 일어난다. 그 직업이 당신 삶의 모든 의미를 채워줄 수 있을까? 그렇다면 당신은 운이 좋은 것이다. 당신의 목표가 문과 맞아 떨어졌다. 당신의 영혼이 과학, 문화, 혹은 예술의 어떤 분야에 빠져 있다고 해보자. 그러면 당신은 자신이 좋아하는 일을 하면서 발견을 하거나 걸작품을 만들어낼 것이다. 그런 인생트랙 위의 행복은 지금 여기에 있는 무엇이지 저 앞의 어딘가에 있는 것이 아니다. 다른 사람들이 그토록 열심히 일해서 얻는 모든 안락한 삶의 소도구들이 당신에게는 당연한 것처럼 제 발로 걸어 들어올 것이다. 아무튼 당신은 당신의 길을 걸어가고 있다.

그러나 당신이 좋아하는 일일지라도, 그것이 당신의 평생에 기쁨을 가져다주고 안락한 삶의 소도구를 제공해줄 하나뿐인 유일한 일이 아니라면 그것은 문으로는 간주될 수 있어도 결코 목표로는 불릴 수가 없다. 당신의 목표는 당신의 삶을 모든 의미에서 잔치로 바꿔줄 수 있어야만 한다는 점을 잊지 말라. 아직은 목표를 이룰 방법에 대해서는 생각하고 있지 말라. 달리 말해서, 당신의 목표로 데려다줄 문에 대해서는 아직 생각하지 말라는 말이다. 중요한 것은 목표를 찾아내는 것이다. 문은 때가 되면 스스로 나타날 것이다.

자신에게 이 질문을 던지라. — **너의 영혼은 무엇에 끌리는가? 무엇이 너의 삶을 잔치로 바꿔놓을까?** 그 가상의 목표가 얼마나 성취하기 어렵고 우러러볼 만한 것인지에 관한 생각은 모두 떨어내라. 그 어떤 제약에도 마음을 주어서는 안 된다. 믿어지지 않는다면 최소한 모든 것이 당신에게 제공되어 있어서 당신은 골라잡기만 하면 된다고 상상하라. 망설이지 말고 양껏 주문하라.

배를 가지고 싶어했는가? 자가용 요트는 어떤가?

집을 갖고 싶어했던가? 호화저택은 어떤가?

부장이 되고 싶어했던가? 사장 자리는 어떤가?

당신은 많은 돈을 벌기 위해 일을 많이 하기를 원했던가? 일은 전혀 하지 않고 즐겁게 놀면서 사는 것은 어떤가?

집을 짓기 위해 비싼 땅을 사고 싶어했던가? 지중해의 섬을 하나 가지는 것은 어떤가?

"그러면 이건 어떤가?" 하는 식의 이 반문은 끝이 없다. 당신의 문을 통해서 당신의 목표를 향해 걸어갈 때 얻을 수 있는 것에 비한다면 당신의 요구가 얼마나 소박한 것인지를 당신은 상상조차 할 수 없을 것이다.

마음으로써 소망을 만들어내지 말라. 자신에게 충분한 시간을 주어 당신의 영혼이 원하는 것을 찾아내라. "그건 내가(내 영혼이) 좋아하는 거야"라는 말은 그 자체로서 설명이 충분하다. 이것은 견해를 말하는 것이 아니라 태도를 말해준다. 견해는 마음의 인식작용의 산물이다. 태도는 영혼 깊은 곳에서부터 나온다. 그러니 태도만이 당신의 목표와 타인의 목표를 가려내는 기준이 될 수 있다. 목표를 찾는 동안 당신은 자신에게 끊임없이 이렇게 물어봐야 한다. ― "목표가 성취되었다고 생각하면 기분이 어떤가?"

소원을 하나 지어냈다고 하자. 그것이 당신의 진정한 소원인지 아닌지를 가려내기 위해 스스로 두 가지 질문을 해보라. 첫째, 나에게 정말 이것이 필요할까? 둘째, 나에게 이것이 과연, 정말 필요한 것일까? 그 소원에 타인의 목표가 지닌 성질은 없는지 샅샅이 살펴보라.

당신은 진정 온 영혼으로써 그것을 원하는가, 아니면 그저 원하기 위해서 원하는가? 당신은 자신과 다른 사람들에게 뭔가를 보여주려고 애쓰고 있는가? 그것을 정말 원하는가? 혹시 그것이 호사나 특권의 상징이어서? 장애인이라면 자신이 얼음 위에서 스케이트를 타보기를 온 가슴으로 원한다고 믿을 수도 있다. 하지만 사실 그런 목표는 가슴에서 나오는 것이 아니라 자신의 장애에 대한 한 맺힌 마음에서 나오는 것이다. 그 목표는 성취하기 힘든 성질로써 그를 유혹한다. 목표가 이룰만 하다면 그 목표를 거부할 때 일어나는 당신의 반응을 살펴보라. 안도감을 느낀다면 그것은 다른 누군가의 목표다. 반대로 흥분해서 속에서 저항이 일어난다면 그 목표는 당신의 것일 수 있다.

목표를 고를 때 신뢰할 수 있는 유일한 기준은 영혼의 불편한 기분이다. **이것은 마음이 이미 내린 결정에 대한 영혼의 부정적 반응이다.** 영혼의 기분 상태는 마음이 목표를 정하고 결정을 내린 후에만 점검해볼 수 있다. 당신이 목표를 성취했고 이제는 다 지나갔다고 상상해보라. 그런 다음에는 즉시 목표에 대해서는 더이상 생각하지 말고 영혼의 기분에 주의를 가만히 기울여야 한다. 기분이 좋은가, 나쁜가? 기쁨과 두려움, 혹은 짐을 진 듯한 무거운 기분, 결핍감, 모종의 의무감 등이 뒤섞여 있다면 당신의 영혼은 분명히 "노"라고 말하고 있는 것이다. 목표가 그럴 듯한 포장에 싸여 있지만 그 호주머니 속에 어떤 종류의 골칫거리를 감추고 있는지를 마음은 추측조차 못할 것이다. 하지만 영혼은 목표의 본질을 그대로 느낀다.

불편한 기분은 모호하고 불분명할 수 있다. 영혼이 긴장을 느끼는 것과 불편한 기분을 느끼는 것을 혼동하지 말라. 앞장에서 이미 말했듯이 긴장감이나 소심해진 느낌은 영혼이 낯선 상황에 놓임으로써 생기는 결과다. ― "이 모든 게 날 위한 것이란 말이야? 정말?" **영혼의 불편한 기분은 무겁고 짐 진 듯한 느낌이다. 그것은 배경에서 지껄이는 마음의 낙관적인 주장에 비하면 희미하게 느껴진다.** 영혼의 어색한 기분은 슬라이드의 도움으로 제거될 수 있다. 그러나 영혼의 불편한 기분은 결코 제거되지 않는다. 원하는 것을 가지기에는 자신이 가치 없는 존재라고 생각하는 것은 가장 큰 잘못이다. 그것은 말도 안 된다! 펜듈럼이 당신으로 하여금 자신에게 그런 원시적인 딱지를 붙이게 만든 것이다. 당신은 최고의 것을 모두 누릴 자격이 있다. 그 어떤 경우에도 서둘러서 최종적인 결정을 내리지 말라. 슬라이드를 이용해서 당신의 목표를 경험해보도록 하라. 시간이 가도 중압감이 줄어들지 않는다면 당신은 영혼의 불편한 기분을 경험하고 있는 것이다.

실제 목표의 특정한 측면과 관련해서 당신의 영혼이 불편한 기분을 느낀다면 그것은 타인의 목표다. 목표가 성취하기 힘들다는 생각에 불편한 기분이 느껴진다면 그 목표는 당신의 안락지대에 속해 있지 않거나, 당신이 다른 누군가의 문을 택한 것이다. **당신의 목표를 명확히 정할 때까지 목표를 이룰 방법은 생각지 말라.** 계획된 역할 속에서 자신의 모습을 분명히 그려낼 수가 없다면 아마도 당신은 그것을 아직 받아들일 준비가 안 된 것인지도 모른다. 슬라이드를 이용하면 안락지대를 넓힐 수 있다. 문에 대해서는 걱정하지 말라. 당신에게 필요한 것은 오직 가지겠다는 결정이다. 그러면 외부의도가 조만간에 적당한 문을 알려줄 것이다.

돈을 목표로 정하고 싶어지는 유혹에 넘어가지 말라. 돈만 있으면 모든 문제가 해결될 텐데… 그 돈으로 뭘 사야 할지는 알고 있는데 말이야, 하고 속삭이는 유혹 말이다. '슬라이드'라는 제목의 장에서 했던 지폐가 가득 든 돈 가방 이야기가 기억나는가? 거기서 돈은 목표가 될 수 없다고 했다. 돈은 한갓 부수물일 뿐이다. 당신은 이 말에 서슴없이 동의할 수 있을 테지만 그렇다고 해서 가볍게 지나갈 말은 결코 아니다. 우리는 돈에 너무나 젖어 있는 나머지 거의 모든 것에다 가격표를 붙일 수 있다. 하지만 돈이란 마음을 위한 추상적인 종류의 무엇이지 어떤 식으로든 영혼을 위한 것은 아니다. 영혼은 돈이 무엇에다 쓰는 물건인지를 전혀 모른다. 영혼은 추상적 개념으로 사고할 줄을 모르기 때문이다. 영혼에게는 최종목표가 뚜렷해야 한다. 영혼은 당신이 원하는 돈으로 사고자 하는 그것을 알아야만 한다. ─ 집이든 카지노든 섬이든 간에 말이다. 영혼이 좋아하기만 한다면 그 방법은 걱정할 필요가 없다.

마음속의 회계가 목표를 이룰 방법을 계산하고 앉아 있는 한 당신은 목표를 정하여 그 인생트랙에 주파수를 동조시킬 수가 없다. 마음이 다음 질문에 대답하기를 회피할 때마다 당신의 지켜보는 자를 깨워서 당신을 다그치게 하라. "나는 삶에서 무엇을 얻고자 하는가?" 목표는 성취하기 어렵다는 고정관념은 가장 끈질긴 놈이니 당신에게도 끈질긴 고집이 필요할 것이다. 당신의 마음은 다른 질문에 답을 찾으려고 애쓸 것이다. "이것을 어떻게 이룰 수 있을까?" 영혼이 마음을 꾸짖어줘야 할 때는 이때다. ─ "입 다물어, 그건 네가 걱정할 일이 아니야. 우린 지금 장난감을 고르고 있다구!"

파괴적인 펜듈럼으로부터 벗어나도록 늘 애써야 한다. 그러나 그것은 자신을 완전히 고립시켜야 한다는 뜻이 아니다. 이 사회 전체가 펜듈럼 위에 세워져 있으므로 히말라야로 떠나지 않는다면 자신만의 펜듈럼을 찾아야 한다. 은둔수행자가 '우주와 대화하기'는 쉽다. 그들은 펜듈럼으로부터 멀리 떠나 있으니까. 하지만 이 은둔자를 공격적인 펜듈럼들의 한가운데에다 데려다놓으면 그는 금방 마음의 중심과 초연한 태도를 잃어버릴 것이다.

당신의 목표 또한 펜듈럼에 속한 것이다. 당신의 목표가 진정한 것인 이상은 그 사실 자체에 위험은 없다. 당신의 목표만 찾아내라. 그러면 펜듈럼은 당신을 자신의 총아로 만들어주지 않을 수가 없을 것이다. 당신은 심지어 새로운 펜듈럼을 만들어낼 수도 있다. 중요한 것은 선택할 자유가 당신에게 있음을 깨닫고 펜듈럼이 당신을 지배하도록 버려두지 않는 것이다.

따지고 헤아리는 것으로써는 당신의 목표를 찾아낼 수가 없을 것이다. 영혼만이 당신의 진정한 목표를 찾아낼 수 있다. 따지는 것은 마음의 작용이다. 영혼은 생각할 줄을 모른다. 영혼은 다만 보고 느낄 수 있을 뿐이다.

목표를 찾는 과정에서 마음이 할 일은 목표를 찾는 것이 아니다. 당신의 마음은 늘 그러듯이, 일상적 고정관념과 이름표에 근거한 논리적 주장과 분석적인 방법으로써 그 일에 달려들 것이다. 평생의 길을 이런 방법으로 정할 수 있다면야 모든 사람이 행복할 텐데.

마음이 해야 할 일은 영혼의 기분 상태를 세심히 살피면서 외부의 모든 정보를 처리하는 것이다. 마음은 한 가지 임무만 맡으면 된다. — 나는 내 삶을 잔치로 바꿔놓을 어떤 것을 찾고 있다. 그러면 마음은 영혼의 기분을 살피면서 이 임무를 염두에 둔 채 외부의 정보를 받아들일 수 있게 된다.

당신의 길을 극성맞게 찾아봤자 당신은 아무 데도 이르지 못한다. 염려하지 말라. 그저 기다리면서 지켜보라. 당신만의 목표를 찾는 것을 당신의 임무로 삼으면 필요한 정보는 스스로 찾아올 것이다. 어떤 시점에서 당신은 눈이 번쩍 뜨이게 하는 정보를 입수하게 될 것이다. 중요한 것은 마음이 자신의 생각으로써 그 순간에 끼어들지 못하도록 단단히 지키는 것이다. 그 대신 마음은 영혼의 기분 상태를 살피고 있어야 한다.

필요한 정보가 입수되는 시점을 앞당길 수도 있다. 가장 효과적인 것은 관심을 더 많이 가지는 것이다. 당신이 가보지 않았던 곳들을 탐험하라. — 박물관, 안내관광, 영화, 캠핑여행, 도시의 다른 구역, 서점

등등 어디든지. 정보를 찾아내려고 애쓰지 않아도 된다. 그저 외부 정보원의 범위를 확대시켜놓고서 지켜보라.

자신에게 시간을 무제한으로 주라. 자신을 시간의 틀 속에 구겨 넣지 말고, 정보탐색을 해야만 할 의무로 만들어놓지 말라. 다만 다음의 임무만을 염두에 두라. ― **나는 삶을 잔치로 바꿔놓을 어떤 것을 찾고 있다.**

자신의 기분을 살피되, 이전보다 더 많은 주의를 기울이라. 이 임무가 배경에 언제나 살아 있게 하라. 받아들여진 정보를 다음 질문의 필터에 통과시키라. ― 이것은 어떤 기분이 드는가? 나는 이것이 좋은가, 나쁜가?

조만간에 당신은 "그래, 난 이게 좋아!" 하는 생각이 번쩍 들게 하는 정보나 모종의 신호를 얻게 될 것이다. 당신은 영혼의 기분 상태를 세심히 살피는 한편으로, 받은 정보를 가능한 모든 각도에서 철저히 살펴봐야 한다.

어쨌든, 방법을 생각해야 한다는 유혹을 마침내 뿌리치고 당신만의 목표를 찾아냈다고 하자. 이 목표를 위하여, 가지고 행동하기로 결정하기만 하면 당신 세계의 층에는 놀라운 변화가 일어날 것이다. ― 다음처럼.

당신은 그릇된 목표로부터 자신을 해방시켜 이제 다시 자유롭게 호흡하고 있다. 이제 당신은 더이상 영혼이 원하지 않는 일을 자신에게 시킬 필요가 없다. 당신은 허깨비 같은 미래의 행복을 위해 몸부림치기를 그치고 지금 바로 여기에서 행복하도록 자신을 허락했다. 이전에는 펜듈럼이 제공하는 값싼 대용물로써 영혼의 빈자리를 채우려고 애썼지만 이제 당신의 마음은 영혼을 상자 속에서 구출해냈고, 마치 긴 겨울

잠에서 깨어나 봄을 맞은 듯한 자유로움과 편안한 느낌을 느낀다. 무거운 짐을 진 듯한 압박감은 사라졌다. 예전에 헛되이 외부세계에서 찾아 헤매던 것을 자기 안에서 발견했으니, 자신만의 목표를 향해 가는 이 일이야말로 훨씬 더 즐겁지 아니한가? 마음은 자기 세계의 층으로부터 타인의 목표라는 쓰레기를 쓸어내고, 이제야 제대로 된 것을 들여놓았다. 영혼은 자신이 좋아하는 장난감을 골라 들고 기뻐서 손뼉을 치며 뛰놀기 시작했다. 당신은 목표는 범접하기 어렵다는 그릇된 고정관념의 틀을 깨고 나와, 자신으로 하여금 가지도록 허락했다. 그리하여 굳게 닫혀 있던 문도 이제는 당신 앞에 활짝 열려 있다. 이제야 마침내 마음은 목표를 정말 이룰 수 있음을 깨달았다. 이제 당신의 삶은 잔치로 바뀔 것이다. 왜냐하면 자기 세계의 층에 목표를 받아들인 마음의 뒤에는 행복에 겨운 영혼이 깡총대며 늘 따라다닐 것이기 때문이다. 영혼과 마음은 지금 여기에 이미 있는 행복의 평탄하고 즐거운 길을 따라 손에 손을 잡고 행복하게 걷기 시작할 것이다.

당신의 문

목표를 향해 가는 길에서 계속 장애물을 만난다면 당신은 타인의 목표를 골랐든가, 아니면 다른 누군가의 문을 지나서 목표를 향해 가고 있든가 둘 중 하나일 것이다. 삶에서 중요하게 여겨도 되는 유일한 것은 자신의 목표와 문을 찾아내는 것이다. 타인의 목표를 이루려고 발버둥친다면 당신은 한평생을 낭비하고도 아무 데도 이르지 못할 것이다. 자신의 모든 노력이 헛수고였고 한평생이 실패였음을 인정해야 하는 일보다 더 슬픈 일은 없다.

펜듈럼은 사람들로 하여금 강요된 일을 당연한 것으로 받아들이도록 길들였다. 강요된 의무라는 고정관념의 틀은 가당치도 않은 지경에까지 이를 수 있는 것이어서, 이 삶을 마치 모든 사람이 복역해야 하는 감옥살이나 국민이라면 누구나 마쳐야 하는 국방의무와도 같은 것으로 만들어놓는다. 사람은 의무감에 길들어 익숙해지고, 영혼의 진정한 본성은 의식의 가장 어두운 구석자리로 쫓겨나서는 좋은 시절이 오기만을 속절없이 기다린다. 그러나 좋은 시절은 오지 않고, 삶은 종말을 맞이한다.

행복은 언제나 미래의 어딘가에 있다. 그릇된 고정관념이 그렇게 주장한다. — 행복한 미래를 맞으려면 이기든지 벌든지 이뤄내야만 한다. 사람들은 종종 돈 때문에 좋아하는 취미를 포기한다. 생활은 수입을 만들어내는 일과 관심사로 쪼개진다. 그릇된 목표를 정해주는 것과 함께, 의무를 강요하는 것은 펜듈럼이 사람들을 자신의 길로부터 최대한 떼놓기 위해 사용하는 또다른 술수다.

당신의 취미가 다름 아닌 당신의 목표라면 취미생활에 몰두하면서도 많은 돈을 벌 수 있을 것이다. 단지 취미가 소득을 가져다주지 않기 때문에 취미를 포기할 수밖에 없게 되었다면 그 취미가 영혼이 선택한 목표와 어떻게든 관계를 맺도록 할 필요가 있다. 당신이 좋아하는 취미가 당신의 삶을 잔치로 바꿔놓을까, 그렇지 않을까? 그 취미가 당신의 목표에 속하지 않는다면 그것이 소득을 가져올지 말지는 확실히 장담할 수가 없다. 하지만 당신의 취미가 바로 당신의 목표라면 안락한 삶을 위한 소도구들이 따라올 것을 기대해도 좋다. 목표가 문과 일치한다면 돈 걱정을 할 필요가 없다. 원하기만 한다면 어떻게든 모든 것을 가지게 될 것이다.

하지만 그릇된 고정관념에 의해 강요된 의무는 사람이 자신의 목표에 온전히 투신하도록 놔두지 않는다. 이것을 보여주는 예는 얼마든지 있다. 별난 친구가 하나 있는데, 그는 다른 사람들과 똑같이 일을 하러 다닌다. 그리고 남는 시간에는 무엇을 발명하거나 만들어낸다. 하지만 그는 그것을 많은 돈을 받고 팔 수도 있다는 생각을 떠올릴 줄 모른다. 그는 빵 한 조각을 벌기 위해서는 열심히 일을 해야 한다는 것만 철석같이 믿고 가난하게 살아간다. 그의 취미는 그저 '영혼을 위해' 하는 일일 뿐이다. 보라, 여기에 무슨 일이 벌어지고 있는가? 그는 삶의 대부분을 다른 누군가를 위해서 일한다. 생존을 위해서는 그러지 않으면 안 된다고 생각하고서 말이다. 한편 그의 영혼에게는 근무시간 외의 자투리로 남는 시간이 간신히 얻어걸린다. 그러니 이 사내는 누구를 위해 살고 있는가?

당신의 목표가 문과 일치한다면 당신은 취미로써 부자가 될 것이다. 목표를 성취하면 당신의 다른 모든 욕망들도 충족되고, 게다가 그 결과는 당신의 모든 상상을 훌쩍 넘어설 것이다. 의심하지 말라. ― 이 세상에서는 영혼이 만들어낸 것은 무엇이든 매우 비싸다. 순전히 마음이 만들어낸 것은 그에 비해 별로 비싸지 않다. 아시다시피, 진정한 명품은 영혼과 마음의 일치가 만들어낸다. 목표를 향해 가는 길에 펜듈럼의 함정에 빠져들지만 않는다면 당신은 명품을 만들어낼 것이다. 펜듈럼의 속임수에 넘어가지 않도록 피하면서 묵묵히 당신의 길만 따라가라. 그러면 매사는 사뭇 단순해진다. 늦든 빠르든 당신은 큰 성공을 거둘 것이다.

당신의 목표와 문이 서로 일치하지 않으면 일이 좀 복잡해진다. 하지만 결론을 내리기 전에 그것을 한 번 주의 깊게 생각해보라. 당신의 목표는 당신의 삶을 훨씬 더 어렵게 만들어놓을 수가 없다. 오히려 반대로 당신의 목표를 찾으면 삶이 매우 수월해지고 문제도 많이 줄어들 것이다. 당장 당신의 문을 찾아내겠다고 달려들지 말라. 가지기로 결정만 하면 문은 스스로 나타날 것이다. 문이 어디에 있는지 잘 모르겠다면 슬라이드 작업을 계속 하고 안락지대를 확장해가라. 중요성을 버리고 목표에 이르고자 하는 욕망을 내려놓으라. 자신이 가지도록 허락하는 즉시 외부의도가 적절한 기회를 선사해줄 것이다.

당신의 문은 당신을 당신의 목표로 데려다줄 길이다. 당신의 목표를 찾아냈다면 자신에게 이렇게 물어보라. — 이 목표를 어떻게 이룰 수 있을까? 외부의도가 조만간에 다양한 기회를 보여줄 것이다. 당신의 할 일은 그중에서 당신의 문을 찾는 것이다. 가능한 모든 방법을 살펴보라. 각각의 기회에 대해서 영혼의 기분 상태를 살펴봐야만 한다. 여기서도 당신의 목표를 선택할 때 사용했던 것과 동일한 원리를 따르면 된다.

당신의 목표가 당신이 부자가 되는 것을 포함하고 있다고 가정하자. 그러면 당신은 어떻게 부자가 될 것인지를 정해야 한다. 사실 돈은 그저 사람을 찾아오는 것이 아니라 그의 신분을 찾아온다. 그 신분이란 연예계의 스타일 수도 있고 사업가나 투자가, 뛰어난 전문가, 혹은 상속자일 수도 있다. 그러니 당신은 어떤 사람이 되고 싶은가? 당신은 부로 가는 당신만의 길, 당신의 가슴이 끌리는 어떤 것을 찾아야 한다. 가슴이 무엇에 끌리는지는 마음이 아니라 영혼에게 물어봐야만 한다. 마음은 사회의 산물이다. 그리고 사회는 펜듈럼에 근거해 있다. 사회는, "유명인사, 정치가, 백만장자가 되라 — 그러면 특권을 누린다"고 말한다. 하지만 펜듈럼은 당신의 개인적 행복에는 전혀 관심이 없으므로 당신이 삶에서 적당한 자리를 찾도록 도와주지는 않을 것이다.

당신의 마음과 당신이 아는 사람들은 변호사처럼 돈을 많이 버는 직업을 구하라고 말한다. 모든 사람이 말한다. — 훌륭한 변호사가 되면 돈을 산더미처럼 벌 것이라고. 당신은 물론 정말 많은 돈을 벌고 싶을 테지만 그 문은 타인의 문임이 밝혀질 수도 있다. 그 문은 당신을 전혀 엉뚱한 곳으로 데려갈 수 있다. 목표를 제대로 정했다면 문은 당신이 꿈도 못 꿨던 기회를 가져다줄 것이다. 당신이 삶에서 집과 자동차와 고액의 연봉을 원한다고 하자. 문으로 들어서면 당신은 이전의 소망이 정말 우습게 느껴질 정도로 너무나 많은 것을 얻게 될 것이다. 하지만 그런 일이 일어나려면 올바른 문을 택해야 한다.

서두르지 말고 자신에게 충분한 시간을 줘서 선택을 내리게 하라. 서두르다가 잘못된 선택을 하게 되면 훨씬 더 많은 시간과 노력을 낭비하게 될 것이다. **자신의 목표와 문을 찾는 데는 몇 달이 걸릴 수도 있다.** 그 시간 동안 당신은 일종의 '완벽한 단식'을 해야 할 것이다. — 가능하다면 트랜서핑의 주요 원리들을 철저히 따라야 한다. 그 내용은 당신도 이미 알고 있다.

무엇보다도, 의식이 깨어 있어야 한다. 자신의 다음 행동의 동기를 인식하고 있어야만 한다. 당신은 의식적으로 행동하고 있는가? 게임의 룰을 이해하고 있는가? 아니면 자신의 의지 없이 그저 펜듈럼에게 복종하고 있는가?

내적, 외적 중요성을 늘 살피라. 당신의 목표와 문을 이미 가지고 있는 듯이 생각하라. 특권도, 접근불가능성도, 필요성도 존재하지 않는다. 모든 중요성을 제거하라. 당신이 가지고 있는 것은 당신에게는 정상적이고 평범한 것이다.

가능한 실패를 미리 받아들이라. 일이 잘 풀려나간다면 좋다. 그렇지 않다면 그 목표는 애초부터 당신의 것이 아니었다. 그러니 슬퍼할 것도 없다. 자신에게 실수를 허락하라. 삶 속에 패배의 여지를 마련해주고 당신이 그것을 감독하라. 당신을 실망시키는 실패도 결코 패배가 아니라 당신의 목표로 가는 길 위의 또다른 이정표임을 앞으로 알게 될 것이다.

목표에 대한 안전망, 곧 대안을 확보하라. 이전의 문을 당장 버리지 말라. 지나온 다리를 태우지 말라. 조심해서 나아가라. 계란을 한 바구니에 다 담지 말라. 대안을 남겨두라.

마음속에서 목표의 슬라이드 상영하기를 멈추지 말라. 그럼으로써 당신은 안락지대를 넓히고 있고, 또 자신을 목표의 인생트랙 주파수에 동조시키고 있는 것이다. 외부의도가 필요한 정보를 제공해줄 것이다.

정보를 놓치지 않기 위해서는 **당신의 목표와 문을 찾는 슬라이드를 머릿속에 끼워 넣어야 한다.** 외부세계의 모든 정보가 이 슬라이드를 통과하게 하라. 그중 어떤 정보가 끌리는지를 살펴보라. 마음이 하는 말이 아니라 새벽별의 속삭임에 계속 귀를 기울이라. **그러는 동안, 그 정보에 대한 당신의 생각을 살피는 것이 아니라 무엇이 당신의 기분을 가라앉게 하는지, 혹은 솟아오르게 하는지를 계속 살펴야 한다.** 정보에 대한 영혼의 태도를 주의 깊게 살피라. 때가 되면 영혼이 생기를 띠면서 외칠 것이다. "이게 바로 내가 찾던 거야!"

물론 서둘러서는 안 된다. 안락지대를 계속 넓혀가고 당신의 목표와 문이 분명한 모습을 드러낼 때까지 목표의 인생트랙에 사념을 동조시키라. "그래, 바로 이거야. 이거야말로 내 삶을 잔치로 바꿔놓을 거야"

하는 뚜렷한 결론에 도달해야만 한다. 당신의 영혼은 노래를 부르고 마음은 흡족하여 손을 비비고 있다.

영혼은 벌써 노래를 부르고 있는데 마음은 아직도 의심하고 있다면 안락지대를 계속 넓혀가라. 그것이 당신의 목표는 이룰 수 없는 비현실적인 것이라는 그릇된 고정관념을 깨도록 도와줄 것이다. 문이 다가갈 수 없는 것처럼 보이는 이유를 아는가? 그것은 당신 마음속에 도사리고 있는 접근불가능하다는 그릇된 고정관념이 가로막고 있기 때문이다. 그 고정관념을 밀어내면 문은 활짝 열릴 것이다.

나는 지금 당신에게 나나 당신 자신이나 다른 누구를 억지로 믿으라고 강요하고 있는 것이 아니다. 마음이 무엇을 믿게 만들 수는 결코 없다. 마음은 오로지 조건 없는 사실만을 받아들인다. 그러니 문이 당신의 마음에 현실적인 것으로 보이게 하려면 목표의 인생트랙으로 옮겨가야 한다. 그리고 그것은 오직 당신의 목표가 담긴 슬라이드의 도움을 받아야만 할 수 있다. 당신의 인생트랙의 출발점에서 보면 목표는 아직도 저 앞에 있다. 하지만 그것을 이룰 방법은 이미 현실적이고 분명한 모습으로 눈에 보인다. **자신을 설득하려고 애쓰면서 고정관념과 싸우는 것은 부질없는 짓이다.** 고정관념을 밀어낸다는 것은 그런 것이 아니다. **고정관념은 외부의도가 당신의 목표의 인생트랙 위에서 새로운 기회를 보여줄 때 저절로 무너져버릴 것이다.** 그래서 나는 이렇게 당신의 주의를 전환시키려고 애쓰고 있다. ― 자신을 설득하려고 애쓰지 말고 고정관념과 싸우지 말라. **당신에게 필요한 것은 오직 마음속에서 목표의 슬라이드를 용의주도하게 계속 상영하는 것뿐이다.** 이것은 공허하고 이론적인 연습이 아니라 목표를 향한 구체적 움직임이다.

물질계의 불활성으로 인해 외부의도가 당신의 주문을 즉석에서 받아주지 못한다는 사실을 잊지 말라. 인내심을 발휘해야 한다. 인내심이 없으면 당신은 목표를 될 수 있는 대로 빨리 이루려고 안달복달할 것이다. 그럴 경우, 처음부터 다시 시작하여 중요성을 낮춰가라. 욕망을 품으면 목표가 과연 이루어질 수 있을까 하는 의심이 일어난다. 다시 강조하지만 현실적인 전망이 보일 때까지 안락지대를 계속 넓혀가라.

펜듈럼이 당신의 문을 무의미와 무가치라는 그릇된 위장막으로 가리고 있을 수도 있다. **당신이 쉽고 자연스럽게, 그리고 즐겁게 할 수 있는 모든 것은 의미 있고 가치 있다.** 가치 없는 덕목은 하나도 없다. 고정관념의 틀 속에서는 아무런 가치도 없어 보이는 당신의 어떤 성격이 있다면, 그것이 바로 당신의 문의 열쇠가 될 수도 있다. 당신의 성격 중에서 '하찮은' 것을 '중요한' 문에다 맞춰보라.

예컨대, 어릿광대 노릇을 곧잘 한다면 당신은 어쩌면 위대한 코미디언이 될 수도 있을 것이다. 사람들이 당신을 보고 옷 차려입고 폼 잡는 것 외에는 할 줄 아는 것이 하나도 없는 사람이라고 한다면 당신의 문은 어쩌면 톱모델이나 메이크업 아티스트나 디자이너의 직업과 관련되어 있을지도 모른다. 당신이 광고를 볼 때마다 짜증을 내면서 그것이 완전히 잘못되었다고 지적하면서 툴툴거리기를 잘 한다면 그것은 단순히 당신이 불평꾼이라서 그런 것이 아니라 광고 분야에서 재능을 발휘하고 싶은 감추어진 욕망이 드러난 것일 수도 있다. 구체적인 보기를 몇 가지만 들어봤다. 이처럼 어떤 사람의 '쓸모없는' 성질이 뜻밖의 방식으로 꽃을 피울 수도 있는 것이다. 펜듈럼에서 등을 돌리고 당신의 영혼을 마주하면 그 방법은 스스로 나타날 것이다. 잘 생각해보라. ― 당신이 어떤 실없는 행동을 자연스럽게, 그것도 즐겁게 한다면 거기에는 틀림없이 뭔가 의미가 숨어 있다.

위에서 말한 모든 것은 자신의 문을 선택하는 과정에 관한 것이다. 하지만 당신이 목표를 향해서 이미 길을 가고 있다면, 당신이 선택한 문이 자신에게 맞는 것인지 아닌지를 알아낼 수 있는 방법이 하나 있다. — 목표를 향한 길에서 쉬 기운을 잃고 피곤해져서 진이 빠진다면 그것은 당신의 문이 아니다. 반대로 **당신의 목표로 데려다주는 어떤 일을 할 때마다 영감에 차오른다면 그 일은 당신의 문이니 계속 가도 좋다.**

당신에게 맞는 문인지를 알 수 있는 방법이 또 하나 있다. 다른 누군가의 문이 당신의 문인 양 행세하는 경우가 있다. 당신은 그것이 눈앞에 활짝 열려 있다는 느낌을 받을 수도 있다. 하지만 그것은 가장 중요한 순간에 눈앞에서 쾅 하고 닫혀버린다. 타인의 문을 통해 당신의 길을 갈 때, 만사가 순조로운 것처럼 보일 수도 있지만 결국은 가장 중요한 순간에 모든 것이 뒤집혀버린다. 이런 일이 일어난 적이 있다면 당신은 타인의 문을 통해 간 것이다. 그것은 펜듈럼의 짓이다. '만인을 위한 문'을 의도적으로 열어놓고서 가능한 한 많은 지지자를 꼬여 들이려는 짓 말이다.

당신의 문 앞에는 사람들이 별로 많이 모여들지 않는다. 하지만 가령 당신의 문으로 들어가려는 사람들이 많다고 해도 그들은 모두 당신에게 길을 비켜줄 것이고, 당신은 그 한가운데를 유유히 지나갈 수 있다. 만인을 위한 문은 모든 사람에게 열려 있지만 오직 소수만이 그곳을 지나갈 수 있다. 스타들의 성공 신화를 만들어내고 사람들로 하여금 "내가 하는 대로 따라 하라"는 룰을 따르게 만드는 펜듈럼의 술수를 잊지 말라. 신기루에 홀려서 떠밀려가는 사람들은 모두가 똑같은 문을 통과하려고 달려든다. 자신만의 문이 바로 옆에 활짝 열려 있는 것을 모르고 말이다.

그러나 당신의 문조차도 눈앞에서 닫혀버릴 수 있다. 그것은 당신이 균형의 법칙을 심각하게 어길 때 일어난다. 예를 들자면, 목표가 당신에게 너무 큰 중요성을 띠고 있고, 당신은 그것을 이루기 위해서라면 모든 것을 희생할 태세다. 이 문은 당신이 그 중요성을 낮출 때만 다시 열릴 수 있다. 이에 대해서는 이 장의 마지막 부분에서 이야기할 것이다.

의도

자신의 목표와 문을 찾는 데 어느 정도 시간을 보냈다면 당신은 의도를 가지고 있는 것이다. **의도는 욕망을 목표로 바꿔놓는다.** 의도가 없는 욕망은 결코 이루어지지 않는다. 꿈 또한 이루어지지 않는다. 목표와 꿈의 차이는 무엇일까? 그 차이는 의도와 욕망의 차이와 같다. 의도가 있으면 꿈은 목표로 바뀐다. 공허한 꿈과 망상은 아무것도 바꿔놓을 힘이 없다. 오직 가지겠다는, 행동하겠다는 결정인 의도만이 당신의 삶을 바꿔놓을 수 있다.

당신이 드디어 자신의 목표를 찾아 그것을 이루기로 완전히 결정했다고 하자. 당신은 곧장 행동에 착수하려고 잔뜩 흥분해 있다. 자, 힘을 빼라. 목표의 중요성을 내려놓으라. 그것을 이루려는 욕망을 버리라. 가지기로 한 마음의 결정만 남겨놓으라. 당신에게 남겨진 유일한 일은 순수한 의도의 경계 안에서 행동하기, 즉 '원하거나 주장함이 없이' 자신에게 주어진 모든 일을 하는 것이다.

당신의 목표를 향한 당신의 길 위의 모든 것을 망쳐버릴 수 있는 것은 오직 당신 자신의 지나친 의무감과 열성과 소심함과 충동이다. 일반적인 세계관의 울타리 안에서 볼 때는 이것은 정말 이상하게 들릴 것이다. 하지만 이쯤이면 여러분도 더이상 이것을 터무니없는 말로 여기지 않으리라고 믿는다. 자, 이제 모든 것을 다시 바로잡자.

당신의 문을 통해 당신의 목표를 향해 갈 때는 필요 이상의 노력을 기울이지 않아도 된다. 자신을 압박할 필요도 없다. 그렇지 않다면 당신은 다른 누군가의 목표나 문을 택한 것이다. 하지만 당신의 마음은 기를 쓰고 장애물과 싸우는 짓에 길들어 있다. 사물에 지나친 중요성을 부여하고 가능태 흐름을 거슬러 싸우기 시작할 때부터 마음은 제 손으로 자신의 모든 문제를 만들어내고 있는 것이다. 중요성을 내려놓기만 하면 당신의 인생트랙 위에는 장애물이 거의 없을 것이다.

마치 우편함에 우편물을 가지러 가듯, 목표를 향해 담담하게 걸어가야 한다. 중요성도 없고 목표를 이루려는 욕망도 없다면, 의도에는 무엇이 남아 있을까? 오직 가지기로 한, 그리고 발을 움직이기로 한 마음의 결정만이 있다. 우편함 속의 우편물을 문제의 대상으로 생각하기를 멈추고, 그저 그쪽으로 발을 옮겨놓기 시작하라. 문제를 생각하고 있지 말라. 당신이 할 수 있는 어떤 방식으로든, 행동하라. 그러면 문제는 목표를 향해 가는 과정 속에서 해결될 것이다.

마음의 내부의도는 물살을 거슬러 허우적거리도록 당신을 부추긴다. ― "나는 이러저러하다고 주장한다." 외부의도는 이와 전혀 다른 방식으로 작용한다. ― "이러저러한 것으로 판명된다." **뭔가를 주장하고 있는 한 당신은 외부의도가 가능태 흐름을 따라 당신의 목표를 실현시키기를 허용하지 않고 있는 것이다.** 당신의 목표가 정확히 어떻게 실현되어야 할지를 마음이 무슨 수로 알 수 있겠는가?

당신의 문을 통해 올바른 목표를 향해 가는 것은 순조로운 과정이다. 중요성이 최소로 유지되고 있고 가능태 흐름에 거슬러 싸우고 있지 않다면 누구도, 어떤 것도 당신을 괴롭히지 못한다. 당신의 길을 가고 있으므로 설령 일시적인 어려움이 생기더라도 걱정할 것은 아무것도 없다. 모든 것을 선물로 받아들여 삶을 즐기도록 자신을 놓아주라. 뭔가가 당신의 잔치를 훼방 놓는다면 즉시 당신이 '어디서 중요성을 높여놓았는지를' 점검해보라. 당신은 왜 가슴에 중압감을 느끼는가? 이 질문에는 표준 정답이 있다. — 자신을 너무 압박하고 있거나, 목표가 이뤄지기만을 안달하며 기다리고 있거나, 뭔가에 지나친 중요성을 부여하고 있는 것이다. 힘을 빼라.

당신의 안락지대가 충분히 넓지 않으면 실의에 빠져들 수 있다. 당신의 목표가 이루어지면 필연적으로 많은 돈을 가지게 된다고 가정해보자. 그러면 즉시 온갖 근심거리가 떠오른다. — 그 돈을 어디다 보관해야 할지, 어디다 투자하는 것이 가장 좋을지, 그것을 잃어버리면 어쩔지, 어떻게 써야 할지, 누가 그 돈을 뺏어 간다면 어쩔지 등등… 이런 온갖 생각이 머리를 어지럽힌다면 당신은 아직 그런 돈을 가질 준비가 안 된 것이다. 당신의 꿈이 이루어지는 것이 이런 식의 문제를 수반한다면 그 결과 영혼은 불가피하게 긴장을 느낄 것이고, 당신은 이런 문제들로부터 자신을 구해내려고 잠재의식 속에서 허우적거리게 된다. 이 경우, 외부의도는 당신의 뜻에 반해서 작용할 것이다.

가지기로 한 마음의 결정은 한결같이 유지되어야 한다. 그러면 마음 속에서 목표의 슬라이드를 상영하도록 자신을 다그칠 필요가 없어질 것이다. 사실 당신은 목표에 대해 생각하고 있기를 좋아하지 않는가.

다만 자신을 설득시켜 확신을 심어주려고 애쓰지만 말라. 자신을 설득시켜보려고 아무리 오랫동안 애써봤자 그것은 전혀 쓸모없는 짓이다. 자기암시와는 반대로 의도는, 결정이 내려졌으며 더이상 논의의 여지가 없음을 뜻한다. 목표가 이루어지는 것은 엄연한 사실이다. **안락지대를 계속 넓혀 가면 의심도 모두 사라질 것이다.**

엉뚱한 실수를 하지 않도록 경고해둬야겠다. 당신으로 하여금 일이 성공적으로 진행되기만을 생각하도록 만드는 또 하나의 그릇된 고정관념이 있다. 이상하게 들릴지는 몰라도 그것은 그릇된 고정관념이다. 그런 것이 얼마나 많은지 보라! 당신은 어떻게 생각하는가? ─ 당신은 오로지 성공에 대해서만 생각하고 있을 수 있을까? 거의 불가능하다. 당신의 시나리오에서 모든 부정적 가능성을 몰아내려고 아무리 애써봤자 되지 않을 것이다. 만사가 순조롭게 풀려가리라고 마음을 확신시키는 것은 불가능하다. 마음은 그것을 믿는 척할 수 있다. 하지만 영혼 깊은 곳에서 당신은 여전히 의심을 품을 것이다. 왜냐하면 마음이 의심을 품고 있기 때문이다. 영혼은 마음이 밑바닥에 던져둔 부정적 가능태를 틀림없이 발견해낼 것이다.

목표의 슬라이드에다 그것을 이루는 시나리오를 덧붙일 필요가 없다. 이 슬라이드에는 오직 이루어진 목표의 최종 이미지만 담겨 있어야 한다. 당신은 이미 그것을 가지고 있다. 당신이 할 일은 오직 그 슬라이드를 즐기면서 순수한 내적 의도의 도움을 받아 발을 옮겨가는 것뿐이다. 과정을 심상화하는 것도 물론 시나리오 작업을 하고 있는 것이긴 하지만, 이것은 완전히 다른 이야기다. 당신은 마음에게 모든 일이 다 이루어졌다고 확신시키는 것이 아니라, 지금 순조롭게 진행되고 있다고 확신시키는 것이다. 전이사슬의 현재 고리를 심상화하는 것은 당신이 지금 하고 있는 행동과 동조되어 있으며 단지 한 발만 앞서 있다. 하지만 일이 성공적으로 끝나리라고 자신을 확신시키려고 애쓰는 것은 자승자박하는 어리석은 짓이다. 힘을 빼라. 그리고 아직 존재하지 않는 문제로 고민하지 말라. 그저 고요히 가능태 흐름을 따라 움직여가라.

실현

나는 젖은 포장도로를 걷고 있었다…….

아침에 비가 내렸고, 삶의 의미와 새로운 세계를 찾는 지렁이들이 잔디밭에서 포장도로로 기어 나와 있었다. 그들은 저마다 다른 운명을 가지고 있었다. 운 좋은 놈들은 근처에 있는 비옥한 부엽토가 깔린 화단으로 기어갈 수 있었다. 다른 놈들은 도로 위를 걸어다니는 무서운 괴물들의 발밑에 깔려 터져버렸다. 햇볕이 도로를 달구자 길을 반도 못 지나간 지렁이들의 몸은 수분이 말라버렸다. 실수를 깨달았을 때는 이미 너무 늦어 있었다. 이제는 건너편으로 기어갈 만한 힘이 남아 있지 않았다. 지렁이가 완전히 말라비틀어질 때까지 고통스러운 죽음이 서서히 다가올 것이었다. 그런데 그때 알 수 없는 어떤 힘이 지렁이를 들어 올렸다가 촉촉한 땅 위로 던져놓았다. 그것은 지렁이의 관점에서는 있을 수 없는 일이었다. 지렁이는 그 상황을 이해할 수도 설명할 수도 없었다. 하지만 나에게는 그것은 전혀 초자연적이랄 게 없는 일이었다. ― 나는 그저 지렁이가 불쌍했고, 그래서 그것을 화단으로 던져 넣어준 것뿐이다. 아마도 이 외로운 방랑자가 자신의 목표와 문을 제대로 선택했던가보다.

238

당신의 목표가 당신 생각에 이루기 힘들어 보인다면 당신의 잔치는 의심과 실패가능성에 대한 무거운 생각들로 온통 엉망이 되어버릴 것이다. 어떻게 하면 불가능한 것을 믿어서 가능하게 만들 수 있을까? 이것이야말로 어리석은 질문의 대표적 본보기다. 불가능한 것을 믿을 방법은 없다! 말했지만 다시 한 번 반복하겠다. — **자신을 설득하거나 확신시키거나 무엇을 믿게 만드는 것은 결코 가능하지 않다.** 이 쓸데없는 짓으로부터 자신을 구해내어 목표를 향해 발걸음이나 부지런히 옮기게 하라.

목표가 이루기 힘들어 보인다는 사실이 당신을 괴롭히게 해서는 안 된다. 그런 일이 어떻게 일어날 수 있을지를 당신으로서는 상상하기가 힘들 것이다. 그러니 당신이 그런 걱정을 하고 있는 것은 시간 낭비일 뿐이다. 당신이 할 일은 무엇을 주문할 것인지를 제대로 골라내는 것이다. 그 나머지 일은 모두 웨이터에게 맡기라. 숨 막히도록 놀라운 성공을 이뤄낸 많은 사람들은 훗날 이렇게 말했다. — 자신이 그런 결과를 이뤄낼 수 있으리라고는 결코 믿지 않았다는 것이다.

영혼이 목표를 추구하고 있는 동안에 마음은 목표를 이룰 방법을 놓고 고민하고 있는 이 현실이 영혼과 마음의 상호 이해를 가로막고 있다. 영혼은 목표에 이를 방법에 대해서는 아무런 생각도 없다. 마찬가지로 꿈속에서도 영혼은 원하는 것을 모두 가지는 것이 그저 당연할 뿐이다. 영혼의 모든 주문은 꿈의 의도에 의해 즉석에서 실현된다. 마음이 깊이 잠자고 있을 때 영혼이 어디를 날아다니고 있는지는 아무도 모른다. 우리는 마음이 선잠에 들어 졸고 있는 동안에 꾸었던 꿈을 기억해낼 수 있을 뿐이다. 깊은 잠에서 깨어나면 마음은 자신의 기대와 느낌에 따라 영혼의 돛을 조종하기 시작한다. 그 때문에 꿈도 영혼이 무엇을 원하는지를 알려주는 지표가 되지 못한다.

같은 이유로, 우리는 영혼의 전생을 기억해내지 못한다. 만약에 그런 것이 있다면 말이다. 마음은 영혼과는 달리 백지와 같은 상태로 이세상에 온다. 특정한 조건에서 어떤 사람의 마음이 전생에 관한 정보를 접하는 사례에 관한 증언이 많이 있다. 하지만 그것은 전혀 다른 성질의 문제라서 이 책이 다룰 내용은 아니다.

마음은 내부의도의 한계 안에서 행동하는 데 길들어 있기 때문에 방법을 생각해내야 한다는 강박관념이 있다. 그리고 이 한계 안에는 우울한 결말의 시나리오가 진을 치고 있다. 외부의도는 도움을 주지도 않을뿐더러 오히려 당신에게 불리하게 작용한다. 일이 어떻게 펼쳐질지에 대해서는 어떤 생각도 하지 말라고 그토록 권고하는 것은 이 때문이다. 가지겠다는 결정만이 목표를 향해 가는 길을 지배하고 있어야 한다. 그리고 그것이 당신이 마음에 품고 있어야 할 가장 중요한 것이다. 의도 ― 가지겠다는 결정 ― 의 나머지 부분은 욕망과 중요성으로부터 최대한 자유로워야 한다.

발걸음을 옮기겠다는 결정은 당신이 해야 할 최소한의 일을 하고자하는 초연한 의도다. 초연하게 행동한다는 것은 우유부단하고 무기력하게 행동한다는 것이 아니다. 내가 무슨 말을 하려는지 당신도 이해하리라 생각한다. 각오를 너무 단단히 다지려는 것 역시 중요성 때문에 일어난다. 욕망과 중요성의 내적의도로부터 자유로울수록 당신의 행동은 더 효율적인 것이 될 것이다.

대략적인 개념으로서 목표를 이루는 시나리오를 생각해보기만 하면된다. ― 목표로 향해 가는 주요 단계들, 즉 전이사슬의 고리들을 정의하는 것이다. 그다음에는 전체 시나리오에 관해 생각하기를 그쳐야만 한다. 마음속에는 오직 목표의 슬라이드만이 들어 있어야 한다. 슬라이드에는 이루어진 목표의 모습만 담겨 있지, 시나리오는 담겨 있지 않다. 항상 그 슬라이드를 머릿속에서 상영하고, 그 속에서 살라. 그러면 안락지대가 넓어지고 당신이 방사하는 사념 에너지의 매개변수도 목표의 인생트랙에 동조되기 시작할 것이다.

당신의 태도에 목표의 성취와 관련된 모든 것에 대한 욕망과 중요성이 섞여들지 않게 하라. 목표가 가능한 한 빨리 실현되게 하려고 신경을 곤두세우고 있으면, 자신의 가능성에 의심을 품고 있으면, 어려움을 두려워한다면, 그것은 중요성의 수위가 너무 높다는 뜻이다. 자신이 실수를 하고 결점을 가지도록 허용하라. 자신이 실수하는 것을 허용하지 않는다면 물론 다른 사람들도 당신이 실수하는 것을 용인하지 않을 것이다. 목표가 이루어지지 않을까봐 두려워한다면 그것은 당신이 욕망하고 있다는 뜻이다. 그렇다면 어떻게 하면 욕망하지 않을 수 있을까? 미리 실패를 받아들이라. 대안과 보충계획을 강구하여 대비시키라. 그렇게 하지 않으면 자신을 욕망으로부터 해방시킬 수 없을 것이다.

중요한 것은, **어떤 경우에도 목표에다 모든 것을 걸어서는 안 된다**는 것이다. 예컨대 모든 것을 내버리고 그저 삶의 열정에 몸을 싣고 떠내려가서는 안 된다. 그러다가 곧 그것이 실수로 타인의 목표와 문을 당신 것인 줄로 오인했던 것임이 밝혀진다면 어쩔 건가? 게다가 그럴 경우, 당신은 계란을 몽땅 한 바구니에 담음으로써 균형을 흩트려놓게 될 것이다. 언제나 보충계획, 곧 우회로가 준비되어 있어야만 한다. 그러면 당신의 영혼은 평온할 것이고 균형력이 당신을 해치지 않을 것이다. 예컨대, 새로운 직장을 확실히 찾기 전에는 사표를 내지 말라. 지나온 문을 닫지 말고 건너온 다리를 태우지 말라. 매사에 주의하고 신중을 기하라. 목표와 문이 당신의 것임을 절대적으로 확신하더라도 만에 하나, 실패할 경우에 당신을 노숙자로 만들어놓을 수 있는 갑작스런 변화는 일으키지 말라. 불운으로부터 안전한 사람은 아무도 없다.

아무튼 당신은 트랜서핑의 기법을 강력한 무기로 가지고 있으니 걱정할 이유가 훨씬 적다. 최소한 당신은 이제 게임의 룰을 알고 있고, 그것만으로도 이미 대단한 것이다. 인간은 펜듈럼 세계의 룰도 모르는 채 펜듈럼과의 게임에 말려든다. 인간이 곧장 패배하는 이유는 그 때문이다. 지금까지 배운 방법들은 당신을 매우 유리한 고지로 데려다준다. 하지만 그것으로는 아직도 멀었다. 이어질 장들에서 당신은 트랜서핑의 '중무기'를 갖출 수 있게 될 것이다.

너무 높은 수위의 중요성에 근거하여 일을 벌임으로써 외부의도를 방해하지만 않는다면 외부의도는 틀림없이 당신을 목표로 데려다줄 것이다. 가능태 흐름을 거슬러 허우적대지 말고 흐름을 따라 움직여가라. 흐름에 거슬러가도록 부추기는 것은 매사를 통제하고자 하는 마음의 습관이다. 하지만 매사에 앞을 내다볼 수 있는 사람은 아무도 없다는 것을 당신도 알지 않는가. 목표의 슬라이드를 심상화하고 있다면 당신은 외부의도의 인도를 받고 있는 것이다. 그리고 그것은 일상적 시나리오와 고정관념의 틀 밖에서 작용한다. 그래서 외부의도는 사건의 전개에 기대 밖의 변화를 가져온다.

마음은 이런 변화를 불행한 일로 생각하고 흐름을 거슬러 허우적거림으로써 일을 망쳐놓는다. 이런 일이 없도록, 시나리오가 역동적으로 펼쳐지도록 놓아두라. 상황을 통제하려고 하지 말고 힘을 빼라. 일이 당신이 계획했던 대로 정확히 펼쳐지지 않더라도 상황을 바꿔놓으려고 달려들지 말고 뜻밖의 사건을 긍정적인 눈으로, 당신에게 유리하게 전

242

개되고 있는 일로 바라보도록 해보라. 처음에는 그것이 늘 확실하게 느껴지지는 않지만 대부분의 경우 그것이 정확한 실상이다. 실제로는 그리 나쁘지 않은 상황에서도 괜히 열을 내고 흥분하는 것이 사람이다.

나는 "모든 일이 좋아지려고 그러는 것"라는 속담을 당신이 맹목적으로 믿으라고 하는 것이 아니다. 이 속담에는 두 가지의 진실이 담겨 있다. 그중 하나는 분명하고 하나는 감춰져 있다. 분명한 쪽은 일상적 고정관념에 속한 것으로, 인생이란 '대체적으로' 그리 나쁘지 않다고 본다. 그것은 사실이다. 가능태 흐름은 저항이 가장 적은 경로를 따라 흐르기 때문이다. 문젯거리는 언제나 많은 에너지 소비를 요하는데, 이것은 다름 아니라 흐름에 저항하려고 애쓰는 인간의 습성 때문이다. 사람은 흐름과 같은 방향의 변화를 단지 자신의 계획과 일치하지 않는다는 이유만으로 탐탁지 않게 여긴다.

속담 속 진실의 감춰진 쪽은 그 의미가 훨씬 깊다. 그것은, 당신이 이제부터 시나리오상에 일어나는 모든 탐탁지 않아 보이는 변화를 긍정적인 것으로 보기로 마음먹는다면 그것은 틀림없이 그렇게 되리라는 것이다. 이 말은 해롭지 않으면서도 미심쩍게 들릴 수 있다. 이에 대해서는 다음 장에서 이야기할 것이다.

가능태 흐름을 따라 흘러가면 당신은 배 젓는 '노'의 도움을 받아 진척을 가속시킬 수 있다. 그 '노'란 곧 전이사슬의 고리를 심상화하는 것이다. 슬라이드와는 달리 과정의 심상화는 목표를 향한 당신의 움직임의 시나리오를 포함한다. 하지만 아시다시피, 현재 고리의 심상화는 전체 시나리오를 포함하는 것이 아니라 현재의 순간과 관련된 작은 조각만을 담는다. 당신은 현재의 의도에 이끌려가면서 발을 옮겨놓고 있는 것이다. 당신은 걸음을 걸으면서 동시에 다음 걸음을 옮기기 위한

243

의도를 낸다.

아이가 자라는 모습을 엄마가 어떻게 지켜보는지를 생각해보라. 엄마는 순간순간마다 전이사슬의 현재 고리를 계속 심상화한다. 이 사슬은 아주 작은 고리들로 나뉜다. 엄마는 아이가 오늘 그 작은 발로 일어선 것을 기뻐하면서 내일은 첫 발걸음을 떼놓을지도 모르는 모습을 상상한다. 엄마는 아이가 금방 눈앞에서 어른으로 자란 모습을 상상하려고 하지 않는다. 엄마는 현재에서 기쁨을 느끼고 지금의 이 순간들을 소중히 여긴다. 내일은 또다른 성공이 기다리고 있을 것을 확신하면서 말이다.

당신도 이와 동일한 원리를 따라 당신의 목표를 향해 가는 현재의 단계들을 심상화하는 연습을 해야 한다. **오늘은 어제보다 낫고 내일은 오늘보다도 나을 것이다.** 가능태 흐름에 닥쳐올 모든 물굽이를 미리 예상하는 것은 부질없는 일이다. 현재의 순간에서 기쁨을 느끼면서 그저 초연하게 빈틈없이 발걸음만 부지런히 옮겨놓는 편이 낫다. 당신이 풀장에서 수영을 하려고 한다고 하자. 그러려면 백 미터를 달리고 나서 물속에 뛰어들어 수영을 시작해야 할 것이다. 자 그럼, 풀장에 아직 도착하지 않은 상태에서 땅 속으로 '뛰어들어' 팔을 휘젓는 것을 상상해보라. 바보 같은 짓 아닌가? 사슬의 다음 고리들을 심상화하여 목표를 이룰 방법에 대해 생각하는 것도 이와 마찬가지로 바보 같은 짓이다.

현재의 고리를 심상화한다는 것은 현재 순간에 일이 잘 풀려가고 있음을 점검하는 것이다. 만사가 좋다. 그런 바탕 위에서 당신은 또 한 걸음을 내딛는다. ─ 내일은 이보다도 더 나을 것이다. 마음속에서 당신은 현재의 단계 위에 있는 다음 단계로 걸음을 내딛으려는 의도를 낸다. 그리하여 하나의 되먹임 사슬이 만들어진다. 그 결과, 목표를 향해 움직이는 것은 계단을 올라가는 모습으로 심상화될 수 있다. 다가오고 있는 성공을 공중에 걸린 구름이 아니라 계단으로 심상화할 수 있는 것이다. 그 각각의 계단은 그 다음 계단을 받쳐준다. 성공의 차원은 마치 계단이 높아지듯이 점차 높아진다. 매일 매일은 미래의 성공의 작은 조각을 담고 있다. **미래에 대해서는 걱정하지 말고 현재를 살아가라.**

목표를 향해 가는 길에서 펜듈럼은 당신을 궤도에서 이탈시키기 위해 온갖 술수를 동원해서 애를 쓸 것이다. 모든 실패를 당연한 것으로 받아들이라. 어떤 일도 백 퍼센트 순조롭게 진행될 수는 없다. 실패 때문에 흥분한다면 현재의 계단이 무너지고, 당신은 계단을 굴러떨어질 것이다. 그것은 당신을 화나게 하고 자신에게 불만을 느끼게 만들 것이다. 마음의 계획이 엉망이 되었기 때문이다. 이런 식으로 당신은 펜듈럼의 미끼를 삼킨다. 자신에게 실망하면 당신은 행복과 성공이 기다리는 인생트랙으로 결코 옮겨가지 못한다. 사실로 말하자면, 성공하여 잘 살 때조차 당신은 자신이 어디 만족스럽기나 한가? 당신이 방사하는 에너지의 매개변수가 자신을 불만족스러워하는 상태에 동조되어 있다면 과연 어떻게 성공의 인생트랙으로 옮겨갈 수 있겠는가?

당신의 마음은 단지 자신의 시나리오의 일부가 아니라는 이유 하나만으로 가능태 흐름 속의 예기치 않은 변화를 실패로 간주해버린다는 점을 명심하라. 왜 이런 변화를 당연한 것으로 받아들이고, 이 실패를 성공으로 바라볼 수가 없는가? 다음의 게임을 해보라. — **실패로 보이는 모든 것을 실망 대신 즐거운 놀라움으로써 맞이하라.** 사실 그것은 외부의도의 작용으로서, 그것은 당신의 눈에는 신비로운 방식으로 목표를 향해 당신을 데려간다. 게다가, 어떤 길이 당신의 목표로 가는 길인지를 마음이 무슨 수로 알겠는가? 마음이 '목표란 이루기 어려운 것'

245

이라고 믿고 있는 것은 단지, 마음이 통상적인 길들 속에서 당신의 목표로 이어진 길을 찾아내는 눈을 가지고 있지 못하기 때문이다. 가능태 흐름에 몸을 맡기려고 하지 않는다면, 그리고 외부의도가 밀어 올려주고 있는 그 길 위에 오르려고 하지 않는다면 당신은 당연히 아무것도 이루지 못할 것이다.

다른 사람들이 성공을 향해 달리는 모습을 보고 있으면서 뒤처지지 않겠다고 발버둥 치지 말라. 군중심리에 빠져들지 말라. ― 당신에게는 당신만의 운명이 있다. 대부분의 사람들은 잘 다져진 길을 따라간다. 오직 소수만이 진정한 성공을 이뤄낸다. ― "내가 하는 대로 따라 하라"는 규칙을 따르지 않고 자신만의 길을 간 사람들만이.

그러니 마지막으로 한 가지 경고하겠다. 당신의 꿈을 사랑하는 사람들을 돕는 일과 관련짓는다면 그것은 이뤄지지 않을 가능성이 다분하다. 예컨대, 당신의 꿈이 이루어지면 그들을 도울 수 있을 것이라고 생각한다면 말이다. **영혼은 천성적으로 이기적이다.** 안 그래도 영혼은 삶에서 얻고자 하는 것 중에서 작디작은 부스러기만을 겨우 얻어내고 있다. 그 위에 타인의 행복을 생각한다는 것은 영혼에게는 가능해 보이질 않는다. 그들이 당신에게 아무리 귀하고 사랑스러운 존재라 해도, 영혼은 다른 사람들에게는 관심을 두지 않는다. 영혼은 자신의 행복만을 염려한다. 이 세상에서의 영혼의 삶은 하나밖에 없는 귀한 기회다. 많은 사람들의 통념에도 불구하고 이타적 행위는 마음으로부터 나오는 것이지, 영혼에서 나오는 것이 아니다. 영혼은 자신의 목표에 이르기 위해 가능한 모든 일을 다 할 것이다. 하지만 그 목표가 자신에게 이롭지 않고 타인에게 이로운 것이라면 영혼은 흥미를 잃고, 마음이 그 하나의 일에 매달려 진을 다 뺄 때까지 멋대로 하도록 내버려둘 것이다.

유명한 동화에서 나무인형 소년 부라티노[*]는 부자가 되어서 아버지를 돕겠다는 목표를 세웠다. 그의 생각은 이랬다. — 나는 기적의 밭에다 금화를 심을 거야. 그러면 황금나무가 자라고, 그러면 나는 아빠를 위해 극장을 하나 살 거야. 물론 그 목표는 실현되지 않는다. 그 대신 나무인형 소년에게 온갖 말썽거리만 안겨준다. 목표를 정할 때 부라티노는 두 가지의 큰 실수를 저질렀다.

첫번째 실수는 그 목표가 자신을 위한 것이 아니라 다른 사람을 위한 것이었다. 부라티노의 영혼은 자신이 원하는 것을 꿈꾸고 있는데 마음은 아빠(파파 카를로)를 위해 무엇이 가장 좋은지를 생각하고 있다. 이타심은 매우 좋은 덕목이다. 하지만 자신을 타인을 위해 바치기로 한다면 당신 자신은 결코 행복하지 않을 것이다. 누군가에게 봉사하는 것, 약하고 힘없는 사람들을 돕는 것, 다른 누군가의 목표나 이상을 위해 자신을 희생하는 것에서 당신의 행복을 찾으려는 것은 환영이요, 자기기만 외에 아무것도 아니다. 마음이 펜듈럼의 함정에 깊이 빠져서 펜듈럼에게 봉사하는 것만이 자신의 행복이라고 생각하는 것이 바로 이런 경우다. 마음이 타인을 위해, 혹은 어떤 높은 이상을 위해 봉사하는 데서 자신의 행복을 찾았노라고 자신을 아무리 확신시키려고 애써도 그의 영혼은 깊은 속에서부터 불행하다. 영혼은 상자 속에 갇혔고, 거기서 자신의 행복을 주장할 권리도, 힘도 다 빼앗겼다. 다른 누군가의

---

[*] 부라티노Buratino의 모험: 피노키오 이야기를 각색한 톨스토이의 동화. 부라티노는 불쌍한 아버지를 도와 꼭두각시 인형을 부리는 폭군 주인으로부터 친구들을 구하기로 마음먹는다. 이야기의 끝에서 나쁜 주인과 그의 악당들과 맞서서 오랫동안 싸운 끝에 부라티노와 그의 꼭두각시 인형 친구들과 파파 카를로는 새로운 마법의 극장으로 통하는 비밀통로를 발견하고, 자신들만의 극장을 함께 운영한다. 역주

이상이 자신의 이상이고 다른 누군가의 행복이 자신의 행복이라는 마음의 확신은 자신의 목표를 찾지 못한, 아니, 어쩌면 찾아본 적도 없는 사람의 환상일 뿐이다.

부라티노의 두번째 실수는, 돈이 원하는 것을 얻을 수단이라고 생각한 것이다. 기억하실 테지만, 돈은 목표나 수단이 될 수 없다. 그것은 단지 목표로 가는 길의 부수물일 뿐이다. 주의를 돈에다 쏟는 것은 아무런 소용이 없다. 오히려 돈에 대한 모든 생각은 대개가 더 많은 잉여 포텐셜만 만들어낼 뿐이다. 당신이 택한 목표가 당신의 것이라면 돈은 저절로 생길 것이다. 당신은 돈을 걱정할 필요가 전혀 없다. 부라티노의 동화는 이것을 보여주는 훌륭한 보기다.

이 동화는 자신의 행복을 먼저 찾아내면 그때서야 다른 사람들에게도 기쁨을 가져다줄 수 있다는 것을 보여주고 있다. 자신의 목표에 도달하면 당신은 부자가 되고 행복해질 것이며, 또 물론 사랑하는 사람들을 도와주게 될 것이다. 그럴 수 있는 수단을 가지고 있기 때문이다. 하지만 지금은, 아직도 목표를 향해 가고 있는 지금은 오로지 자신의 행복에 대해서만 생각해야 한다. 그러면 당신 마음속의 목표가 영혼을 겁주어 달아나게 만들지 않을 것이다. 목표로 가는 길에서는 영혼으로 하여금 오직 자신에 대해서만 생각하게 하라. 일단 목표에 도달하고 나면 당신도 이타적인 마음으로 하여금 사랑하는 사람들, 자연, 집 없는 동물들, 굶주린 아이들, 그리고 그 밖의 그 누구든 얼마든지 돌보고 도와주게 할 수 있다.

영감

당신은 올바른 문을 통해 당신만의 목표를 향해 행운의 물결을 타고 달려갈 것이다. 영혼의 평안이 당신으로 하여금 조화의 에너지를 방사하게 할 것이다. 성공의 물결에 관한 장에서 우리는 이미 그런 파동의 전송에 대해 이야기했었다. 긍정적인 감정이 고양된 느낌을 의도적으로 불러일으켜서, 그것을 늘 유지시킨다는 것은 힘든 일이다. 그러나 이제 당신은 영혼과 마음이 일치를 이뤘으므로 행복하고 평온하다. 그러므로 조화의 파동도 절로 일어난다. 모든 일이 호전되고 많은 문젯거리들이 저절로 사라질 것이다. 의도적으로 불러일으키려고 애쓰지 않는 한 영감이 자주 당신을 찾아올 것이다.

사실 영감은 멋진 것이다. 단지 그것은 신비와 불가해함이라는 후광에 둘러싸여 있다. 영감은 일부러 불러오기가 매우 힘든 것이다. 그것은 언제나 전혀 기대하지 않은 순간에 스스로 나타난다. 영감은 그냥 문득 떠오르는 시상과도 같다. 이 시상은 나타난 것만큼이나 문득, 한 순간에 날아가버리고는 오랫동안 돌아오지 않을 수도 있다. 가엾은 인간은 이 숙녀가 다시 방문해주기를 하염없이 기다리지만 그녀는 돌아올 줄을 모른다. 게다가 그녀를 유혹할 수 있는 방법은 오리무중이다.

사실은 이 모두가 겉보기보다는 훨씬 쉽다. **영감이란 영혼과 마음이 일치를 이루고 중요성의 포텐셜이 없는 상태다.** 이 정의의 앞부분에 대해서는 의문이 없을 것이다. 영감이란 영혼이 깨어나는 것을 느끼는 순간, 당신의 창조적 작업과정에 쉽고 단순하고, 무엇보다도, 멋진 흐름이 존재하는 순간이다. 이런 일이 영혼과 마음이 조화로울 때만 일어날 수 있다는 것은 너무나 분명하다. 영혼이 좋아하지 않는 일을 하고 있

249

을 때는 결코 영감을 경험할 수 없을 것이다.

목표가 실현되는 중에 당신은 반드시 영혼과 마음의 일치를 이루게 되는데, 그것은 영감의 첫번째 필수조건이다. 하지만 아직 조건이 충족된 것은 아니다. 영감은 왜 문득 나타났다가는 사라져버리는 것일까? 그것은 어쩌면 피로현상과 관계가 있지 않을까? 영감을 느낄 때는 피로를 느끼지 않고 오랫동안 일할 수 있다.

정의의 뒷부분은 영감이 어디서 왔다가 어디로 가는지를 이해할 수 있게 한다. 내가 무슨 말을 하는지를 당신은 이미 눈치 챘을지도 모른다. 말인즉슨, 영감은 찾아오는 것이 아니라 단지 중요성의 포텐셜이 떨어질 때 보이는 것이다. 무엇이 중요성을 이루는가? 첫째, 목표에 이르고자 하는 욕망, 그리고 둘째, 영감을 얻고자 하는 몸부림이다.

목표에 이르기를 원함으로써 당신은 목표에 이르지 못한다. 이에 대해서는 이미 여러 번 말했다. 목표를 이루기를 열망하는 욕망은 외부의 도의 바람을 일으키기는커녕, 당신의 모든 요정과 시상을 당장 몰아내버리는 균형력의 소용돌이를 일으켜놓는다. 영감을 불러오려는 욕망도 그 성질이 같다. 영감이 찾아오도록 준비하고 기다리는 모든 행위는 중요성의 잉여 포텐셜을 만들어낸다.

당신은 일터를 깨끗이 정돈해놓고 모든 세부적인 일을 다 생각하여 준비하고 휴식을 충분히 취하고 기다린다. 달리 말해서, 당신은 요정을 만날 만반의 준비를 갖추었다. 만반의 준비를 갖춤으로써 당신은 이미 중요성의 포텐셜을 만들어내었고 균형력의 소용돌이가 창문 밖에서 윙윙거리기 시작한다. 이제 당신은 테이블을 준비하고 초를 켜놓고 앉아서 변덕스러운 숙녀가 오기만을 기다리고 있다. 하지만 그녀는 아직도 오지 않는다. 그녀는 결코 오지 않을 것이다. 믿어도 좋다. 왜냐하면 속절없는 기다림은 욕망의 제곱이기 때문이다. 창밖에서는 이미 균형력의 폭풍이 일어나고 있다. 그러니 날개 달린 숙녀는 당신 집 근처에 다가올 수조차 없을 것이다.

거기다가 당신이 절망의 이웃인 참을성 없는 성질까지 보여준다면 사나운 바람이 창문을 부수고 당신 집의 기운을 혼돈 속으로 몰아넣을 것이다. 그 소동은 당신의 영혼과 마음 사이에 벽을 쌓아 올려놓을 것이고, 그리하여 이전의 일치 상태를 회복하려면 오랜 시간이 걸릴 것이다. 영감에 대한 당신의 욕망과 준비와 기다림이 어떤 부정적 결과를 가져올지를 알겠는가?

그러니 영감은 당신이 그것을 기다리느라 쓰고 있는 안간힘을 놓지 않는 한 나타나지 않을 것이다. **영감은 당신을 찾아오지 않는다. 그것은 단지 중요성의 포텐셜이 사라질 때 드러나는 것이다.** 그리고 반대로, 참을성 없는 마음이 영혼을 기다림의 상자 속으로 몰아넣어 가둬버리면 영감도 봉쇄된다. 모든 것을 자기 의지의 통제하에 두려는 마음의 악취미가 잔치를 온통 망쳐놓는 것이다.

하지만 영감은 통제하거나 예측하기가 불가능해 보임에도 불구하고 마음은 그것을 다룰 수 있는 구체적인 방법을 가지고 있다. 그러나 이 마음의 통제는 그 방향이 전혀 다르다. 평소와 마찬가지로 마음은 열린 창문을 옆에 두고 그 내부의도로써 닫힌 창문에다 몸을 계속 부딪는다. 그러니 당신이 실제로 해야 할 일은 정확히 반대의 일이다.

먼저, **목표에 이르고자 하는 욕망을 버리라.** 당신의 목표는 어떻게도, 어디로도 도망가지 않는다. 그것이 당신의 목표라면 말이다. 늦든 빠르든 그것은 이루어질 것이다. 막무가내로 밀어붙이지 않고 그저 가지기로 결정하는 것이 중요한 역할을 한다. 당신은 주장함이 없이 평온

251

하게 당신의 것인 그것을 가진다. ― 우편함에서 우편물을 꺼내듯이. 내부의도는 단지 당신이 우편함으로 걸어가는 동안 발을 움직여주기만 하면 된다.

둘째, **'비전 의식'을 준비하는 마음을 버리라.** 영감을 얻기 위한 준비는 그것이 무엇을 수반하든 간에 잉여 포텐셜을 만들어낸다. 무엇을 준비한다는 것은 당신이 가지지 않은 어떤 것을 끌어오기 원함을 뜻한다. 당신의 준비 의식이 철저할수록 그 결과는 더 나빠질 것이다. 당신도 어떤 일이든 모임이든 뭔가를 위해 아주 열심히 준비했던 일이 있을 것이다. 그것은 결국 모두가 실패했다. 계획이 엉망이 되거나 모임이 취소됐다. 균형력이 물질적 대상들의 상호작용을 훼방 놓을 수 있다면 만져지지도 않는 영감을 먼지처럼 휙 불어 날려버리는 일쯤이야 전혀 어려운 일이 아닐 것이다.

셋째, **영감이 오도록 기다리기를 포기하라.** 영감의 특징은 당신이 전혀 기대하지 않았을 때 나타난다는 것이다. 그렇지 않은가? 그렇다면 당신은 왜 그것을 기다리고 앉아서 그것이 나타날 조건 자체를 망치고 있는가?

자, 당신이 이 세 가지 조건을 다 만족시켰다고 해보자. 당신의 내부의도에는 무엇이 남아 있을까? 발을 옮기기로 한, 즉 행동하기로 한 결정만이 남아 있다. 영감 없이 그저 당신의 일을 하기 시작하라. 그럴 때가 영감이 나타날 때다. **영감은 일의 과정 속에서 드러날 것이다.** 잘 하든 못 하든 간에, 행동하기 시작하기 전에는 욕망과 기다림의 포텐셜을 완전히 흩어버릴 수가 없을 것이다. 아시다시피, 행동하는 의도는 모든 잉여 포텐셜을 흩트려버린다.

그러면 다음 그림처럼 될 것이다. 당신은 자신을 위해 테이블을 차리고, 자신을 위해 촛불을 켜고 편안히 앉아서, 스스로 즐기기 위해 차를 마시기 시작한다. 누가 나타나기를 기다리는 것도 아니다. 그 같은 무관심에 수다쟁이 요정이 가만있을 리가 없다. 그녀를 잊어버리다니 어떻게 그럴 수가 있는가? 그녀는 당장 나타나서 말을 걸어올 것이다. 그것은 이렇게 간단하다.

목표 되살리기

당신이 타인의 목표를 향해 가고 있었고, 그것을 포기하기를 원하지 않는다면 어떡하겠는가? 당신이 다른 사람의 목표를 이룰 수 있을까? 물론 이룰 수 있다. 트랜서핑 기법으로 무장한 당신은 펜듈럼 세계의 룰을 모르는 사람들에 비하면 엄청난 이점을 가지고 있다. 하지만 타인의 목표를 이루기 위해서는 훨씬 더 많은 노력을 기울여야만 할 것이니 그 점을 알아야만 한다. 타인의 목표를 추구할 때도 당신의 목표를 추구할 때와 동일한 원리를 따라야 한다. 다른 점은 단지 그 모든 원칙을 백 퍼센트 지켜야 한다는 점이다. 이것이 타인의 목표를 이루는 일에 대해 내가 할 수 있는 말의 전부다.

　당신이 택한 목표가 실제로 타인의 목표라고 가정해보자. 그것을 버려야 할지 말지를 내가 충고해주기를 바라는가? 그렇다면 당신은 트랜서핑의 원리를 아직도 완전히 이해하지 못한 것이다. 이 책에서 당신은 오직 이 동네의 지도와 게임의 룰만을 제공받았다. 하지만 결정을 내릴 사람은 오로지 당신이다. 당신의 운명에 책임질 준비가 되어 있지 않다면 트랜서핑은 당신을 도와주지 않을 것이다. 트랜서핑의 방법은 오직 당신이 의도의 운전대를 잡을 때만 먹혀든다. 어디로 갈 것인지는 당신에게 달렸다. 당신에게 정해진 길을 강요하는 것은 펜듈럼뿐이다. **다른 누군가의 해결책을 사용한다면 그것은 자신의 운명을 타인의 손에 맡겨버리는 짓이다.**

타인의 목표라도 버리기에는 너무 늦었다면 그것을 이루는 것도 얼마든지 가능하다. 대신 당신은 욕망과 중요성으로부터 자신을 완전히 해방시켜야 할 것이다. 타인의 목표로 가는 길에는 장애물이 많을 것이나 그 대부분은 마음이 가능태 흐름을 거슬러 허우적대거나 중요성의 수위를 높일 때 만들어진 것이다. **자신을 빌려주라.** 초연하게 행동하되 동시에 깨어 있는 의식 상태를 유지하라. 문제와 장애물에 대항하지 말라. 중요성을 내려놓으면 문제는 스스로 사라질 것이다.

목표를 향해 가고 있는데 극복하기 힘든 장애물이 몇 개 나타났다고 하자. 무엇이 그 장애물을 만나게 했을까? 이제 당신은 그것을 쉽게 알아낼 수 있을 것이다. 분석해보라. 당신은 어디서 중요성의 수위를 높여놓았는가? 당신은 무엇에다 지나치게 중요한 의미를 부여했는가? 어디서 가능태 흐름을 거슬러 허우적거렸는가? 중요성을 내려놓으라, 자신을 빌려주라, 가능태 흐름에 몸을 맡기라. 그러면 모든 일이 순조로워질 것이다.

목표가 이루어지지 않는 데는 또다른 이유가 있을 수 있다. — 당신은 어쩌면 다른 누군가의 문을 지나가고 있는 게 아닐까? 하지만 문을 바꾸기 전에, 중요성을 완전히 내려놓고 어떤 일이 일어나고 있는지를 살펴봐야 한다. **어떤 것의 중요성을 너무 높여놓으면 당신의 문조차도 당신 앞에서 닫힐 수 있다.** 예컨대 어떤 것에다 당신의 모든 것을 걸었다면 당신은 그것의 중요성을 엄청나게 높여놓은 것이다. 그럴 경우 그 목표를 이루는 것은 당신에게 엄청난 의미를 지닐 것이다. 중요성을 내려놓고 대비책으로써 안전망을 확보하면 문은 다시 열릴 것이다.

이전에는 활짝 열려 있어서 언제든지 지나갈 수 있는 것처럼 보였던 타인의 문은 대개 눈앞에서 갑자기 닫혀버린다. 거기에는 그럴 듯한 평계가 있을 것이다. — 당신의 마음은 그저 모자를 벗으면서 "누가 알았겠어?" 하고 어리둥절해하기만 하면 되게 만들어주는. 이것은 마음이 목표를 이룰 방법을 고민하지만 실질적인 방법이나 문이 전혀 보이지 않는 상황과는 반대의 상황이다. 하지만 중요한 것은, 목표가 진정 당신의 것이고 당신이 자신이 가지도록 허락할 태세를 갖추고 있다면 열려 있는 당신의 문을 문득 발견하게 되리라는 것이다. 자신에게 가지도록 허락하기만 한다면 심지어 타인의 문조차도 당신 앞에 열어젖혀질 것이다.

어쨌든 당신의 목표와 당신의 문은 한 가지만 있는 것이 아니라 여러 가지가 있을 수 있다. 그러니 **당신의 이전 목표들이 객관적으로 이미 이룰 수 없게 되었을지라도 새로운 목표를 찾아보는 것은 언제라도 늦지 않다.** 당신은 다른 누군가의 목표를 이루거나 다른 누군가의 문을 지나가기를 시도해볼 수도 있고, 동시에 자신만의 목표와 문을 찾아볼 수도 있다. 시작한 것을 당장 포기해야 할 필요는 없다. 당신 목표의 인생트랙으로 옮겨가는 일은 유유히, 느긋하게 해도 된다. 타인의 목표를 위해 노력하면서 동시에 당신의 목표의 슬라이드를 마음속에서 상영할 수도 있다. 그러면 외부의도가 보이지 않는 문을 서서히 열어줄 것이다. 그러면 당신은 큰 어려움 없이 하던 일을 바꿀 수 있게 될 것이다.

타인의 문을 당신에게 강요하려는 펜듈럼으로부터 자신을 완전히 해방시키는 것은 해내기 어려운 일이다. 십중팔구 당신은 이전에 이 문을 지나가려고 억지를 부렸을 것이다. 하지만 뭔가를 좀 알게 된 지금조차도 당신은 실수로부터 자유롭지 않다. 모든 사람이 실수를 저지르게 되어 있다. 다만 실수 때문에 자책하거나 좌절하지만 말라. 결국은 당신의 문을 발견할 것이다. 실수를 하지 않는 사람은 시도도 하지 않는다. 당신 주변은 인생을 '그저 그냥' 살아가고 있는 사람들로 가득하다. 그들은 자신의 목표를 세우지도 않고 이런 종류의 책을 읽지도 않는다. 그들은 가진 것보다 더 많은 것을 갖기를 원하지만 행동하려는 의도가 없다. 이런 사람들의 이점은 실수를 하지 않는다는 것이다. 하지만 당신은 틀림없이 실수를 저지를 것이다. 그러니 그저 실수를 저지를 수 있도록 자신을 허용하라. **실패의 잔해 위에서 진정한 성공이 꽃을 피울 것이다.**

타인의 문을 통해 길을 헤쳐갈 때는 불가피하게 어려움에 부딪힐 것이다. 밖에서 보면 당신이 어려움을 극복하고 문제와 싸우고 있다는 것을 누구나 알 수 있다. 그것은 밖에서 바라보이는 모습이다. 하지만 당신의 영혼이 타인의 문을 통해 어떻게든 걸어가야만 한다는 강요에 저항하고 있는 모습은 아무도, 당신조차도 보지 못한다. 당신의 마음은 의지력으로써 밀어붙이면서 끝까지 싸워야 한다고 말한다. 하지만 의지력이 아무리 강한 사람이라도 그의 영혼은 이런 식의 압박을 견뎌내지 못한다. 여기에는 몰락의 위험이 도사리고 있다. 난감한 것은, 그 몰락이 용서할 수 없는 실수의 형태로 나타나리라는 것이다. 사람이 이와 같은 몰락을 경험할 때, 그는 근본적인 실수를 저지르고 있는 것이다. 누구나, 막강한 권력자조차도 이런 실수를 저지를 수 있다.

타인의 문을 통해 길을 가면 몰락의 위험이 당신을 기다리고 있고, 당신은 실수를 저지를 것이다. 부주의한 작은 실수를 허용하지 말라.

자신을 빌려주되, 흠잡을 데 없이 행동하라. 역설적인 것은, 큰 실수는 용서받을 수 있다는 것이다. 작은 실수는 아무도 용서해주지 않는다.

사랑하는 사람에게서조차도 동정을 바라지 말라. 그 사랑하는 사람이 재정적으로나 사회적으로 당신에게 조금이라도 의존하고 있다면 더욱 그들에게서 아무런 도움도 바라지 말아야 한다. ― 결국 당신은 그들의 기대에 부응하지 못한 것이다.

비난자나 조종자들은 높은 목표를 세우지 않는다. 그래서 그들은 실수도 하지 않는다. 용서할 수 없는 작은 대실수로써 그들이 당신을 비난할 빌미를 주지 말라. **작은 일을 대해서 흠잡을 데 없이 행동하라.** 그러면 타인의 문을 통해 가는 길에 겪는 몰락도 그리 고통스럽지는 않을 것이다.

사랑하는 사람들이 당신에게 하는 충고에 특히 주의를 기울여야 한다. 아무튼 그들이야말로 온 가슴으로 당신이 잘 되기만을 바란다. (때로 가슴이 여린 부모가 지레짐작으로 어린 자식을 위해 자신들의 최종 목표를 정하는 것을 보면 끔찍하다.) 당신이 고집스럽게 당신의 길을 걷다가 실패를 겪을 때 사랑하는 사람들의 자비를 기대하지 말라. 그들은 이렇게 외칠 것이다. "우리가 그렇게 말하지 않았니? 넌 듣지도 않았잖아!" 이럴 때 당신은 극도로 상처받기 쉽다. 당신은 자신의 실패로 매우 흥분해 있고 당신을 에워싼 조종자들은 당신이 취약한 틈을 타서 당신을 조종하려고 한다. 그들에게는 이것이 유리한 상황이다. 이것이 그들이 힘을 키우는 방식인데다 마침 당신은 모든 것을 체념하고 겸손해진 만만한 대상이 되어 눈앞에 있다.

막다른 골목에 몰린 사람은 언제나 충고자와 조종자들에게 둘러싸인다. 그들은 모두 자신만의 목표를 추구한다. ― 패배자에게 한 수 가

257

르침으로써 자신의 성숙한 느낌에 도취되고 싶거나, 당신을 조종할 기회를 얻으려거나, 당신의 코를 납작하게 만들어서 분수를 가르쳐주려는 것이다. '진지한 염려'로 포장된 그들의 상투적인 말을 옮겨본다면 이런 식이다. ─ "넌 어디로 가고 있는 거니? 우리보다 나은 무엇이 되려는 거니? 자, 우리와 이렇게 앉아서 고개를 좀 숙이렴. 우리처럼 살라구. 인생에 대해선 우리가 더 잘 알아." 마음이 약해질 때는 의심이 기어들어온다. ─ "어쩌면 이들의 말이 옳을지 몰라. 난 아무것도 모르고 있는지도 몰라."

이 충고자들과 조종자들의 말에 과연 귀를 기울여야 할까, 하는 의문이 일어난다. 그들의 말이 맞는 점은 무엇인가? 당신이 실수를 했다는 사실에 대해서만은 그들의 말이 맞다. 어떤 것을 이루려고 애쓰는 과정에서 모든 사람은 어떻게든 실수를 저지른다. '영리한 사람들'의 충고를 따른다고 하더라도 말이다. 하지만 오로지 당신만이 당신의 목표를 찾아낼 수 있다. 그것만은 다른 누구도 할 수 없다. 당신이 잘 되기만을 온 마음으로 바라는 사람들도 당신의 영혼을 들여다보지는 못한다. 사실, 당신조차도 영혼의 소리를 새벽별의 속삭임으로 듣는다. 그것은 실질적인 방법으로는 들을 수 없다는 뜻이다. **타인의 영향력에 휩쓸리지 말라. 자신을 믿으라.** 당신의 목표를 찾는 과정에서는 당신의 가슴 외에는 그 무엇에도, 누구에게도 귀를 기울이지 말라. 이 문제에서만은 펜듈럼과 타협하지 말고 중심을 확고하게 지켜야 한다. 그리고 당신의 영혼에게 주의 깊게 귀를 기울여야 한다.

자신의 운명을 선택하는 과정에서 단 한 가지의 제약은, 가능태 공간 속의 모든 목표와 문이 다 당신 것은 아니라는 사실이다. 그것을 선택해서는 안 된다는 뜻은 결코 아니다. 아무도 그것을 못 하게 하지는 않는다. 하지만 타인의 문을 선택한다면 문제가 생길 것을 예상해야 한다. 당신은 정말 그것이 필요한가? 타인의 목표와 문을 선택함으로써 당신은 최대저항의 길을 가고 있는 것이다. 선택의 자유가 멋진 것은, 누구에게든 자기만의 목표와 문은 타인의 그 어떤 목표와 문보다도 훨씬 낫다는 사실이다. 하지만 선택의 자유를 얻기 위해서는 타인의 목표와 문을 당신에게 강요하는 펜듈럼의 영향력으로부터 자신을 해방시켜야 한다.

요약

– 타인의 목표는 언제나 당신으로 하여금 원하지 않는 것을
 억지로 하게 만드는 의무감을 수반한다.
– 타인의 목표는 호사와 특권이라는 가면을 쓰고 나타난다.
– 타인의 목표는 이루기 어려운 성질로써 당신을 유혹한다.
– 타인의 목표는 당신으로 하여금 자신과 모든 사람에게
 뭔가를 보여주게 만든다.
– 타인의 목표는 다른 사람들에 의해 강요된다.
– 타인의 목표는 다른 누군가의 행복을 위해 봉사한다.
– 타인의 목표는 영혼에게 불편한 기분을 일으킨다.
– 당신의 목표를 이루면 당신의 나머지 욕망들도 모두 충족된다.

- 당신의 영혼은 무엇을 하기를 좋아하는가?

  무엇이 당신의 삶을 기쁘고 행복한 것으로 만들어주는가?
- 목표를 찾아내기 전에는 목표를 이룰 방법을 고민하지 말라.
- 결정을 내렸으면 영혼의 기분 상태를 살펴보라.
- 영혼의 긴장감은 슬라이드를 사용하면 사라질 수 있다.

  하지만 영혼의 불편감은 결코 없앨 수 없다.
- 영혼은 자신이 무엇을 원하지 않는지를 정확히 안다.
- 당신의 목표를 찾는 과정에서 마음의 임무는 목표를 찾는 것이 아니다.
- 마음의 임무는 영혼의 기분 상태에 각별히 주의를 기울이는 가운데

  모든 외부정보가 마음을 지나가게 하는 것이다.
- 당신의 문이란 당신의 목표로 당신을 데려다주는 길이다.
- 그 길을 모르겠거든 마음속에서 목표의 슬라이드를 계속 상영하라.
- 외부의도가 당신 목표의 인생트랙 위에서 당신의 문을 열어줄 것이다.
- 당신의 목표를 향해 가는 길에 영감이 충만하다면 그것은 당신의 문이다.
- 당신이 자연스럽고 즐겁게 할 수 있는 일은 무엇이든 의미 있고 가치 있다.
- 당신의 목표의 슬라이드에 시나리오를 포함시키지 말라.

  당신은 이미 그것을 다 가지고 있다.
- 당신의 목표와 문을 유일한 선택으로 만들지 말라. 안전망을 확보하라.
- 이전의 문을 닫지 말고 건너온 다리를 불태우지 말라.
- 타인의 영향력에 말려들지 말라. 자신을 믿으라.

옮긴이의 말

트랜서핑 첫 권을 만난 독자들의 반응은 역자가 기대했던 것보다 훨씬 더 강렬했다. 성원해주신 독자님들 모두에게 이 지면을 빌어 역자로서 깊이 감사드린다. 그처럼 사랑받는 기쁨과 함께, 후속권들을 빨리 출간해달라는 아우성에 시달려야 했다. 처음부터 제3권까지 다 번역된 뒤에 한꺼번에 출간되었더라면 더 좋았을 테지만, 하루라도 빨리 소개하고 싶었던 마음들이 강해서 그런 가능태가 물질로 실현되었던 것 같다. 이제 오래 기다려온 독자님들의 품에 조심스레 둘째 권을 안겨드리면서 안도감과 함께 잔잔한 기쁨을 느낀다. 맘속에서 슬며시 고개를 들이미는, 너무 큰 기대에 못 미쳐서 실망시키면 어떡할까, 하는 불안감은 그냥 던져버리려고 한다.

트랜서핑 시리즈의 둘째 권을 읽으면서 내내 노자의 "위무위爲無爲"를 떠올리지 않을 수 없었다. 함이 없이 하라. 오랜 세월 동안 많은 사람들이 인용해온 말이겠지만, 선문답처럼 알쏭달쏭해서 그 진의가 누구에게나 쉽게 드러나지는 않을 것이다. 다행히도 트랜서핑은 알쏭달

쏭하지가 않다. 내 짧은 생각에는, 트랜서핑이란 결국 한마디로 줄여서 '함이 없이 하라'다. 그런데 고맙게도 거기에 '어떻게'가 잘 설명되어 있는 것이다. 특히 제2권은 첫 권의 원리와 이론에 이어 '어떻게'가 시작되는 책으로, 첫 권 이후에 오랜 시간 기다려온 독자님들의 갈증을 어느 정도 해소해주리라 본다.

'함이 없이 하라'는 노자의 말씀은 금강경에는 '머무는 바 없이 마음을 내라(應無所住 而生其心)'는 말로 표현되어 있으며, 성경에는 '내 뜻대로 마옵시고 아버지 뜻대로 하옵소서'라는 말씀으로 그 깊은 의미가 살짝 감추어져 있다. 이처럼 트랜서핑의 원리는 동서고금의 진리와 상통하면서도, 그 실천법을 현대 물리학에 근거하여 알아듣기 쉽게 설명하고 있다는 점을 높이 사고 싶다. 또 하나는 트랜서핑이 옛 성인들의 가르침을 벗어나지 않았다는 것. 당연히 그러하리라. 만약 트랜서핑이 진리에 가깝다면 어찌 성인들의 가르침과 다를 수 있을 것인가.

트랜서핑은 '함이 없이 함'을 마음과 영혼이 일치된 상태라고 부른다. 그것은 우리 전통의 동학에서 말하는, 내 뜻이 하늘의 뜻과 다르지 않은 상태, '내 마음이 곧 네 마음'인 상태일 것이다. 가장 단순하면서도 가장 강력한 창조력을 발휘하는 행위가 바로 이것이다. 고대문명의 마법사들이 평생을 바쳐 알고자 했던 시크릿은 바로 "無爲"였던 것이다. 우리는 트랜서핑으로 이 현묘한 '무위'에 가까이 다가가고 있다.

저자가 말한 것처럼 트랜서핑은 대단하거나 특별한 비법을 사용하지는 않지만, 단순한 태도의 변화만으로 삶을 변화시키는 것 같다. 그저 번역하느라 책을 읽는 것만으로도 역자의 삶은 눈에 띄는 변화를 겪고 있다. '함이 없이 한다'는 것이 어떤 건지를, 부끄럽게도 그 말을 입에 담은 지 여러 해가 흐른 지금에서야 조금씩 알아가고 있는 것이다. 진정으로 아는 것은 곧 물질현실에서 변화를 일으키는 모양이다. 책을 번역하면서, '아하 그렇구나!'를 몇 번이고 연발한 후에야, 나의 견고한 어리석음이 흔들리면서 새로운 행운의 물결에 길을 내어주고 있다. 그리고 행운은 또다른 행운을 부른다는 말도 참으로 옳다는 것을 요즘 실감하고 있다.

2권의 출간을 계기로 좀더 많은 트랜서퍼들이 합류하여 온세상의 행복과 성공의 물결이 더욱 활발히 굽이치기를 바란다. 그 흐름을 함께 타는 것만으로도 우리는 성공의 물결이 늘 곁에 있음을 느낄 수 있을 것이다. 자연의 모든 파동은 동조와 공명에 의해서 그 진동이 증폭된다는 것은 잘 알려진 사실이 아닌가. 저자의 말대로 트랜서핑도 하나의 펜듈럼이 될 수 있다. 하지만 그것은 우리가 깨어 있는 의식으로, 또한 능동적으로 선택할 수 있는 유익한 펜듈럼이 된다. 우선 트랜서핑의 원리를 이해함으로써 파괴적인 펜듈럼들에서 벗어나자. 그런 다음에는 유보 상태에 머물지 말고, 트랜서핑이라는 행복의 펜듈럼을 적극적으로 선택하자. 통 안에서는 통을 굴릴 수 없다. 먼저 통 밖으로 나오라. 그런 다음에는 행복의 삶이라는 통을 신나게 굴려보자!

2009년 3월 봄이 오는 날에

박인수

● NOTE ●

● NOTE ●